Le Monde *diplomatique*

Vol. 194   Novembre · 2024

Article de couverture

역사 조작은 어떻게 자행되어 왔는가?

글·브누아 브레빌

1945년 5월 7일 독일의 항복이 막 서명되던 당시, 프랑스 여론 조사 기관인 IFOP는 이미 프랑스인들에게 질문을 던졌다.
"당신이 생각하기에 독일 패배에 가장 크게 기여한 국가는 어디입니까?"

4면 계속▶

Editorial

Focus

14

Dossier

26

45

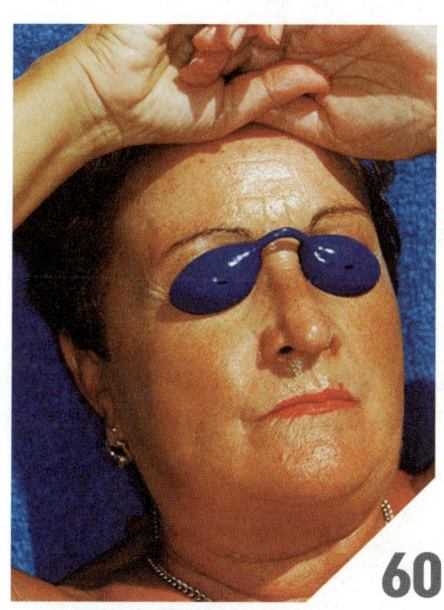

60

103

124

Mondial

Histoire

Culture

Corée

2차 세계대전에서 근동분쟁까지 조작된 집단기억

역사 조작은 어떻게 자행되어 왔는가?

브누아 브레빌 | 〈르몽드 디플로마티크〉 프랑스어판 발행인

1945년 5월 7일 독일의 항복이 막 서명되던 당시, 프랑스 여론 조사 기관인 IFOP는 이미 프랑스인들에게 질문을 던졌다.

"당신이 생각하기에 독일 패배에 가장 크게 기여한 국가는 어디입니까?"

1945년 5월 당시에는 동부 전선에서 수백만 명의 소련 군인들이 목숨을 잃어가며, 나치군 약화에 결정적인 역할을 했다는 사실과 미군이 뒤늦게 참전했다는 소식이 모두의 기억에 남아 있었다. 조사에 참여한 사람들의 57%가 "소련"이라고 답했고, "미국"이라고 말한 사람은 단 20%에 불과했다.

그러나 그로부터 79년이 흐른 2024년에 IFOP가 같은 질문을 던진 답의 결과는 바뀌었다. 응답자의 60%가 미국을 택했고, 소련을 지목한 사람은 25%에 불과했다.

집단 기억은 시대, 세력 관계, 당시의 이해관계에 따라 변하는 일종의 구조물이다. 시간이 흐르면서, 할리우드는 미국을 지구의 구원자로 만들었고, 〈지상 최대의 작전〉(1962), 〈라이언 일병 구하기〉(1998), 〈패튼〉(1970), 〈명예의 계곡〉(1980) 등의 영화를 앞세워 미군의 영웅주의를 부추기고 미국을 우월적 지위의 영웅으로 그려왔다.

소련은 사라졌고, 소련의 희생을 기억하는 데 기여했던 프랑스 공산당(PCF)도 몰락했다. 지난 40년 동안 프랑스에서는 노르망디 상륙작전을 화려하게 기념하면서 이를 제2차 세계대전의 전환점으로 만들어 왔다.

하지만 이 사건이 처음부터 거창하게 대접받아온 것은 아니다. 예를 들어 1949년 6월 6일, 상륙작전 5주년 기념은 소박한 행사로 끝났다. 지역의 나팔수 단체, 화환을 해변에 놓는 두 명의 소녀, 꽃다발을 투하하고 폭죽을 터뜨리며 상공을 지나가는 몇 대의 폭격기 등이 전부였다.

과거를 왜곡하는 거울로 이용된 기념행사

이후 축하 행사가 더 커지기는 했지만, 어느 미국 대통령도 노르망디를 방문한 적은 없었다. 1964년에는 드골 장군이 노르망디 방문을 거절하며 이렇게 말했다.

"당신들은 제가 그들의 상륙작전을 기념하기를 바라나요? 그 상륙작전은 미국이 우리 조국 프랑스를 점령한 두 번째 전조였을 뿐입니다. 안 돼요, 절대로 기대하지 마세요(1)!"

그러나 1984년, 미-소 간 긴장이 심화되는 상황에서 모든 것이 바뀌었다. 6월 6일의 기념행사는 이제 미국의 아침 TV 방송 시간에 맞춰지고, 행사 또한 주요 국가 정상이 참석하는 등 정치적인 의미에서도 화려하게 변모했다.

프랑수아 미테랑 프랑스 대통령의 초청으로 로널드 레이건, 엘리자베스 2세, 캐나다의 총리 피에르 엘리엇 트뤼도, 벨기에의 바두앙 1세 등 각국 대표들이 행사에 참석했다. '미국 등 서방 진영'은 상호 단결을 과시하며 민주주의의 수호자로 자신들을 내세웠다.

"이 대륙의 중심에 왔던 소련군은 평화를 명분으로 임무가 끝난 뒤에도 떠나지 않았습니다." 당시 레이건 미 대통령은 연설을 통해 공격적인 어조로 소련을 비난했다. "초대받지 않은 그들은 아무도 원치 않는데도 전쟁이 끝난 지 거의 40년이 지난 지금에서도 머물러 있습니다."

그 후, 매년 기념행사는 메시지를 발표하고 전달하는 기회의 장이 되었다. 초청자 명단, 연설 순서와 내용,

<사기꾼들>, 1981 - 에르망 브렁베가

군사 퍼레이드의 진행 방식까지 행사의 모든 것에 의도하는 메시지를 담았다. 지난 6월 6일, 80주년 기념행사에는 무려 25명의 국가 원수와 정부 수반, 왕실 인사들이 노르망디 해변을 찾았다.

서방의 대서양 동맹 진영이 완벽하게 참석한 셈이었다. 냉전 이후 처음으로 러시아 대표는 단 한 명도 초대받지 못했는데, 심지어 러시아 대사관 고문도 초대되지 않았다.

엘리제궁은 "우크라이나에 대한 러시아의 침략 전쟁을 감안할 때 러시아는 초대받을 조건을 갖추지 못했다"라고 변명했다.

반면 볼로디미르 젤렌스키 우크라이나 대통령은 이 자리에 참석하였고, 엄선된 4,000명의 관중으로부터 뜨거운 환호를 받았다.

조 바이든 미 대통령은 미국 병사들의 희생을 내세우며 "자유는 가치가 있습니다, 민주주의는 가치가 있습니다, 미국은 가치가 있습니다, 그리고 세상은 가치가 있습니다"라고 연설했다.

한편 젤렌스키 우크라이나 대통령은 그가 즐겨 사용하는 역사적 비유 중 하나를 들어 "우크라이나 국민이 오늘날 수행하는 정당한 투쟁이 노르망디 상륙작전과 얼마나 부합되는지"를 설명했다.(2) 2차 세계대전 당시 스탈린그라드에서 히틀러의 군대를 무너뜨린 러시아는 이처럼 은연중에 나치 정권과 동일시되었다.

기념행사가 과거를 왜곡하는 거울을 제공한다는 것에 놀라는 사람은 아마도 순진한 사람일 것이다. 기념행사는 주최자의 입맛에 맞는 이야기를 연출하기 위한 수단으로 활용된다.

<북남>, 1991 - 우리는 함께 일한다

그러나 제2차 세계대전의 역사를 진영의 입맛에 맞게 다시 쓰는 작업은 단순히 행사에서만이 아닌, 훨씬 다양한 분야에서 광범위하게 이루어지고 있다. 언론, 교과서, 박물관, 심지어 몇몇 국가의 공공정책 등이 이에 해당된다.

러시아는 오랫동안 자신의 역할과 공이 미국에 가려지는 것에 익숙해져 있었다. 어느새 러시아는 독일과 마찬가지로 재앙에 대한 공동 책임이 있는 것으로 평가되고 있다.

이러한 담론은 처음에는 중부 및 동부 유럽, 발트 국가에서 시작되었는데 이는 2000년대 후반에 부활한 민족주의 운동 탓이었다. 나치에 점령당했던 이들 국가는 전후에는 소련의 영향 아래 남아 있었다.

그래서 이들 국가에는 '이중 점령', 즉 처음에는 독일에, 그다음에는 소련에 점령된 '두 전체주의'라는 개념이 자리 잡았다. 그러한 개념을 역사적으로 정리하는 과정에서 과거의 많은 흔적들, 특히 소련의 붉은 군대의 승리나 독일 점령군과의 협력을 보여주는 흔적들을 지워야 했다.

이러한 현상은 2007년 에스토니아에서 시작되었다. 당시 정부는 1947년에 탈린 중심부에 세워진, 2차 대전 당시 전쟁에서 전사한 소련 군인들을 기리는 동상을 철거하기로 결정했다. 이 동상은 '소련 점령'의 상징이 되어왔다.

이에 러시아 소수 민족이 항의했고, 항의는 폭동으로 이어졌으며, 이에 에스토니아 정부는 동상을 철거하는 대신 다른 곳으로 옮기는 것으로 결정했다. 이와 같은 사례는 이후 흔한 일이 되었다.

지난 15년 동안 불가리아, 헝가리, 라트비아, 폴란드, 루마니아, 우크라이나에서 수백 건의 유사한 사례가 발생한 것이다. 2017년 폴란드 정부는 지방 당국에 12개월의 기간을 주고 '공산주의나 기타 전체주의 체제를 상징하는 인물, 조직, 사건 또는 발생일을 기리는' 모든 공공 기념물을 철거하도록 지시했다.

2018년에는 '인류에 대한 범죄를 폴란드 국가나 국민에게 거짓으로 밝히는 것'을 처벌하는 법을 통과시켰다. 아우슈비츠 등 강제수용소를 '폴란드의' 수용소라고 언급하면 국적과 관계없이 처벌되고, 나치 만행에 대해 폴란드나 폴란드인에게 공동 책임을 묻는 표현도 처벌 대상이 될 수 있다는 이른바 '폴란드 수용소법'을 통과시켰다.

이로 인해 나치 만행에 대한 폴란드 협력을 이야기하는 것이 금지되었고, '국립 기억 연구소'가 이를 감시하고 있다. 우크라이나에서는 2018년 안토니 비버의 스탈린그라드 전투에 대한 책이 금지되었다.

그 이유는 나치 군대에 참여했던 우크라이나 민족주의자들이 1941년에 90명의 유대인 아이들을 처형했다는 몇 구절 때문이었다. 역사적 불행이 모스크바와 베를린의 공동 책임이라는 인식은 점차 유라시아 대륙의 서쪽까지 확산되었다.

특히 과거에는 주로 신보수주의자들 사이에서만 통용되던 이러한 인식은 2019년 9월 19일, 동유럽 국가들의 주도로 유럽의회가 '유럽의 미래를 위한 역사적 기억의 보존 중요성'에 관한 결의안을 통과시키면서 일반적이고 공식적인 교리로 자리 잡았다.

역사의 진실을 모른 채, 정치적으로 행동하는 이들

이 결의안은 제2차 세계 대전이 '독소 불가침 조약의 직접적인 결과'라고 명시했다. 또한 그해 5월 25일(아우슈비츠의 참상을 서방 세계에 알린 영웅 '비톨트 필레츠키'의 처형일―역주)을 '전체주의에 맞서 싸운 영웅들을 위한 세계 기념일'로 지정할 것을 권고했는데, 이는 소련을 유대인 학살과 암묵적으로 연관시키는 것이기도 하다.

선출된 입법자들이 감정적으로 역사를 기록하고 수정하는 것은 그 자체로 논란의 여지가 있다. 1990년에 저명한 역사학자들인 마들렌 르베리우와 피에르 비달-나케는 카르팡트라에서 유대인 묘지가 훼손된 사건 이후 두 달 만에 감정적으로 채택된 게소 법에 반대했다.

이 법은 홀로코스트 부정을 금지했다. 르베리우는 당시 "범죄를 설명하고, 그 역사적 차원을 부여하며, 나치의 집단학살을 다른 인류에 대한 범죄와 비교하는 것이 자유로운 정신을 형성하는 방법이다. 억압으로는 불가능하다"라고 주장했다.

적어도 이 주제에 대해서는 연구자들 사이에서 합의가 있었다.

1915년 아르메니아 집단학살과 노예제에 관한 후속 기억 법들도 마찬가지였다. 진지한 역사학자들 중 누구도 첫 번째 사건이 집단학살의 성격을 가진다는 것과 두 번째 사건이 인류에 대한 범죄에 해당한다는 사실을 부정하지 않았다.(3)

그러나 이제 입법자들이 역사학자들 사이에 여전히 논쟁 중인 주제에 개입하고 있으며, 역사의 진실에

대해 전혀 알지도 못하면서 오직 정치적 목적으로만 행동하고 있다.

예를 들어, 2023년 3월 28일, 유럽 국가들의 의원들에 이어 프랑스 국회의원들은 1933년 우크라이나의 '대기근'을 집단 학살로 규정하는 것을 압도적으로 인정했다. 이는 전문가들 사이에서 격렬한 논쟁이 진행 중인 주제였다.

그러나 한 입법 제안자는 이렇

게 말했다.(4) "홀로도모르의 집단 학살적 성격에 대해 논쟁이 있을 수 있다는 것을 이해하지만, 어느 순간에는 정치적 행동을 해야 합니다!"

이러한 상황에서 유럽 의원들은 단순히 논쟁에서 한쪽을 지지하는 것에 그치지 않았다. 그들은 모든 방해 요소를 제거하여 역사를 재작성하고 있다. 모스크바가 제2차 세계대전에 대한 책임이 있다고 주장하면서도 프랑스와 영국의 책임은 완전히 무시하고 있다.

1939년 8월 23일 소련이 독일 나치와 '독소불가침 협정'을 맺었을 때, 영국과 폴란드는 소련을 포함한 집단 안보 협정의 모든 가능성을 차단했다. 당시 영국의 엘리트들은 나치와의 '유화' 정책을 지지했고, 나치를 공산주의자보다 훨씬 존중할 만한 존재로 보았다.

영국의 정치적인 타협은 전쟁으로 가는 길을 이해

<사브라와 샤틸라 학살 2주년: 학살은 팔레스타인인의 투쟁을 멈추지 못할 것이다>, 1984 - 팔레스타인 해방 민족전선(PFLP)과 팔레스타인 민주 해방 전선(DFLP)이 공동으로 제작한 포스터

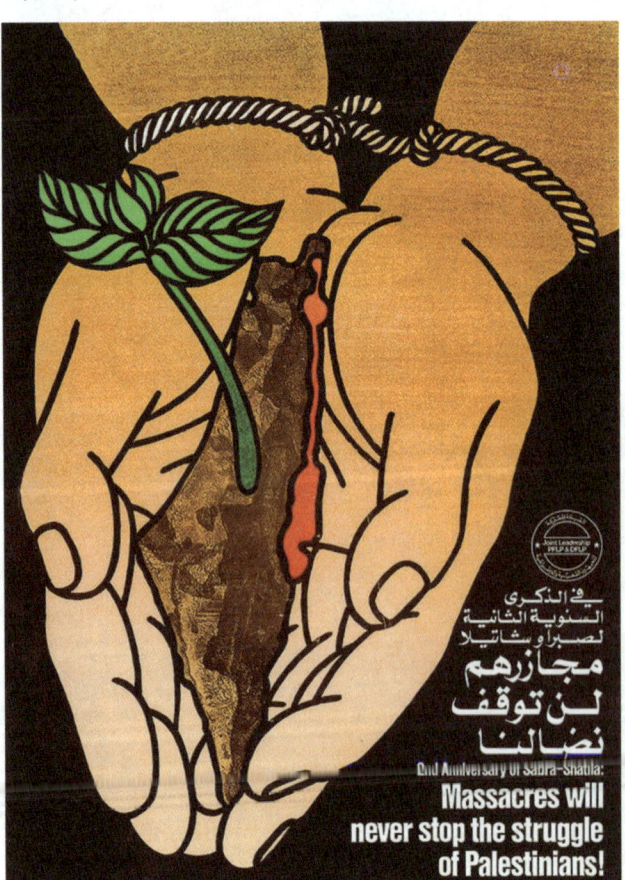

하는 데 결정적인 요소이다. 그러나 이러한 점은 공공 담론, 교과서, TV 프로그램에서는 무시된다.

서방의 이데올로기적 공세에 맞서 블라디미르 푸틴 러시아 대통령은 반(反)러시아적인 '역사수정주의'를 비난하였다. 그는 2020년 6월의 한 연설을 통해 "제2차 세계대전과 그 결과에 대한 서구의 역사수정주의는 1945년 얄타와 샌프란시스코 회담에서 정립된 평화적 발전의 원칙을 심하게 왜곡하고 있다"라고 비난했다.

서구의 사실 조작을 밝히려고 푸틴 대통령은 '역사 교수'로 변신했다. 푸틴은 전쟁의 발발에 대한 서구의 책임을 지적했고 '뮌헨의 배신'을 비난했다. 폴란드의 나치 협력을 지적하면서 소련 군인들의 영웅주의를 칭송했다.

그리고 그가 비난하는 적들과 마찬가지로 자신의 이익을 위해 과거를 왜곡하고, 소련과 독일 간의 관계를 언급하는 것을 금지했다. 교육 프로그램과 교과서를 다시 작성했으며, 우크라이나 '탈나치화'와 그 역사적 정당성을 부정하는 것까지도 서슴지 않았다.

이는 러시아 대통령의 집착 중 하나였다. 푸틴은 오랫동안 자신의 이웃 국가의 과거를 부인하기 위해 애써왔다. 2023년 5월, 그는 17세기 지도를 조사하며 "소비에트 정부가 소비에트 우크라이나를 만들었다. 그것은 모든 사람이 알고 있는 사실이다. 그전에는 인류 역사에 우크라이나라는 국가는 존재하지 않았다"라고 결론을 내렸다.

유혈 갈등을 초래한 왜곡된 기억의 전쟁들

이보다 앞서 2021년 7월, 푸틴은 "러시아와 우크라이나 간의 역사적 통일성"을 입증하기 위해 15페이지에 달하는 글을 발표했다. 그는 이 글에서 키예프에 설립된 9세기 러시아 왕국의 시대로 거슬러 올라갔다.

그는 "쿠리코보 평원에서 모스크바의 대공 드미트리와 볼린의 보이보드 보브록, 리투아니아 대공 올기어드의 아들인 폴로츠크의 안드레이와 브랸스크의 드미트리가 함께 싸웠다. 동시에 리투아니아의 대공 야겔론, 티베르 공주의 아들인 야겔론은 마마이를 도우러 병력을 이끌었다. 이는 우리가 모두 하나의 운명 공동체라는 역사적 사실을 일깨운다"라고 썼다.

이에 대해 젤렌스키 우크라이나 대통령은 2021년 8월 23일 긴 연설을 통해 "우리의 화폐 흐리브냐는 천 년이 넘는 유구한 역사가 있으며, 이는 볼로디미르 대공 시대에 이미 존재했다. 우리 국장의 삼지창은 우크라이나 헌법에 의해 25년 전에 채택되었지만, 이미 1025년 전에 '십일조 교회'의 벽돌에 새겨져 있었다"라고 반박했다.

이러한 역사적 논쟁은 단순히 웃고 넘어갈 일이 아니다. 이러한 기억의 전쟁은 이미 피비린내 나는 갈등으로 변질되었으며, 다른 국가들도 과거를 왜곡하고 살인적 결과를 초래하는 유사한 역사를 답습하고 있다.

예를 들어, 이스라엘은 지도자들이 주저 없이 철기시대에 설립된 유다 왕국이나 유대인들이 이 지역에 지속적으로 거주해 왔다는 고고학적 발견을 언급하고 있다. 수천 년 된 동전, 무덤, 비석은 오늘날 이 지역의 식민화와 억압을 정당화하는 도구로 사용되고 있다.

역사적 사건들은 이해관계에 맞춰 왜곡되고 있으며, 전쟁을 정당화하고 적을 무력화하며 집단 정체성을 강화하는 수단으로 악용되고 있다. 이는 마치 역사의 조각을 필요에 따라 선택하고 재구성하는 것과 같다.

미디어가 제공하는 '프레임'을 통해 공론장이 만들어지며, 그들은 자신들의 이익에 부합하지 않는 역사적 사실을 철저히 '프레임 밖'으로 밀어낸다.

과거를 조작하는 자들에 맞서

역사의 조작이 갈등을 초래하고 또 한편으로 갈등을 부추기기 위해 역사를 왜곡하고 있지만, 사실 역사는 갈등을 이해하고 그 뿌리와 쟁점을 파악하는 데 사용되어야 한다. 그러나 대중들의 입맛을 돋우는 역사적 서사는 그 실체보다도 가벼운 해설가들이 전하는 왜곡되거나 개조된 이야기들이다.

'역사적 서사'는 이미 결정되었다. 우크라이나 전쟁은 2022년 2월 24일에 시작되었고, 가자 전쟁은 2023년 10월 7일에 시작되었다. 한쪽에서는 러시아가 우크라이나를 침공했고, 다른 한쪽에서는 하마스가 이스라엘을 공격했다. 따라서 피해자들이 스스로를 방어할 권리가 있으며, 서방은 그들을 지원할 의무가 있다는 결론이 나온다.

이러한 서술이 틀린 것은 아니다. 하지만 조금만 더 거리를 두고 보면 전혀 다른 풍경이 드러난다. 우크라이나 전쟁은 소련의 붕괴 당시로 거슬러 올라가며, 러시아가 무너지고 더 이상 위협이 되지 않았을 때 미국이 북대서양조약기구(나토)를 유지하기로 결정한 것을 상기하지 않고서는 이해할 수 없다.

이후 미국은 과거 바르샤바 조약기구 회원국들과 소련의 옛 공화국들을 점차 나토에 통합하고자 했고, 조지아와 우크라이나까지 포함하는 것이 그 목표였다. 이는 러시아 국경 근저에서 이루어진 대규모 반(反)러시아 동맹의 군사적·전략적 확장이었다.

노암 촘스키(5)는 이렇게 비꼬았다.

"만약 멕시코가 중국과 군사 동맹을 체결하고, 중국이 미국 국경 바로 너머에 군대와 무기를 배치하고, 베이징의 경고에도 불구하고 미국이 멕시코 영토를 침공할 경우, 누가 유럽연합이 국제법을 준수하기 위해 공격받은 국가(멕시코)에 수십억 달러를 지원할 것이라고 생각하겠는가?"

역사 조작의 고정 관념을 깨뜨리는 방법

하마스가 저지른 학살 역시 역사 속에 뿌리를 두고 있다. 이는 지난 18년 동안 가자 지구에 대한 여섯 차례의 이스라엘 보복 작전, 지상 및 해상에서 이뤄진 세계에서 가장 가혹한 봉쇄, 1967년 이후 유엔에 의해 수차례 비난받은 팔레스타인 영토의 불법 점령과 연결되어 있다.

그러나 이러한 맥락보다 언론은 즉각적인 사건의 흐름에 집중함으로써 팔레스타인인들에게 가해진 이스라엘의 일상적인 학대, 끊임없는 검문, 군사 점령, 분리 장벽, 가옥 파괴, 토지 식민화를 무시한다. 이러한 방식으로 2023년 10월 7일의 공격은 인종적 또는 종교적 이유 이외의 다른 이유가 없는 사건이 되어버린다.(6)

이는 유대인 학살, 즉 '포그롬(pogrom)'으로 불리며, 심지어 "홀로코스트 이후 가장 큰 포그롬"이라고 언론인들과 정치인들은 신속하게 해석했다. 이로써 이 사건은 유대인 박해의 긴 역사 속에 자리 잡게 되며, 하마스의 공격을 설명하려는 사람들은 반(反)유대주의로 낙인찍힌다.(7)

역사 조작을 방어하는 것은 단순한 일이 아니다. 역사는 수없이 조작된다. 역사는 전쟁을 정당화하고, 적을 무력화하며, 집단 정체성을 강화하는 데 사용된다. 누구나 역사 왜곡이 필요할 때마다 비유나 참고할 만한 사건을 찾아내고 이를 이용해 자신의 주장을 강화할 수 있다.

주요 미디어를 소유한 사람들은 이러한 서사 만들기의 다툼에서 공론장을 형성하고 자신들의 논리를 뒷받침하는 서사를 만들어줄 강력한 무기를 갖고 있는 셈이다. 그들은 자신들의 권력으로 토론의 범위와 경계를 정하려 하고 있고, 미디어는 민주주의 국가의 이미지를 손상시킬 수 있는 텍스트들을 "프레임 밖"에 두려고 노력한다.

서방 세계에서 이는 누가 미국이 나치에 맞서 싸우는 것을 주저했던 것을 기억하는가? 1943년 인도 벵골 기근에서 윈스턴 처칠의 책임(3백만 명의 사망자)에 대해 기억하는 사람은 누구인가? 파리와 워싱턴의 지지로 인도네시아에서 수십만 명의 공산주의자들이 학살당한 것을 기억하는 사람은 누구인가? 아니면 자유주의자들이 아우구스토 피노체트 칠레 독재 정권을 적극적으로 지지했던 것을 기억하는가?

언론과 출판의 압도적인 영향력에 맞서서, 역사의 뮤즈 클리오와 기억의 여신 므네모시네의 은혜로운 이야기는 결코 충분하지 않다. 고정관념에 맞서 싸우기 위해서는 언제나 이중의 노력이 필요하다.

그래서 <르몽드 디플로마티크> 프랑스어판은 올해 9월에 『지적 자기 방어 매뉴얼(Manuel d'autodéfense intellectuelle)』을 출판하며, 누구나 고정관념을 깨뜨리고 각자의 길을 찾아낼 수 있는 방법과 도구를 제공하고자 했다(한국어판은 내년 발행될 예정이다). 역사를 관장하는 클리오조차도 올림포스의 가판대를 채우기 위해 몇십 권을 주문하지 않을까 싶다. [LD]

글·브누아 브레빌 Benoît Bréville
<르몽드 디플로마티크> 프랑스어판 발행인

번역·성지훈
번역위원

(1) Cité dans 『les Mémoires d'Alain Peyrefitte. C'était de Gaulle 알랭 페이레피트의 드골 회고록』, 파리, 1997년에서 인용.
(2) 「L'histoire comme arme de guerre 전쟁의 도구로써의 역사」, <Le Monde diplomatique> 프랑스어판 2024년 4월.
(3) Madeleine Rebérioux, 『Le génocide, le juge et l'historien 집단 학살, 판사 그리고 역사학자』, L'Histoire, 파리, 1990년 11월.
(4) M. Aurélien Taché, 전 유럽 생태-녹색당 의원, <Mediapart>, 2023년 3월 31일 인용.
(5) 노엄 촘스키와 세레비 스카힐의 인터뷰, <The Intercpt>, 2022년 4월 14일.
(6) Enzo Traverso, 『Gaza devant l'histoire 역사 앞에서의 가자』, Lux, 몬트리올, 2024년.
(7) Michael Parenti, 『History as Mystery 미스터리로서의 역사』, City Lights Books, 샌프란시스코, 1999.

비극을 즐기는 사람들에게

성일권 | 〈르몽드 디플로마티크〉 한국어판 발행인

세상은 참 별난 곳이라서 남의 고통을 즐기면서 사는 별난 사람들이 더러 있다. 국가 권력을 움켜쥔 사람들이나 언저리의 사람들은 수많은 비극적 상처를 보듬고 사는 사람들을 향해 희희낙락거리며 빨갱이라고 부르고, 과거 비극의 진실을 밝히려는 이들에게는 배후 세력이나 좌파들이라고 흠집을 낸다.

스웨덴 한림원은 올해 노벨 문학상 수상 작가로 한강을 선정하며, "역사적 트라우마에 맞서고 인간 삶의 연약함을 폭로하는 강렬한 시적 산문을 써 왔다"라고 평가했지만, '별난' 시위대는 주한 스웨덴 대사관에 몰려가 "왜 빨갱이에게 상을 주느냐"고 항의하고, 별난 작가와 별난 언론은 작가의 '왜곡된' 시각과 작품의 편향성을 비난하고 있다. 이명박 정부 시절에 국가정보원이 보수단체를 앞세워 김대중 전 대통령 노벨평화상 수상 취소 청원 계획까지 세운 것처럼 작가 한강에 대해서 기이한 음모가 꾸며지고 있을지 모를 일이다.

스웨덴 한림원은 이런 소란을 예상한 듯, "작가 한강의 작품이 신체와 영혼, 산 자와 죽은 자 사이의 연결에 대해 독특한 인식을 하고 있으며, 시적이고 실험적인 스타일로 오늘날 산문의 혁신을 일궈냈다"라는 이례적인 평을 덧붙였다. 작가 한강은 국가권력에 의해 신체가 찢어지며 삶과 죽음의 질곡에서 고통받았을 이들의 상처를 자기 작품에 고스란히 담았을 뿐, 이념성을 꺼내지 않았다.

한반도를 가른 미국 자본주의 체제와 소련 공산주의 체제 영향 탓인지 좌우가 대립하고 진보와 보수 간의 갈등이 심했던 우리 현대사는 국가권력의 폭력에 의한 비극이 유별나게 많다. 말이 국가권력이지, 순전히 최고 권력자의 끝없는 권력욕이 낳은 무고한 국민에 대한 학살이었다. 남쪽만 살펴봐도, 권위주의 체제인 이승만부터 군부 독재 체제인 박정희, 전두환에 이르기까지 많은 국민이 영문도 모른 채 죽임을 당해야 했다. 해방되기가 무섭게 미군정과 이승만 정권은 제주 4.3 사건(1948~1954)을 비롯해 여순사건(1948), 그리고 한국전쟁 중 노근리 사건 등 여러 차례 민간인 학살 사건을 저질렀고, 이 밖에도 보도연맹 사건, 국민보도연맹 학살 사건 등 다수의 민간인 학살을 벌여왔으나, 여태껏 책임자 중 누구도 처벌받은 적이 없다.

북한 간첩 소탕을 명분으로 내세웠으나, 매번 수백 수만 명의 희생자는 대부분 북한과는 관련이 없는, 죄가 없는 사람들이있다. 쿠데타로 정권을 집은 전두환도 1980년 민주화를 요구하는 광주시민들에게 총과 헬기, 탱크를 겨누어 수많은 민간인을 살해했으나 시민들의 사과 요구를 끝끝내 외면했다.

작가 한강은 한국의 굴곡된 현대사 중 극히 일부만을 자기 작품 소재로 삼았을 뿐인데도, 별난 사람들이 총집결하는 것은 자신들이 그토록 기대었던 지지대의 흔들림에 대한 두려움 때문일는지도 모른다.

한강의 작품을 읽고 그의 서사나 문체를 익히 잘 아는 사람들은 "조금 이르긴 하지만 당연한 결정"이라고 평가하지만, 과거 국가권력의 폭력을 주정해온 세력은 작가 한강의 작품들이 담은 서사의 진실이 만천하에 밝혀질까 두려워하며 분기탱천하는 모습이다.

아이러니한 것은 과거 보수정권에서 한강과 그의 작품들이 블랙리스트 명단에 올랐을 때 침묵했던 보수 언론들이 1면에 '이제는 K문학, 글로벌 한강신드롬', '한강신드롬, 대한민국이 웃었다'등의 큰 제목을 달고, 한강 본인과 아버지, 과거 한강의 인터뷰와 기고 글까지 들먹이며 한강의 수상을 마케팅 수단으로 적극 활용하고 있다는 점이다.

이들 언론은 군경의 무자비한 학살에 대항했던 시민들에 대해 불순한 폭도세력, 빨갱이, 북한 연계설을 보도해왔고, 아직도 잊을만하면 색깔론을 들먹이고 있으니

한강의 수상 소식이 반갑지만은 않을 것이다.

아마도 가장 당황스러운 사람은 윤석열 대통령이 아니었을까 싶다. 윤 대통령은 "한국 작가 최초로 노벨문학상 수상자로 선정된 데 대해 대한민국 문학사상 위대한 업적이자 온 국민이 기뻐할 국가적 경사"라고 밝혔으나, 사회 일각에서는 그 진정성을 의심하고 있다.

시민단체의 반대를 무릅쓰고, 그는 한강의 작품에서 트라우마로 묘사한 독재 군부 세력이 자행한 잔혹 현대사를 부정한 인사들을 진실화해를 위한 과거사정리위원회 위원장과 독립기념관장 등으로 임명을 강행한 당사자이기 때문이다.

그의 등장 이후 수많은 민간인을 학살하며 권좌를 지킨 독재자 이승만이 거대한 국부로서 추앙되고, 무고한 양민을 빨갱이로 몰면서 18년 장기독재를 이끈 박정희가 경제 국부로 추앙받는 분위기다. 그가 지휘하는 권력은 그의 재직시절에 일어난 이태원 참사와 해병대 순직 장병 사건도 진실을 밝히기조차 꺼리고, 오히려 태극기 부대와 보수 언론은 진실 밝히기를 주장하는 세력의 배후에 불온한 정치세력의 개입설까지 주장하는 등 물타기를 계속하고 있다.

작가 한강의 신드롬이 계속되는 분위기 속에 학자나 작가라는 이름으로 보수언론의 마당에서 글을 쓰는 몇몇은 구체적 예시도 없이 한강의 역사 왜곡을 비판하거나, 노벨상 위원회의 결정이 잘못되었다고 지적한다. 아무리 사상과 표현의 자유를 인정한다고 해도 선을 넘어선 행위다. 과연 이들이 한강의 작품들을 읽어보기나 하고 이러는 걸까?

역사학계는 5.18과 4.3 모두 역사적 평가가 끝난 만큼, 작가 한강의 소설이 역사를 왜곡했다고 주장하는 것이야말로 역사를 왜곡하는 것이라고 지적한다. 사실, 지구촌 곳곳에 전쟁과 폭력이 난무하고, 그 트라우마는 쉽게 치유되기 힘들 정도로 지구적이다.

이미 작가의 시선은 저 너머에 있는 듯하다. 작가는 노벨상 수상 직후 부친 관응인 짧기를 통해 "우크라이나 러시아 전쟁과 팔레스타인·이스라엘 전쟁 등 세계의 비극을 이유로 기자회견을 열지 않을 것"이라고 말했을 때 그녀에게 좋은 점수를 준 적이 없는 일부 국내 비평가들은 핀트의 어긋남을 지적했지만, 필자는 미뤄 짐작한다.

"스웨덴 노벨상 위원회가 상을 준 것은 즐기라는 게 아니라 더 냉철해지라고 준 것"이라고 말한 작가의 소감이 늘 그렇듯이 단단하고 결연하다.

"우리는 역사를 통해 배울 기회가 많이 있었는데, 끔찍한 일이 반복되는 것 같아요. 적어도 언젠가는 과거로부터 배울 수 있기를 바라요. 우리가 살인을 멈춰야 한다는 것은 우리가 배웠던 것들의 아주 분명한 결론이에요."

작가 한강의 노벨상 수상을 계기로 권력이 입맛대로 땜질한 역사의 비극을 희화화해온 별난 사람들이 더 이상 비극을 즐기기보다는 인간에 대한 예의를 가져보길 기대한다. 좋은 문학이란 결국 비극에 대한 어떤 태도를 보이느냐가 아닐까? **LD**

글·성일권
<르몽드 디플로마티크> 한국어판 발행인

진실을 말하면, '반(反)유대주의'로 낙인찍는 기술

프랑스 극좌파인 불복하는 프랑스(La France Insoumise, LFI)의 입장, 전략적 선택, 실수나 격한 감정에 대한 비판 등은 민주적 토론에서는 있을 수 있는 일이다. 그러나 이 정당과 그 창립자에게 '반(反)유대주의자'라는 비방과 거짓말을 무책임하게 퍼뜨리는 것은 상대의 파괴를 의도한 행동에 속한다. 이러한 행동의 정치적 영향은 이미 프랑스 곳곳에 나타나고 있다.

세르주 알리미 ▌〈르몽드 디플로마티크〉 프랑스어판 편집고문
피에르 랭베르 ▌〈르몽드 디플로마티크〉 기자

지난 7월 7일, 좌파외 환경주의지 4개 정당으로 구성된 신민중전선(NFP)은 전체 577석 중 182석을 차지해 대통령 연합(168석)과 국민연합 및 그 우파 동맹(143석)을 앞질렀다. 두 달 후, 마크롱 대통령은 1차 투표에서 약 5%의 득표율을 얻고 2차 투표 후 47명의 의원을 당선시킨 보수주의 및 신자유주의 정당인 공화당(LR) 출신의 미셸 바르니에를 총리로 임명했다.

그는 극우파(마린 르펜이 지휘하는 국민연합 RN)와의 합의로 국정을 운영해야 할 것이며, 이 극우파는 지난 7월 7일에 주요 정당(LR 제외)들이 연합하여 대항했던 세력이다.

프랑스 국민의 투표와 정치적 대표성 간의 이러한 불일치는 이제 익숙한 현상이 되었다. 미셸 바르니에는 선임자들과 마찬가지로, 2005년 54.7%의 유권자가 거부한 유럽연합의 노선을 따라야 할 것이다.

에마뉘엘 마크롱의 정치적 '도박'은 정치권의 상당수와 주류 언론 전체가 공모하여 퍼뜨린 거짓말, 즉 이번 선거에서 돌풍을 일으킨 장뤼크 멜랑숑과 그가 이끄는 불복하는 프랑스(LFI)가 "반유대주의적"이라는 낙인으로 인해 가능해졌다.

이를 통해 프랑스 정부는 좌파 최대의 의회 그룹을 고립시키고, 극우파를 복권시켰으며 가상 많은 당선자를 배출한 연합을 배제하는 것을 정당화했다. 이번 선거는 이전 투표보다 훨씬 높은 투표율(66.7%)을 기록했다

불복하는 프랑스(LFI)에 대한 공격의 폭력성과 이를 정당화할 만한 증거의 부재는 혼란을 일으켰다.

"멜랑숑 일당이 뭘 믿는 건가요?"라고 필리프 발(Philippe Val)은 2024년 9월 2일 〈유럽 1〉 라디오에서 외쳤다. "우리가 반유대주의자나 그들의 동료들이 정부에 들어오는 것을 마치 소들이 기차 지나가는 걸 보듯 가만히 지켜보리라고 생각하는 건가요?"

이 위험을 피하고자 〈샤를리 엡도〉와 〈프랑스 앵테르〉의 편집장을 지낸 필리프 발은 "양식 있는 모든 프랑스인이 그들을 공화국의 모든 공직에서 몰아내야 한다"라고 촉구했다. 그리고 그는 한술 더 떠 "그들이 떠날 때까지 우리는 그들을 절대 놓아주지 않을 것이니 지옥을 경험하게 될 것이다!"라고 위협하기도 했다.

2024년 7월 5일 자 〈르 피가로〉에서는 과거 20년 이상 파리 정치연구소의 정치연구센터(CEVIPOF)를 이끌었던 파스칼 페리노 교수 등 몇몇 지식인들이 "신민중전선에 맞서야 한다"라고 주장했다.

그들은 "지금 프랑스 유대인들에게, 더 넓게는 프랑스 전체에 가장 큰 위협이 되는 연합체"로 신민중전선을 지목했다. 특히 그 가운데 불복하는 프랑스(LFI)를 "반유대주의적 증오를 선거 전략으로 삼은 정당"이라고 거냥했다.

"장뤼크 멜랑숑이 반유대주의자인가요?"

보수 성향 일간지인 〈르 피가로〉는 2024년 6월 20일, 프랑스 학술원 회원인 알랭 핑켈크로트의 견해를 게재했다. 그는 멜랑숑을 "현대 유대인 혐오의 선봉장"이라고 지칭했다.

또한 〈프랑스 퀼튀르〉 채널에서 프로그램을 진행하는 알랭 핑켈크로트는 "에이메릭 카롱, 다비드 기로, 다니엘 오보노, 세바스티앙 델로구, 마틸드 파노, 라셸 케케, 토마 포르트, 루이 보야르, 이들은 신민중전선이 공천한 후보로 페탱, 모라스, 심지어 아돌프 히틀러의 망령을 소환하고 있다"라고 덧붙였다.

그리고 2023년 11월 14일, 〈BFM-RMC〉의 아폴린 드 말레르브가 좌파 의원 클레망틴 오탱을 인터뷰할 때 그녀의 머릿속을 가장 먼저 스친 질문은 "장뤼크 멜랑숑이 반유대주의자인가요?"였다.

〈아르테〉의 진행자 벤자민 스포르투슈가 2024년 6월 24일 방송한 〈28분〉에서 한 질문도 거의 다르지 않았다.

"라파엘 앙토벤에게 드리는 간단한 질문입니다. LFI는 반유대주의 정당인가요?" "LFI는 프랑스에서 가장 대표적인 반유대주의적인 정당입니다"라고 〈프랑스 튀레르〉의 편집위원이 주저하지 않고 답했다.

"불복하는 프랑스(LFI)는 반유대주의 정당입니다. 이 반유대주의 정당이 신민중전선에서 우위를 점하고 있습니다"라고 베르나르 앙리 레비는 2024년 6월 27일 자 〈르 푸앵〉

<함정>, 2019 - 르발레

에서 주장했다.

이 시사주간지는 LFI를 비난하는 수많은 표지를 제작했는데, 예를 들어 2023년 11월 2일에는 멜랑숑의 초상화를 배경으로 "이슬람주의와 반유대주의 어떻게 제방이 무너졌는가"라는 제목을 사용했다.

이는 아마도 간판 칼럼니스트인 프란츠-올리비에 지스베르트에게서 영감을 받은 것으로 보인다. 그의 '통찰력'은 심각한 의문을 제기할 만하다.

"오늘날 '이란의 좌파'는 장뤼크 멜랑숑과 그의 추종자들에 의해 구현됩니다. (…) 오늘날, 히틀러 시절과 마찬가지로, 테헤란의 지배하에 있는 국제 반유대주의는 유대인들을 지구상에서 사라지게 하려고 합니다. 그 계획은 누구나 알아차릴 수 있을 정도로 명백합니다. 유대인들이 각기 나라를 떠나 이스라엘로 피신하도록 반유대주의적 행위들을 부추기는 것입니다. 이스라엘에 도착한 그들은 언젠가 모조리 도륙당할 것입니다." (〈르 푸앵〉, 2024년 8월 29일)

이제 유대인 아이가 폭행당하거나 교회가 불에 타면, 이들은 이 범죄의 영감을 LFI에게 돌리고 있다. 이런 상황에서 마크롱 지지자인 카롤린 야당 의원은 "반유대주의에 맞서기 위해 LFI를 해산해야 한다"라고 제안하기도 했다. (〈X〉, 2024년 8월 8일) 주요 야당을 해산한다니, 왜 그 생각을 더 일찍 하지 않았을까?

이러한 과장된 행태는—멜랑숑에 대해 "과도하다"는 표현이 자주 사용되지만—주류 매체들의 암묵적 동의가 없었다면 덜 가능했을 것이다. 이 매체들은 프랑스에서 가장 인기 있는 라디오 방송국 〈프랑스 앵테르〉, 그리고 주요 전국지인 〈르몽드〉와 같이 주요 매체들이 따라가는 '참고 매체'로 불린다.

2023년 10월 7일 이후, 〈르몽드〉는 열 개의 사설을 통해 멜랑송과 LFI를 반유대주의와 직접적으로 연관지었으며, 그들의 "과도함"과 "가장 야만적인 폭력에 대한 묵인"을 비판했다. 이는 〈르몽드〉가 즐기는 '중립적인' 기사들의 논조를 훨씬 뛰어넘은 것이다.

프랑스 제1야당인 LFI를 매장시키려는 목표

언론은 LFI의 반유대주의를 과도하게 다루는 반면에, 또 다른 '가장 잔인한 폭력'에 대해선 침묵으로 일관한다. 특히 국회의장을 비롯한 정치지도자들이 서방 무기를 사용한 전쟁 범죄에 무조건적인 지지를 보냈는데도, 언론은 이에 묵인 또는 동조하고 있다.

1년 전부터 이들 언론은 LFI의 트윗에 대한 사소한 실수까지도 과장하고 왜곡하며 보도했지만, 가자지구에서 벌어지는 이스라엘의 학살 행위에 대해서는 축소 보도하는 경향을 보였다. 이로 인해 도미니크 드 빌팽 전 총리는 2024년 9월 12일 〈프랑스 앵테르〉에서 레아 살라메의 질문에 이렇게 반응했다. "가자지구는 아마 역사상 가장 큰 스캔들일 겁니다. 하지만 이 나라에서는 아무도 그에 대해 말하지 않습니다. 완전히 침묵입니다. 저는 단신이라도 찾기 위해 구글링을 해야 합니다."

〈프랑스 앵테르〉, 〈TF1〉, 또는 〈BFM〉 TV가 어느 날 한 정치인에게 프랑스의 이스라엘에 대한 관대함에 대해 질문하며 그의 반(反)팔레스타인 트윗을 비난하고, 더 나아가 해당 정치인의 정당 전체를 아랍인에 대한 인종차별주의자로 낙인찍는 일이 어떻게 벌어질 수 있을까?

"멜랑송 반유대주의자"라는 언론의 독설은 2018년부터 시작되었는데, 아이러니하게도 이는 LFI 지도자가 반유대주의 반대 시위에서 추방된 이후에 더욱 퍼졌다.

2023년 10월 7일 하마스가 이스라엘에서 저지른 학살 이후, LFI와 공산당(PCF), 그리고 일부 녹색당에 대한 공격은 더욱 심해졌고 그 성격도 변했다. 프랑스의 제

1야당을 매장시키려는 이들의 목표는, 국제적인 맥락에서 이스라엘과 그 정책에 대한 비판을 공론장에서 배제하려는 전략과도 완벽하게 일치했다.

유럽의회가 적극 홍보한
IHRA의 반(反)유대주의 정의

2016년부터 친이스라엘 로비는 점점 더 많은 국가들이 홀로코스트 국제기억동맹(IHRA)이 제정한 반유대주의 정의(定義)를 채택하도록 노력해 왔다.(1) 이 정의는 유럽의회에 의해 적극적으로 홍보되었다. 이 정의는 매우 모호하며 ("반유대주의는 유대인에 대한 특정한 인식이며, 이는 유대인에 대한 증오로 표현될 수 있다") 그에 대한 예시 11개 중 7개가 이스라엘에 대한 비판과 반유대주의를 혼동하고 있다.

이 정의의 목적은 팔레스타인 문제에 대한 토론을 억제하고 보이콧, 투자 철회, 제재(BDS)와 같은 유형의 활동을 금지하거나 무시하기 위한 것이다.

IHRA의 이런 정의를 거부한다는 것은 자동으로 반유대주의 의심을 불러일으키는 것이다. 영국 노동당 지도자였던 제레미 코빈은 팔레스타인 지지자였으나 부당하게 반유대주의로 비난을 받았고(2), 그 이후 노동당은 이 정의를 채택했다. 현재 43개국이 이 정의를 채택했으며, 프랑스는 2019년 마크롱 대통령의 주도하에 이 정의를 채택했다.(3)

그러나 프랑스 국가인권자문위원회는 이 정의의 도입에 "찬성하지 않는다"며 "이러한 구분을 하는 것은 프랑스 헌법에 위배된다"고 밝혔다. 그리고 "실체 없는 반유대주의와 싸우는 모든 조작행위를 피하고, 국가와 그 정책에 대한 정당한 비판을 인종차별로 일반화하지 않는 것이 필요하다"라고 결론지었다.(4)

그럼에도 불구하고, 시네와 플랑튀, 프랑수아 뤼팽과 다니엘 메르메, 피에르 부르디외, 주디스 버틀러, 노엄 촘스키, 에드가 모랭, 파스칼 보니파스, 일한 오마르와 라시다 틀라입, 우고 차베스와 도미니크 드 빌팽, 그리고 샤를 드골까지 다양한 인물들이 이 정의를 근거로

비판받아왔다.

어떻게 이렇게 조잡한 계획이 명백한 거짓말로 정치적 반대자들을 무력화하려는 시도가 성공할 수 있었을까? 지금까지 멜랑숑에 대한 비난자들은 그가 실제로 반유대주의자임을 입증할 증거나 진술을 제시한 적이 없다. 멜랑숑은 이러한 혐의로 한 번도 유죄 판결을 받은 적이 없다.

그에 대한 거짓 주장은 의도적이고 고의적인 거짓말에 기반을 두고 있다. 물론 이념적으로 치우친 몇몇 사람들은 진심으로 팔레스타인 지지자들이 유대인 혐오를 지닌다고 믿지만, 대부분의 소문을 퍼뜨리는 사람들은 멜랑숑이 반유대주의자가 아님을 알고 있으며, 때로는 이를 인정하기도 한다.

LFI의 비난자들은 뚜렷한 반유대주의 요소가 없기 때문에 숨겨진 의도를 추측하거나 자신들이 정한 독성 어휘에 따른 반유대주의를 추정하는 것에 그치고 있다. "시온주의", "아파르트헤이트", "엘리트", "시가", "시스템", "은행", "500 가족", "포퓰리즘", "할리우드", "달러"와 같은 용어와 함께 "캠프하다"라는 동사가 최근에 등장했다.

이 동사는 2023년 10월 22일, LFI 지도자가 〈트윗〉에서 야엘 브라운-피베 프랑스 국회의장이 "가자지구에서 학살을 부추기기 위해 텔아비브에서 캠프하고 (진을 치고) 있다"라고 비난할 때부터 사용되었다.

이 국회의장은 며칠 전 이스라엘에 대한 프랑스 의회의 '무조건적인 지지'를 선언했고, 이후 이스라엘의 수도로 향했다. 곧바로 멜랑숑의 반대자들은 동사 'camper'를 더 이상 한여름 밤의 야영이나 군사적 주둔과 연결시키지 않고 나치 수용소와 연관 짓기 시작했다.

이러한 예측불허의 해석은 단지 친이스라엘 성향의 인터넷 트롤(인터넷 공간에서 공격적이고 반사회적인 반응을 유발하는 행위)뿐 아니라, 이 해석을 지지하고 모든 이에게 강요하려는 언론 매체들에 의해 주도되었다. 마치 대안적인 진실처럼 말이다.

프랑스 언론의 잇단 비방들

〈프랑스 앵테르〉의 정치부장 야엘 구즈는 2023년 10월 23일 "'캠프하다'라는 이상한 동사는 '수용소'와 연관된다"라고 주장했다. "폴란드계 유대인 할아버지가 반유대주의를 피해 프랑스로 온 야엘 브라운-피베 국회의장의 가족사를 안다면, 이는 참을 수 없는 일이다."

열흘 뒤, 〈르몽드〉는 역사학자이자 사회학자인 피에르 비르나움에게 자문을 구했고, 그는 신문에 "'LFI'의 지도자가 사용한 '캠프하다'라는 용어는 오랜 프랑스 반유대주의 전통에 속한다"라고 보도했다.

비르나움은 이를 상세히 설명했는데, 1890년에 반유대주의자인 에두아르 드뤼몽이 유대인과 유목민 캠프를 연관 지었다는 것, 1937년에는 거의 알려지지 않은 또 다른 반유대주의자인 모리스 베델이 레옹 블룸에 대해 같은 표현을 사용했다는 것, 그리고 1954년에는 왕당파 출판물이 피에르 망데스 프랑스에 대해 같은 표현을 썼다는 것이다.

이렇게 80년 전으로 거슬러 올라가는 세 가지의 드문 사례를 들어, 멜랑숑이 '캠프'라는 단어를 사용함으로써 특히 외곽 지역의 현대 반유대주의자들에게 암시를 보냈다고 결론지었다. 그에 따르면 누구나 알다시피, 반유대주의자들은 드뤼몽, 베델, 그리고 '아스페 드 라 프랑스'의 출판물에 큰 관심을 갖고 있다는 것이다.

이렇듯, 이제는 의혹, 중상모략, 그리고 악의를 하나로 합치기만 하면 증거가 만들어지는 세상이다. 주간지 〈렉스프레스〉(2024년 8월 28일자)는 "LFI 대표의 유대인에 관한 발언들은 그를 무죄로 보일 수 있다.(5) 그러나 그 발언들의 누적은 단순한 우연으로 볼 수 없다."라고 지적했다.

그리고 사회학자 제랄드 브로너는 이렇게 결론을 내렸다.

"어떤 특정 발언이 실제로 반유대주의적인지 그 정확한 가능성을 밝힐 수는 없다. 그러나 그 발언들이 같은 사람에게서 나왔기 때문에 이 가능성들이 상호 연결되어 쌓인 것으로 봐야 한다."

정리하면, 열 가지의 은유나 단어, 이를테면 '캠프하다' 같은 무해한 단어들이 언론의 독단적인 명령으로 반유대주의적인 것으로 낙인찍히면, 그것을 사용한 사람은 반유대주의자가 되는 것이다.

장뤼크 멜랑숑, "LFI에 대한 반유대주의 비방은 더 이상 효력 없어"

20년 전, 〈르몽드〉는 피에르 부르디외(그리고 몇몇 다른 사람들도)를 반유대주의자로 의심한 바 있다. 그 이유는 단지 그들이 언론을 비판했기 때문이었다. 왜냐하면 과거 반유대주의자들은 언론을 유대인들이 선호하는 직업으로 간주했기 때문이다. 이렇게 보면, 캠프라는 표현을 바유대주의 암시로 몰아갔던 사례처럼 말이다.

멜랑숑을 비난하는 사람들은 오히려 그의 업적에 경의를 표해야 한다. 그는 아마도 반유대주의 발언을 한 적이 없으면서도 "반유대주의" 정당을 이끌고 있는 유일한 지도자일 것이다. 그의 정당은 연합 세력들과 함께 이 문제를 해결하기 위한 다섯 가지의 정책을 제안하고 있으며(6), 그는 유대인 라디오인 〈Radio J〉에 출연하여 "프랑스의 가장 작은 마을에서도 모든 유대인은 우리의 도움과 보호를 받을 수 있다는 것을 알아야 한다"라고 선언했다.

멜랑숑은 또한 2015년에 파리 형사 법원에서 자신을 반유대주의자로 비난한 세 명의 우파 인사들을 상대로 승소했다. 8년 후, 파리 사법 법원은 극우 채널 〈C뉴스〉가 "LFI가 반유대주의 정당"이라며 허위 발언을 한 것에 대해 LFI의 반론을 방송하도록 명령하고, 이 극우 채널에 벌금을 부과했다.

"LFI를 향한 반유대주의 비난의 억지스러운 마비 효과는 이제 더 이상 효력이 없다"라고 LFI의 설립자는 지난 6월 2일 자신의 블로그에 썼다. 그러나 그는 착각했다. 선거가 시작된 지 1년 후, 정치적·언론적 공세는 결국 목표를 달성했다.

8월 말, 멜랑숑은 자신이 주도하는 LFI가 오랫동안 경험한 비방 캠페인으로 인해 '독성'으로 취급되어 좌파 정부에 참여하지 않을 수 있다는 사실을 스스로 받아들였다. 거짓이 반복되면서 결국 목표가 이루어진 셈이다.

그 과정에서 또 다른 목표도 달성되었다. 팔레스타인에서 학살이 계속되는 가운데, 〈로피니옹〉은 9월 16일 자에서 약간 놀라운 듯 이렇게 보도했다.

"가자지구에서의 전쟁에도 불구하고 프랑스와 이스라엘 간의 전략적 관계는 그 어느 때보다도 좋은 상태다." **Ld**

글·세르주 알리미 Serge Halimi
〈르몽드 디플로마티크〉 프랑스어판 편집고문
피에르 랭베르 Pierre Rimbert
〈르몽드 디플로마티크〉 기자

번역·아르망
번역위원

(1) 도미니크 비달과 베르트랑 하일브론, 「이스라엘이 어떻게 반유대주의와의 투쟁을 조작하는가」, <OrientXXI>, 2019년 2월 12일.
(2) 다니엘 핀, 「반유대주의, 치명적인 무기」, <르몽드 디플로마티크> 프랑스어판 2019년 6월.
(3) https://holocaustremembrance.com/resources/working-definition-antisemitism
(4) 국가인권자문위원회, 「인종차별, 반유대주의 및 외국인혐오에 대한 투쟁. 2018년」, <La Documentation française>, 파리, 2019년 7월.
(5) 앙리 말레르, 「언론 비평가에 맞서는 <르몽드>: 반민주주의자 및 반유대주의자」, <Acrimed>, 2004년 4월 26일. 또한 <르몽드 디플로마티크> 프랑스어판 2004년 5월 참고.
(6) 「새로운 인민전선과 함께, 반유대주의 및 모든 형태의 인종차별에 맞서 싸우자!」, 2024년 6월 23일.

카멀라 해리스, 승리의 길을 걸을 수 있을까?

미국 대선이 목전에 다가왔으나, 여전히 승자 전망은 안갯속이다. 7개 경합주 유권자들을 대상으로한 여론조사 결과가 10월 21일(현지시각) 공개됐으나, 초접전 양상이 지속되고 있다는 점만 확인됐다. 〈워싱턴 포스트〉는 9월30일부터 10월15일까지 7개 경합주 유권자 5016명을 조사한 결과 민주당 대선 후보인 카멀라 해리스 부통령을 지지한다는 응답이 47%, 공화당 후보 도널드 트럼프 전 대통령을 지지한다는 응답이 47%였다고 이날 밝혔다.

정치적 무명에 가까운 해리스가 트럼프에게 위협적인 존재로 부상한 것은 변화를 기대하는 미 유권자들의 바람 때문이다. 카멀라 해리스는 누구이며 그녀는 무엇을 제안하는가? 선거 운동을 하지 않았음에도 민주당의 후보가 된 부통령은 민주당 진영에 새로운 활력을 불어넣었다. 하지만 그녀를 둘러싼 찬사는 과거의 활동이나 정책보다는 도널드 트럼프의 재선을 막아줄 것이라는 기대에 기인한다. 과연 그녀는 승리의 길을 걸을 수 있을까?

토마스 프랭크 ▮저널리스트

조 바이든 미 대통령이 백악관을 향한 경주에서 물러나고 그의 부통령이 그 자리를 대신하면서 선거 캠페인은 분명히 활기를 되찾았다. 더 젊고 활기찬 후보인 카멀라 해리스는 도널드 트럼프를 시대에 뒤떨어진 인물로 만들었다. 그러나 그녀의 경제 프로그램에 대해서는 여전히 불분명한 부분이 많으며, 현직 대통령의 뉴딜적 방향을 포기할 가능성도 있다.

몇 주 전 민주당 전당대회에서 연설한 미셸 오바마는 "더 밝은 미래에 대한 기대와 열정, 환희"에 대해 언급했다. 대체로 대중들은 이 발언을 좋아했다. 그러나 일부는 이 표현을 지나치게 어색하거나 심지어 모욕적이라고 여겼다. 민주당 지지자는 현재가 이미 빛나고 있다고 생각해야 하는 것 아닌가?

백악관의 현 주인인 조 바이든은 전날 같은 무대에서 조금 덜 다듬어진 연설을 했다. 항상 당에 충성해 온 인물로서 그의 대통령직은 정치적 절정의 상징이 아닌가? 미셸 오바마는 단지 분명한 사실을 언급했을 뿐이다. 행사가 개최된 시카고의 다목적 경기장을 가득 채운 사람들은 에너지와 흥분으로 넘쳐났다.

민주당은 정말로 새로운 시대의 문턱에 있나?

오래전부터 예고되었던 무의미하고 졸린 집회와는 완전히 달랐다. 갑자기 낙관적으로 변한 민주 당원들 사이에는 희망과 감격의 기운이 흘렀다. 매일 밤 프라임 타임이 되면 건물은 가득 찼고, 참석자들은 열광하고 환호하며 기립박수를 쳤다.

분명 조 바이든을 부통령인 카멀라 해리스로 교체한 것은 이번 세기의 최고의 전략이었다. 단지 한 달 전만 해도, 같은 민주 당원들은 과거의 짐을 끌어안고 있었고, 그들의 후보가 입을 벌린 채 두 팔을 축 늘어뜨리고 상대에게 뒤처지는 모습을 보며 텔레비전 앞에서 화를 냈었다.

그리고 그 상대가 누구였던가? 바로 무시무시한 공화당 후보 도널드 트럼프였다. 그는 광대이자 범죄자, 부자 정치가, 바보, 독재자의 속성을 모두 갖춘 최악의 악당으로서, 카메라 앞에서나 여론조사에서 노쇠한 조 바이든을 무참히 짓밟고 있었다

그런데 모든 것이 완전히 뒤집혔다. 이제는 트럼프가 새로운 도전에 망연자실하며 서 있었고, 해리스는 넓

은 중도층의 영역을 차지하며 여론조사에서 우위를 점하기 시작했다. 그녀는 중서부 전역에서 대규모 유세를 열었고, 민주당은 매력, 활력, 열정, 그리고 심지어 젊음까지도 상징하게 되었다.

이러한 전환이 단순히 트럼프를 이길 수 있는 인물을 드디어 찾았기 때문일까? 전당대회에서 보여준 열정의 폭발은 그 이상의 것이 있다는 것을 암시했다. 무대에 나와 뻔한 말들을 늘어놓는 당의 노쇠한 정치인들을 보면서도, 이번에는 마침내 수년간 민주당과 미국을 지배해 온 무기력한 리더십이 끝날 것 같다는 느낌이 들었다.

1960년대의 불분명한 집착도 이제 끝날 때가 온 것처럼 보였다. 그 오래된 지도층은 우파의 반격에 두려워하며 어떠한 주제에서도 공화당과 맞서 싸우기를 꺼려왔고, 전쟁 문제부터 사회 시스템 개혁까지 모든 것에 타협하며 결국 스스로의 진영을 망가뜨려 왔다. 은행과 '금융 혁신'에 대한 그들의 숭배도 이제 끝이었다.

노동자들의 처지에 대한 그들의 무관심, 그리고 창조성과 혁신을 내세운 '창조적 계층'(사회학자 리처드 플로리다가 그의 저서 『The Rise of the Creative Class』에서 처음 제안한 개념으로, 이후 현대 경제학과 사회학에서 중요한 주제로 논의되고 있음—역주)에 대한 사랑 고백도 이제 더 이상 듣지 않아도 될 것 같았다. 1980년대부터 우리를 지배해 온 이 모든 세대는 결국 실패한 유산만을 남기고 이제 퇴장당하고 있었다.

민주당이 정말로 새로운 시대의 문턱에 있는 것일까? 세 가지 요소에서 그 가능성을 찾아볼 수 있을 것이다. 첫째, 해리스가 러닝메이트로 미네소타 주지사 티모시 월츠를 선택했다는 점이다. 그는 중서부 지역의 전통적인 포퓰리스트로서, 민주당이 너무 오랫동안 놓쳐왔던 노동자 중심의 방향성을 대표하는 인물이다. (물론 부통령직이 거의 상징적인 직책이라는 점에서 반론이 있을 수 있다.) 둘째, 몇몇 노조 지도자들이 전당대회 프라임타임에 연설할 기회를 얻었는데, 그중에는 자동차 노동조합(UAW)의 회장인 션 페인도 있었을 정도로 노조단체의 지지를 받고 있다는 점이다.

청중들은 '포퓰리즘'이라는 단어의 본래 긍정적인 의미에 대한 간단한 설명도 들을 수 있었다.(1)

셋째로, 낙관주의가 다시 돌아왔다는 점이다. 해리스가 이렇게 많은 사람에게 매력적으로 다가가는 이유 중 하나는 적재적소에서 자연스럽게 터져 나오는 그녀의 유머 실력 덕분이다.

관점을 달리하는 점잖은 사람들은 이 요소를 과소평가할 수 있지만, 수년간의 팬데믹, 인플레이션, 그리고 소셜 미디어를 통한 문화 전쟁 등에 시달려온 사회 분위기에서는 이런 긍정적인 영향이 무시될 수는 없을 것이다.

친기업적인 인사들이 여전히 당내 주도권 장악

그러나 곰곰이 생각해보면, 위에서 언급된 요소들은 그렇게 중요한 것이 아니다. 이는 단순히 외적인 변화를 보여주는, 즉 마케팅 전략의 개선을 나타낼 뿐이다. 핵심은 항상 그렇듯이, 기존 시스템이 거의 그대로 지속될 것이고, 기업 마인드에 길들여진 친기업적인 인사들이 여전히 당 내에서 주도권을 유지할 가능성이 크다는 것이다. 결과적으로 민주당은 유권자들에게 청년성, 이상주의, 독창성을 내세우며 새로운 세대임을 주장하고 있지만 이것은 과거 선거 때마다 제시된 사례의 반복이며, 과거를 보면 이제 막 나서는 새로운 세대가 이전 세대보다 오히려 더 나쁜 결과를 초래했던 경우도 많았다는 점을 간과해서는 안될 것이다.

사실, 같은 시카고 경기장에서 빌 클린턴이 1996년에 민주당 후보로 지명되었을 때도 비슷한 일이 있었다. 당시에도 '희망의 사람'(그의 고향 아칸소주의 도시 이름인 'Hope'에서 유래)은 "21세기로 가는 다리"를 건설하겠다고 약속했다. 그 약속은 미래에 대한 수많은 희망을 담고 있었다. 젊고, 똑똑하고, 낙관적인 그는 재선에 성공했다. 그리고 그 다리를 건설했다. 그것은 바로 자유무역 협정이었다. 이로 인해 미국의 일부 지역은 산업이 붕괴되었고, 금융 규제 완화 프로그램은 결국 2008년 위기로 이어졌다. '이상주의자들이여, 정말 고맙다.'

열띤 분위기의 겉모습과는 달리, 민주당 전당대회에 참석하는 4일간은 즐거움보다는 인내의 시간이었다. 비싼 돈을 내고 형편없는 음식을 먹어야 했고, 불편한 좌석을 찾기 위해 오랜 시간을 허비해야 했다. 공식적으로 마련된 참가자들 간의 위계질서 위에 훨씬 더 파악하기 힘든 비공식적인 위계질서가 겹쳐 있었다(기자 데이비드 시로타가 표현한 "자원에 기반한 카스트 제도"가 바로 그것이었다). 분명, 민주당은 그들의 통치 철학을 행사장의 자리 배치에 반영하려 했던 것처럼 보였다.

관객 입장에서는 끝없이 이어지는 TV 광고를 보는 것과 같았다. 날이 지날수록 자연스러움이 사라졌다. 모든 것은 미리 쓰여진 각본에 따라 움직이고 있었다. 청중에게 질문 기회도 주어지지 않았고, 이견의 여지도 없었다. 관객은 지시에 따라 박수를 쳤고, "우린 되돌아가지 않을 거야", "우리가 싸우면, 우리가 이긴다"와 같은 구호를 끊임없이 외쳤다. 모든 것은 각본에 따라 완벽하게 맞물려 돌아갔.

수개월 동안 언론에서는 미 대선 국면에서 가자 지구 문제와 환경 문제를 둘러싼 치열한 논쟁이 제기될 것이라는 전망을 언급해 왔으나, 모든 연설은 후보 교체를 반영하기 위해 급하게 다시 작성되어야 했다. 그럼에도 민주당의 대선 메커니즘이 멈추지 않고 순조롭게 돌아갔다는 사실은 꽤나 주목할 만한 일이다.

민주당 전당대회, 민주주의를 흉내 내는 것에 그쳐

하지만, 끊임없는 조명등에 노출된 관객석에서 바라보면, 무대 위에서 텔레프롬프터에 적힌 연설문을 읽고 있는 2선급 정치인들의 긴 행렬은 마치 모든 후보자들이 서로 뒤섞여 혼동되는 미인대회와도 같았다. 이틀째부터는 그들의 말을 받아 적느라 연필심을 닳게 하는 것이 무의미하게 느껴지기 시작했다.

이 뻔한 이야기들 속에서 인상에 남는 것은 몇몇 어울리지 않는 조합의 기억이었다. 이는 민주당의 정책 자체를 반영하는 것이기도 했다. 예를 들어, 가수 핑크(Pink)가 무대에 올라와 "What About Us?(우리에게는 어떻게 할 건가요?)"라는 곡을 부를 때가 그랬다. 이 노래는 지도자들의 배신에 관한 애절한 찬가였다.

핑크는 "우리가 속았는데, 이제 우리 '수많은 아름다운 영혼들'은 어떻게 될까요?"라며 물었다. "그리고 이 모든 아름다운 미래에 대한 약속들이 산산조각났는데요? / (...) 이 모든 계획들이 결국 실패로 끝나버렸는데요?"

그 비극적인 가사에 귀를 기울이면서, 잠시나마 민주당이 마침내 무대에 올라와 그동안 축적해온 모든 실패를 인정하는 것이 아닐까 하는 생각이 들었다. 그러나 그렇지 않았다. 노래가 끝나자마자 스크린에는 부통령이 군대의 힘과 '국제적 안정성'에 얼마나 적합한 인물인지를 보여주는 영상이 재생되었다. 그것이 무엇을 의미하는지는 알 수 없지만 말이다.

이후 애리조나 주 상원의원 마크 켈리가 등장해 군대에서 보낸 자신의 시절을 회상하며 열광하는 민주당 지지자들에게 군사적 엄격함으로 돌아갈 것을 촉구했다.

그 뒤를 이어 전 국방장관 리언 파네타가 등장해 로널드 레이건을 인용하면서 미군이 "세계에서 가장 강력한 군대"로 남을 것이라고 확신한다고 말했다. 그날 저녁, 카멀라 해리스 자신도 국가의 군사력을 "지구상에서 가장 강력한 전투력"이라고 찬양하며 모든 존경심을 표했다. "영원히 전쟁이 계속될 수 있기를!"

전당대회의 주제는 '민주주의'였다. 민주주의를 지켜낼 수 있다면 모든 문제가 마치 해결되는 것처럼!

왜냐하면, 그들이

반복적으로 상기시켰듯이, 미국인들의 삶의 방식은 끔찍한 트럼프라는 독재자의 위협 아래 놓여 있었기 때문이다. 트럼프는 독재자와 인종차별주의자들의 공범이며, 자신의 경쟁자를 법정에 세우고 선거 과정을 중단시키며 언론을 검열하고 자신이 원하는 것을 얻지 못할 때 지지자들에게 폭력을 부추기는 인물이었다(적어도 이 마지

막 비난은 상당히 신빙성 있는 증거에 기반하고 있었다). 한 연설자는 이렇게 말했다.

"당신이 투표하는 것은 단지 한 명의 민주당원을 위한 것이 아닙니다. 그것은 민주주의를 위한 것입니다."

하지만 사실, 정치적 전당대회는 당연히 민주주의가 구현되는 장(場)이어야 하지 않을까? 미국인들이 단순히 민주주의 수호에 대한 연설을 듣는 데 그치지 않고, 토론하며, 당이 추구해야 할 정책을 결정하고 지도자를 선택할 수 있는 바로 그곳에 민주주의가 작동하고 있어야 하지 않을까? 민주주의는 어느 정도는 당내에서부터 시작되기 마련이다. 적어도 과거에는 그랬다.

그러나 바이든이 쇠약해졌음에도 민주당 경선에서는 견줄만한 경쟁자조차 없었다. 어떠한 토론도 열리지 않았고, 일부 주에서는 다른 경쟁자가 없어서 경선 자체가 취소되었다. 자신의 신체적 쇠퇴를 더 이상 무시할 수 없게 되자, 바이든 대통령은 카멀라 해리스에게 자리를 양보하고 대선 레이스에서 물러났다. 당시 그녀는 대중에게 그다지 알려지지 않은 인물이었다. (2020년 민주당 경선에서 그녀는 투표가 시작되기도 전에 이미 포기했었다.) 하지만 이러한 상황에도 불구하고, 며칠 내에 당의 지도부는 한마음으로 그녀를 지지하며 전당대회 전에 그녀를 지명해버렸고, 그렇게 함으로써 시카고에서 불협화음이 나타나는 악몽 같은 시나리오는 피할 수 있었다.

해리스, 트럼프를 의식해 '폭정'에 맞설 것을 강조

몇몇 연설자들은 민권 운동가 패니 루 해머의 용기를 상기시켰다. 그녀는 1964년 민주당 전당대회에서 흑인 유권자들을 후보 지명 절차에서 배제하려는 당의 술책을 비판했었다. 2024년의 전당대회에서는 그러한 용감한 행동은 찾아볼 수 없었다. 후보 지명이 이번 행사의 주된 목적이어야 했지만, 그 과정은 너무도 가볍게, 거의 희극적으로 진행되었다. 주최 측은 이 과정을 '축제'의 한 순간으로 기획했다.

각 주의 대의원들이 미리 알려진 표를 발표하는 동

안, 선글라스와 커다란 모자를 쓴 DJ가 음악을 틀며 분위기를 띄웠다. ("내 이름은 DJ 캐시디야, 지금부터 민주당 전당대회의 투표 시간입니다!") 열광하는 군중 사이에서 카메라 플래시가 터졌고, 완벽한 일치, 실수 없는 진행이었다. 이 모든 것을 이루기까지 수년이 걸렸지만 이제 마침내 그 순간이 다가왔다.

그러나 이 전당대회는 민주주의가 실질적으로 작동되는 과정이 아니라 그저 흉내 내는 것에 불과했다. 이는 지도자를 선택하는 자리가 아니라 그들이 세상에 자신을 소개하는 무대였다. 일방적인 대화였고, 우리는 그들의 이야기만 들을 수 있었다.

무대 위에서 가장 큰 인상을 남긴 것은 TV 슈퍼스타 오프라 윈프리였다. 한때 그녀는 보통 미국인의 목소리를 대변하는 인물로 여겨졌다. 그녀는 11월 선거가 후퇴에 대한 저항의 도구라고 설명했다. (이는 낙태권과 남부 주들의 인종 분리 문제를 가리키는 말이었다.) 그리고 이러한 퇴행을 막기 위해 노력하는 사람들이야말로 "자유의 전사"라고 주장했다. 오프라는 마지막 구절을 노래로 부르기까지 했는데, 이는 기억에 남을 만한 장면이었다. 이 나라에서 정치 연설자가 노래를 부르는 일은 드물기 때문이다.

하지만 무엇보다 그녀는 공화당이 독점하고 있다고 여겨지던 기본적인 가치들을 하나 하나 호명하며 강조했다. 도덕적 힘, 낙관주의, "품위", "존중", 헌법에 대한 충성심, 그리고 투표에 대한 것까지도 말이다. 트럼프가 투표를 꺼린다는 것이 명백했기 때문이다. 오프라 윈프리는 이렇게 말했다. "나는 투표를 합니다. 왜냐하면 나는 미국인이기 때문입니다. 그리고 그것이 우리가 하는 일이기 때문입니다."

지난 50년 동안 민주당은 애국심을 드러내는 것을 멀리하는 경향이 있었다.(2) 그들은 이를 편협함과 광신적 행동으로 여겼다. 하지만 이제 상황이 바뀌었다. 역사에 대한 무지와 군대에 대한 비판적 태도로 인해, 트럼프는 이러한 상징을 다시 꺼냈고, 이제 그의 반대자들은 이 상징들을 되찾으려 하고 있다. 결과적으로 이번 민주당 전당대회는 이전의 (그) 어떤 때보다 더 많은 작은 국기가 휘날렸고, "U-S-A"를 외치는 목소리도 전례 없이 많았다.

카멜라 해리스는 자신의 캠페인을 미스터리로 시작했다. 그녀는 누구였을까? 그녀는 무엇을 옹호하고 있었을까? 바이든의 프로그램인가, 그녀 자신의 프로그램인가? 이번 전당대회의 상당 부분은 그녀의 성격을 묘사하는 데 할애되었으며, 그녀의 도덕적 올바름에 대한 찬사도 과하지 않게 표현되었다. 카멜라는 당신이 어려울 때 기도해 주며, 생일을 축하해 주기 위해 전화를 걸고 때로는 노래까지 불러 준다고 했다.

그녀는 그냥 칭찬하는 것이 아니라 정확히 올바른 방식으로 표현한다고 했다. 또한, 카멜라가 당신을 바라볼 때, 그녀는 "진정으로 당신을 본다"고 했다. "다른 사람과 자신이 믿는 것에 대해 싸우는 것"은 "그녀에게 자연스러운 일"이라고 했고, 물론 그녀는 친근한 중산층 가정 출신이라고 했다.(3)

그녀가 마지막 날에 한 연설은 그녀의 공화당 경쟁자의 연설보다 두 배 이상 짧았지만, 해리스는 진지하고 집중된 모습이었다.(4) 평소의 특유의 웃음은 잠시 숨겼다. 열광적인 청중 앞에서 그녀는 마치 위기에 처한 환자를 진정시키려는 응급 구조원처럼 차분하게 말했다.

그러나 이 40여 분의 연설로도 그녀는 놀라울 정도로 다양한 주제를 다루기에 충분했다. 먼저 트럼프가 민주주의 원칙과 국가 이익을 모두 위반했다고 비난한 후, 그녀는 더 강한 군대와 더 잘 보호된 국경, 그리고 중국에 대한 강력한 태도를 요구하며 그를 우파 측면에서 압도했다. 이후 그녀는 모든 사람에게 모든 것을 약속하기 시작했다. 소비자들은 가격 인하를 기대할 수 있을 것이고, 스타트업들은 자본에 더 쉽게 접근할 수 있을 것이라고 했다.

노동과 자본은 협력할 것이며, 주거비는 더 이상 감당하기 어려운 수준이 아닐 것이라며 주장했다. 그리고 그것이 전부가 아니었다. 해리스는 총기 폭력에 대한 단호한 메시지, 더 깨끗한 공기 모상, 가자 지구의 전쟁 종식, 이란에 대한 강경한 대응, 그리고 전 세계에서 '폭정'에 맞서는 것까지 약속했다. 그녀에게 투표하는 것은 "이 지구상에서 가장 큰 특권, 즉 '미국인으로서의 자부심'"을 누리는 것이라고 했다.

민주당의 약속을 조롱하기는 쉽다. 그들의 수사는 종종 자기 자신을 패러디하는 것처럼 들린다. 하지만 이 사실을 상기할 필요가 있다. 비록 무색해 보일지라도, 바이든은 최근 몇 십 년 동안 그 어떤 대통령보다 노조를 위해 더 많은 일을 해왔다. 그는 또한 인프라와 산업에 막대한 투자를 했다. 이러한 부정할 수 없는 사실들은 전당대회에서 여러 차례 언급되었다.

바이든의 주요 업적을
대선 연설 때 언급하지 않아

반면, 그의 가장 야심 차고 혁신적인 입직인, 40년 동안 잠들어 있던 독점 금지법을 마침내 시행했다는 점은 거의 언급되지 않았다. 법무부가 가장 거대한 독점 기업인 구글에 대해 거둔 최근의 승리도 전혀 언급되지 않았다. 마치 다국적 기업의 권력을 깨트리는 것이 설명하기 너무 어려운 개념인 것처럼, 혹은 그것이 당의 기부자들을 불쾌하게 할까 봐 두려워하는 것처럼 보였다.

민주당원들이 끊임없이 이야기했던 주제가 있다면, 그것은 바로 그들의 도덕적 우수성이었다. 한 명씩 무대에 올라와 자신들의 선행을 나열하며 얼마나 카멀라 해리스처럼 좋은 사람들이었는지 보여주었다. 그들의 부모는 열심히 일하며 올바른 가치를 가르쳤고, 그들 자신도 옳은 행동을 했으며, 결코 목표를 잊지 않았고, 다양한 표창을 받았다.

그러나 잠시 밖으로 나가 신선한 공기를 마시는 순간, 그 모든 달콤함은 즉시 그 맛을 잃었다. 전당대회 3일째, 케피예를 두른 한 여성이 경찰이 설치한 경계선 바로 뒤 도로 한가운데 앉아 있었다. 거대한 메가폰을 든 그녀는 자신이 말하길 이스라엘의 가자 지구 공격으로 희생된 아이들의 이름을 하나씩 낭독했고, 정기적으로 멈추며 책임자를 지목했다. 그녀는 미국, 특히 민주당을 비난했다. "당신들 모두, 당신들의 손에는 피가 묻어 있다"고 그녀는 외쳤다.

그 광경을 지켜보며, 수 시간 동안 단 한 번의 반론 없이 이어진 자기 칭찬의 축제에 노출된 뒤, 그리고 자신의 고귀함에 도취되라는 설교를 듣고 나서 문을 나서면 자신이 선한 존재가 아니라 악의 대리인이라는 사실을 알게 될 때 어떤 기분일지 궁금해졌다. 그 여성 곁을 지나치던 진보주의자들은 방금 자신들에게 주입된 이야기를 의심하고 싶어졌을까? 지금까지 자신들이 가지고 있던 미덕의 이미지가 흐려졌을까?

그로부터 2주 반 후, 트럼프와 해리스는 TV 토론에서 맞붙었다. 민주당 후보는 지치지 않고 화를 잘 내는 사업가를 자극하고 그의 자존심을 건드려 그가 방어 태세를 취하고 시간을 낭비하게 만드는 함정을 만들었다. 매번 공화당 후보는 그 함정에 걸려들었다. 상대가 그의 재신 대부분을 아버지로부터 물려받은 것이라고 주장하거나 팬들이 그의 집회가 너무 지루해서 끝나기 전에 자리를 떠난다고 비판할 때 어떻게 대답하지 않을 수 있었을까? 트럼프는 자신의 억만장자 지위와 집회에 자부심을 느끼는 인물이었다. 그것들이 바로 그의 성공의 증거였으니까. 그는 사소한 문제에 대해 허공에 소리를 치고 있었고, 해리스는 그동안 공개적으로 웃으며 TV 시청자들에게 눈짓을 보냈다.

해리스가 선택한 이름 '기회의 경제',
공화당의 '기회의 사회'를 빼닮아

정치 해설자들에게 이러한 장난 같은 모습이야말로 정치에서 가장 중요한 것처럼 보였다. 모두가 해리스가 어떻게 분노하는 상대를 교묘하게 무너뜨렸는지 칭찬했다. 하지만 그녀가 사용한 술책들은 고등학교의 수사학 수업에서 배울 수 있는 것에 불과했다. 상대의 발언 시간을 소모하게 하는 데 유용하지만, 그것이 토론의 궁극적인 목표는 아니다. 토론은 공공의 이익에 관한 중요한 주제들을 다양한 각도로 검토할 수 있는 기회여야 한다.

그렇다면, 해리스는 국가가 직면한 주요 문제에 대해 어떤 입장을 가지고 있는가? 좌파 지지자들은 그녀가 중요한 주제에 거의, 아니면 전혀 발언하지 않는다고 불

<우리가 곧 받을 축복 외에 베풀어 주심께 감사드립니다>, 2024, '아메리카를 찾아서' 시리즈중 - 로빈 키드

전문가들에 의해 가장 집중적으로 거론되었던 이슈였다. 해리스는 이 문제를 간결하고 단호하게 다루었다.

두 번째는 낙태 문제였다. 그녀는 이 주제에 대해 열정과 동정심을 동시에 보였고, 수사학적으로도 뛰어났다. 2년 전, 트럼프가 지명한 세 명의 대법관이 연방 차원에서 낙태를 합법화했던 '로 대 웨이드(Roe vs Wade)' 판결을 무효화했다. 그 결과, 여러 주에서 낙태는 불법이 되었다. 해리스는 "이게 무슨 의미인지 명확히 알아야 합니다"라고 강조하며 말했다. "범죄를 겪고 자신의 몸에 대한 권리를 침해당한 생존자가 이제 자신의 몸에 대해 결정할 권리조차 없다는 것입니다. 이는 비도덕적입니다. 신념이나 종교적인 믿음을 포기할 필요 없이, 정부, 특히 도널드 트럼프가 여성에게 자신의 몸에 대해 어떻게 해야 하는지 말할 권리가 없다는 사실을 인정해야 합니다."

오바마와 클린턴이 좋아했던 단어 '혁신', 해리스는 단 한 번만 언급

그러나 경제와 관련된 토론이 시작되자, 해리스는 뚜렷하게 불편해하는 모습을 보였다. 주택 소유, 재분배, 무역 등 경제 문제에 대해서 말이다. 첫 질문이 인플레이션에 대한 것이었을 때, 그녀는 소규모 기업을 정말 좋아한다고 빠르게 피했다. 왜냐하면 어렸을 때 그녀의 어머니에게 소규모 사업을 운영하는 좋은 친구가 있었기 때문이라고 했다. 이러한 회피의 기술을 설명하는 가장 가능성 있는 가설은, 그녀가 그 주제들에 진정한 관심이 없다는 것이다.

그녀의 웹사이트에 게시된 경제 정책은 중구난방식으로 쏟아져 나오는 약속과 바이든 행정부의 성공에 대한 광범위한 일반론의 집합에 불과하다. 그녀는 좋은 것에 찬성하고 나쁜 것에 반대한다. 복잡한 아이디어는 없다. 모든 것이 잘될 것이라고 말할 뿐이다.

평한다. 공화당 쪽에서는 그녀가 2019년에 좌파적으로 선거운동을 한 후 오늘날에는 중도적 입장을 취한다고 말한다. 최근에 그녀는 공화당의 전 부통령이었던 딕 체니가 자신에게 합류한 것을 자랑스럽게 여겼다. 민주당원들이 한때 그를 악마의 화신처럼 여겼던 인물이었는데 말이다. 그리고 그녀가 경제 정책을 위해 선택한 이름인 '기회의 경제(opportunity economy)'는 몇 십 년 전 공화당의 로널드 레이건과 뉴트 깅리치가 그들의 핵심 제안에 붙였던 '기회의 사회'와 놀랍도록 닮아있다. 이념적 혼란은 분명했고, 해리스의 캠페인 전체는 성급함으로 가득 차 있었다. 그로부터 느껴지는 인상은 단순히 서둘러서 만들어진, 깊이 생각하지 않고 급조된, 확신 없이 추진된 프로젝트처럼 보였다.

TV 토론에서 해리스는 단 두 가지 주제에 대해서만 활기를 띠고 제대로 된 답변을 할 수 있었다. 첫 번째는 당연히 트럼프의 위협이었다. 이는 지난 9년 동안 미국

정치인이 얼마나 무의미한 언급을 자주 하는지 측정할 수 있는 한 가지 객관적인 지표가 있다면, 그것은 그들이 '혁신'이라는 단어를 얼마나 자주 사용하는가 하

는 점이다. 버락 오바마뿐만 아니라 클린턴 부부도 이 단어를 좋아했다. 그 이유는, '혁신'에 대해 말하는 것이 은행을 위한 경제 정책을 진보적이거나 심지어 급진적인 개념으로 위장할 수 있게 해주기 때문이다. 더구나 언론인들도 혁신에 깊은 존경심을 보인다. 혁신이 많을수록 좋다고 생각하며, 그 비용이 무엇이든 상관없다는 태도다. 이 마법 같은 단어를 내세워, 우리 지도자들은 세금을 인하하고, 금융 시장을 규제 완화하며, 실리콘밸리 기업들에게 막대한 혜택을 주고, 제약 산업을 보호하는 동시에 더 취약한 부문들을 파괴적인 경쟁에 노출시키는 자유무역 협정을 체결할 수 있었다.

해리스 후보는 아직 '혁신'에 대한 애착을 완전히 증명할 기회를 가지지 못했다. 그녀는 토론 중에 이 단어를 한 번만 언급했다. 그러나 상무부 장관인 지나 레이몬도는 우리를 안심시키려고 한다.(5) 그녀는 이 주제에 '집착'하고 있으며 스타트업과 소규모 기업을 지원하면서 '억만장자와 대기업'에 더 무거운 세금을 부과하는 데 힘쓸 것이라고 한다. 이것이야말로 혁신이라는 단어가 세금 인하가 아니라 인상을 정당화하는 데 사용된 첫 번째 사례일 것이다. 하지만 때로는 단어 하나의 마법이 무한할 수 있다.

해리스 당선되면 뉴딜적 정책들은 사라질 듯

작년 8월 〈뉴욕 타임스〉에 실린 한 기사는 이 혁신 집착이 의미하는 바를 약간 드러냈다.(6) 그 기사의 필자인 벤처캐피탈리스트 리드 호프먼은 실리콘밸리에 대한 해리스의 이해가 그녀를 '진정한 친기업 선택'으로 만든다고 확언했다. '포퓰리스트'였던 트럼프 대통령이 아마존에 반독점 소송을 제기하겠다고 위협하고, 일부 '상징적인' 기업들을 비판하며 무역 전쟁을 촉발해 경제 활동을 방해한 반면, 바이든 대통령의 임기 동안 주식 시장은 기록적인 성과를 거두었고, 투자자들은 다시 웃음을 되찾았다. 물론, 반독점 법률의 적극적인 시행과 같은 정책들은 '혁신가들'에게 해를 끼칠 수 있었지만, 호프먼은 혁신 지향적인 해리스 행정부가 이를 멈출 것이라고 확신하고 있다.

해리스의 대통령직이 어떤 모습일지 상상하는 것은 추측에 불과하다. 하지만 필자는 바이든 행정부의 가장 비전적이고 활력 있는 요소들이 점차 사라질 것이라고 예상한다. 트럼프의 위협이 완전히 사라지고 나면 (그가 2028년 대선에 출마할 가능성은 거의 없으므로), 민주당의 포퓰리즘적 전통을 강조해야 할 유인은 사라질 것이다. 노동조합을 강화하고 독점에 맞서는 뉴딜적 정책들은 잊혀질 것이며, '혁신'이 주된 슬로건이 될 것이다. 군비 지출의 급증, 실리콘밸리에 우호적인 입법 구조의 발전, 그리고 민주당의 관심이 더 고학력 계층의 이익, 의견, 도덕성에 더욱 집중되는 것을 목격하게 될 것이다.

지난 몇십 년간 우리는 민주당에게 많은 것을 기대하지 않는 법을 배워왔다. 다가오는 11월의 선거에서 카멀라가 승리한다면, 이는 최소한 트럼프 시대의 종말을 의미할 것이다. 아마도 현재로서는 그것이 우리가 바랄 수 있는 전부일지도 모른다. **Ｌｄ**

글·토마스 프랭크 Thomas Frank
저서 『포퓰리즘, 바로 적이다! - 1890년대부터 오늘날까지 대중에 대한 혐오와 민주주의에 대한 두려움의 역사』(아곤 출판사, 마르세유, 2021년)의 저자.

(*이 글은 미국 대선 전에 작성된 것으로, 미국 정치상황을 분석한 내용이어서 선거 결과와 상관없이 게재합니다.)

번역·박명수
번역위원

(1) 참조. 토마스 프랭크, 『Le Populisme, voilà l'ennemi!……포퓰리즘, 바로 적이다』, 아곤, 마르세유, 2021.
(2) 로버트 S. 맥켈벤, 「Liverals go back to the flag' 40 years later」, <Musings & Amusings of a B-List Writer>, 2024년 8월 22일, https://robertsmcelvaine.substack.com
(3) 중상류층이었던 해리스 아버지는 스탠퍼드대 경제학과 명예교수, 어머니는 생물학 박사로 유명한 연방연구소에서 일했다. 해리스는 캘리포니아 버클리 등 진보주의적인 대학도시에서 성장했다.
(4) 세르주 알리미, 「Donald Trump prendra-t-il sa revanche? 도널드 트럼프는 복수할 것인가?」, <르몽드 디플로마티크> 프랑스어판 2024년 9월, 「'우리'의 검투사 트럼프는 복수를 할 수 있을까?」, 한국어판 2024년 10월
(5) 「Harris campaign : "I don't think the American public are interested in the minutiae of the mechanism of how she'll increase taxes on billionaires"」, <RealClear Politics>, 2024년 9월
(6) 라이트 호프먼, 「Why Silicon Valley should get behind Kamala Harris」, <뉴욕 타임스>, 2024년 8월 3일

<항복>, 2019 - 잭 퍼스키안 _ 관련기사 28면

DOSSIER

도시에

이스라엘은 팔레스타인의 문화유산을 어떻게 약탈하는가

전통 음식, 자수, 고고학 등은 시온주의 정치에서 중요한 자리를 차지하는 문화적 전쟁의 일부이다. 이스라엘은 이러한 요소들을 이용하여 자신들의 땅에 대한 배타적 권리를 주장하며, 이를 통해 국가의 서사를 형성해왔다. 이 서사의 역사적 진실 여부는 중요하지 않다. 이 과정에서 팔레스타인인들은 단순히 영토를 지키기 위해 싸우는 것이 아니라, 자신들의 정체성을 지키기 위해 싸우고 있다.

올리비에 피로네 ▌기자

2017년 말, 영국 항공사 버진 애틀랜틱의 항공편에서 제공된 기내식 메뉴 중 하나가 논란을 불러일으켰다. '팔레스타인식 쿠스쿠스 샐러드'로 명명된 이 요리는 근동 지역에서 매우 인기 있는 전통 쿠스쿠스인 마프툴을 참조한 것으로 간단한 설명으로는 "팔레스타인의 맛에서 영감을 받았다"라고 적혀 있었다.

그러나 한 승객이 이 샐러드 이름에 불만을 품고, 항공사와 직원들을 "테러리스트를 지지하는 자들"이라 비난하며 해당 메뉴의 사진을 소셜 미디어에 올렸다. 사진 이미지는 친이스라엘 단체들에 의해 확산되었고, 수많은 누리꾼들의 분노를 자아냈다.

일부는 이 샐러드가 사실 '유대인' 또는 '이스라엘식' 요리라고 주장하기도 했다. 압력이 거세지자, 버진 애틀랜틱 항공사는 공식적으로 고객들에게 "불쾌감을 준 것에 대한" 사과를 표명했으며, 이후 메뉴에서 '팔레스타인'과 '팔레스타인식'이라는 단어를 삭제했다.(1)

이 사건은 이스라엘과 팔레스타인 사이의 문화적 정체성 싸움의 단면을 보여주며, 특히 음식, 예술, 전통과 같은 분야에서 자주 발생하는 문화적 차용(appropriation)과 관련된 논란을 상기시킨다.

팔레스타인 '후무스' 요리가 이스라엘 미식으로 탈바꿈

2020년 아랍에미레이트와 이스라엘 간의 정상화 협정이 체결된 후, 에미레이트 항공사 플라이두바이는 양국 간 항공 노선을 개설했다. 이 항공사는 버진 애틀랜틱과 같은 '실수'를 범하지 않기 위해 신중을 기했다.

플라이두바이의 웹사이트에 있는 '이스라엘 관광 가이드'에서는 특히 이스라엘 요리로 후무스(병아리 콩 퓨레), 팔라펠(병아리 콩과 잠두로 만든 튀김), 므사바하(후무스의 변형)와 같은 "맛있고 정통적인 미식"을 소개하고 있다.(2) 그러나 이러한 음식들은 팔레스타인과 레반트 지역의 전통 요리로 널리 알려져 있다.(3)

버진 애틀랜틱과 달리, 플라이두바이는 팔레스타인인들과 다른 아랍 국가 출신 사람들이 제기한 비판을 전혀 고려하지 않았다. 이러한 행위는 이스라엘과 팔레스타인 간의 문화 박탈 논란을 심화시켰고, 팔레스타인 측에서는 자신들의 전통 음식이 이스라엘 문화로 탈바꿈하고 있다는 불만을 더욱 고조시켰다.

이 두 사례는 단순한 에피소드가 아니며, 이스라엘이 수십 년간 팔레스타인을 상대로 상징적 차원에서 자신들의 지배를 강화하기 위해 벌여온 문화적, 이념적 전쟁을 보여준다. 이러한 전쟁은 이스라엘-팔레스타인 갈등의 주요 측면 중 하나로 영토적 차원, 식민지적 차원과 나란히 중요한 역할을 하고 있다.

이 상징적 정당성을 둘러싼 문화 패권 싸움은 19세기 말 시온주의자들이 팔레스타인의 '토착민'을 희생시키며 추진되었고, 1948년 5월 이스라엘 건국 이후에도 계속되었다. 정치적 시온주의의 핵심 개념 중 하나는 나탄 비른바움(1864~1937)과 테오도르 헤르츨(1860~1904)이 이론화한 것으로, 모든 현대 유대인들이 히브리인들의 후손이라는 가정을 기반으로 한다.

이에 따라 그들은 팔레스타인(후에 '이스라엘 땅'으로 개명됨)에 대해 조상 대대로 내려온 선조적 권리(先祖的權利)를 가진다고 주장했다. 이는 고대 유대인들이 로마인들에 의해 대규모로 추방되는 바람에 팔레스타인이 원래 주인, 즉 유대인이 비울 수밖에 없었던 땅이라는 주장에 근거한다. 이후 이 땅은 아랍인들에 의해 점령되었으나, 이 '외부인들'은 오랜 세월 동안 그 땅을 방치한 채로 남겨두었다는 것이다.

시온주의가 빼앗은
팔레스타인의 집단 기억과 정체성

강제 추방된 한 민족이 하나의 종교, 문화, 그리고 모두 다 함께 돌아가서 지켜야 할 공동의 고향을 가지고 있다는 신화는 '시온주의'라는 식민지 프로젝트를 정당화하기 위해 사용되었으며, 유대인들의 '고향으로의 귀환'을 주장하는 근거가 되었다.

시온주의 지도자들, 특히 다비드 벤구리온(1886~1973)은 유대인들이 '약속의 땅'에 대해 갖는 독점적 권리는 성경에 그 뿌리를 두고 있으며, 팔레스타인에 유대인 국가를 세워야 한다고 주장했다.

팔레스타인 아랍인들에 대해서는(4), 역사학자 슐로모 산드가 설명하듯, 그들을 '임차인' 또는 '임시 거주자'로 간주해 그들의 땅에서 추방하거나 대체할 권리가 있다고 여겼다.(5)

비록 시온주의가 구축한 이러한 신화들이 이스라엘 및 다른 나라의 역사학자들과 고고학자들에 의해 해체되었지만 여전히 이스라엘 국가의 이념적 기반과 국가적 서사의 핵심을 이루고 있다.(6)

팔레스타인인들을 상대로 한 이 문화 전쟁은 역사, 전통, 예술뿐만 아니라 물질적, 비물질적 유산, 주거 환경, 자연 환경 등 다양한 영역을 포함한다. 즉, 한 민족의 집단 기억과 정체성을 구성하는 모든 요소가 이 전쟁의 대상이 된다.

이 지역에서 고고학이 가지는 정치적 의미는 왜 팔레스타인의 유산이 텔아비브의 표적이 되고 있는지를 더 잘 이해할 수 있게 해준다. 예를 들어, 1967년 6월, 이스라엘이 아랍-이스라엘 전쟁 중 예루살렘 동부, 서안지구, 가자지구를 점령했을 때, 이스라엘은 1957년에 체결한 무력 충돌 시 문화재 보호에 관한 헤이그 협약(1954)을 비준했음에도 불구하고, 팔레스타인의 국립고고학박물관을 장악했다.

'팔레스타인 국립고고학박물관'이
'록펠러 박물관'으로 개명돼

이 팔레스타인 박물관에는 유명한 사해 문서를 비롯해 수많은 유물과 고대 서적들이 보관되어 있었지만, 박물관은 즉시 록펠러 박물관으로 개명되었고 정부 산하 기관의 감독하에 놓였다. 추정에 따르면, 이스라엘은 1967년부터 1992년까지 팔레스타인 영토에서 약 300만 개의 고고학적 유물을 압수했으며, 1995년부터 매년 약 12만 개의 유물을 추가로 압수한 것으로 추정된다.(7)

이러한 행위는 단순한 문화적 침해를 넘어, 팔레스타인의 역사적 정체성을 말살하고 이 지역에 대한 이스라엘의 고유한 권리를 주장하는 수단으로 활용되고 있다.

서안지구에는 6천 개 이상의 고고학적 유적과 유물이 등록되어 있으며, 그중 약 200곳은 유대인 정착촌에 위치하고 있다. 또한, 수천 개의 유적이 서안지구를 둘러싼 분리 장벽 건설 과정에서 파괴되거나 손상되었다. 이스라엘군은 대부분의 고대 유적과 유물에 대해 팔레스타인인들의 접근을 금지하고 있으며, 해당 지역은 주로 유대인 또는 외국인 방문객들에게만 개방되어 있다.

또한, 팔레스타인 관광 가이드들은 1967년부터 1994년까지 이스라엘에 의해 직업 활동이 금지되었으며, 현재는 제한된 지역에서만 허가를 받고 있다. 이들 허가는 주로 기독교 성지와 건물로 제한되어, 팔레스타인인들이 자신들의 문화와 역사를 외부인들에게 설명할 기회가 거의 없는 실정이다. (8)

가자지구의 문화유산, 즉 350개 이상의 유적지, 건물, 그리고 역사적인 기념물이 기록되어 있는 이 지역은 2023년 10월 7일 이스라엘과 하마스 간의 전쟁이 시작된 이후 엄청난 피해를 입었다.

200곳 이상의 유적이 이스라엘의 폭격으로 심각한 손상을 입거나 파괴되었으며, 이 중에는 7세기에 지어진 알-오마리 모스크와 12세기 성 포르피리 교회뿐만 아니라 가나안, 필리스티아(구약성경에 나오는 블레셋―역주), 이집트, 로마, 오스만 제국 시대의 유적들도 포함된다.(9)

또한, 2024년 1월 12일, 이스라엘 고고학청(IAA) 국장은 X(전 트위터) 계정에 이스라엘 군인들이 훔친 고고학적 유물을 이스라엘 국회의 한 방에서 전시한 사진을 게시했다.(10)

팔레스타인 전통의상 '타트리즈', 이스라엘 패션으로 바뀌어

팔레스타인 조상 대대로 내려온 땅과 재산을 차지하려는 이스라엘의 의도는 시온주의자들이 고안한 '비(非)아랍화' 프로젝트에서 기인한다. 이는 1901년 스위스에서 설립된 '유대인 국가 기금(FNJ)'이 유럽에서 팔레스타인으로 이주한 '개척자'들에게 부여한 임무였다.

FNJ는 팔레스타인 땅을 매입하는 한편, 유럽에서 가져온 나무, 특히 침엽수를 심어 농업 정착촌을 확장하고 삼림을 조성하는 것을 지원했다. 이러한 삼림화 프로그램은 이민자들에게 익숙한 서구 환경을 재창조하는 데 기여했으며, '지나치게 동양적'으로 여겨진 자연을 대체하려는 의도가 있었다.

문화적 탈취 전략은 의복 관습에도 영향을 미쳤다. 팔레스타인의 전통적인 수제 의상, 특히 타트리즈(tatreez)라 불리는 자수 예술은 수천 년 전 가나안 시대에 레반트 지역에서 시작되었으며, 주로 농촌 가정에서 세대를 거쳐 전승되었다. 팔레스타인의 각 마을은 그 마을 고유의 색상, 기하학적 무늬, 동식물에서 영감을 받은 다양한 디자인 등을 가지고 있다.

그러나 이스라엘은 유대인들의 '약속의 땅'에 대한 '고유한 권리'를 주장하며 이 의복 기술의 기원마저 자신들의 것으로 돌리고 있다. 성경 시대에도 이미 이러한 자수가 사용되었다는 주장을 내세우며, 이스라엘 내에서 타트리즈는 점차 이스라엘 문화의 일부로 자리를 잡았다. 심지어 최근 몇 년 동안 이 자수는 이스라엘의 패션 시장과 국제적인 패션계에서도 유행하게 되었으며, 텔아비브의 젊은 힙스터들이 입는 옷에서도 종종 발견된다.

이스라엘이 탈취해 자신의 것으로 전유한 것은 자수만이 아니다. 팔레스타인의 상징이 된 전통적인 케피예(keffieh) 스카프 역시 패션 산업에서 이스라엘 것으로 변질되었다.

1936~1939년 아랍의 대규모 봉기 이후 팔레스타인의 상징으로 자리잡은 케피예는 2016년 이스라엘 디자이너 도리트 바로르(Dorit Baror)에 의해 여성복으로 재탄생했으며, 그녀의 부티크에서 고가로 판매되었다. 2021년에는 프랑스의 LVMH 그룹이 582유로에 이스라엘 국기 색깔이 들어간 루이뷔통 케피예를 판매해 논란을 일으키기도 했다.

자타르와 아쿠브를 위한 저항

버진 애틀랜틱과 플라이두바이 사건에서 보듯, 팔레스타인 음식 역시 이스라엘에 의해 차용되어 긴장감을 불러일으키고 있다. 뉴욕, 파리, 런던 등지에서 후무스, 타불레, 타히니 같은 요리들이 종종 이스라엘 요리로 둔갑 되며 레반트 지역의 기원을 지닌 이 음식들은 텔아비브의 문화적 선전 활동 탓에 그 본래 의미가 퇴색되었다.

자타르(타임이 주재료인 향신료 혼합물)와 아쿠브

(카돈의 일종)도 팔레스타인 정체성에 위협을 가하고 있는 사례다. 팔레스타인인들에게 특히 인기 있는 이 야생 식물들은 봄철에 수확되며, 그 미식적 가치와 약리적 효과는 잘 알려져 있다.

그러나 1977년과 2005년부터 이스라엘 당국은 이 식물들이 '멸종 위기'에 처해 있다는 이유로 이들의 수확을 금지하고 있다. 하지만 여러 과학적 연구들은 이러한 결정에 반대하는 결과를 보여주고 있다.(11)

이제 자타르와 아쿠브는 이스라엘 농업 기업들에 의해 재배되고 있으며, 이들 기업의 주요 고객은 아랍 소비자들이다. 야생 자생 식물인 타임과 아쿠브를 불법으로 채집하는 사람들은 무거운 벌금에 처해질 수 있으며, 벌금을 지불하지 못할 경우 감옥에 갈 수도 있다.

그럼에도, 많은 팔레스타인인은 부모와 조상들이 했던 것처럼 여전히 이 식물들을 채집하고 있다. 팔레스타인 예술가 주마나 만나의 영화 〈Foragers(채집자들)〉(2022)는 다큐멘터리와 픽션의 경계를 넘나들며 이 법의 부조리함과 그로 인한 팔레스타인인들의 고통을 세밀하게 다룬다.

이 영화는 또한 이 자의적이고 차별적인 법에 맞서 싸우는 아랍인 채집자들의 저항을 보여준다. 영화의 한 장면에서는, 이스라엘 자연공원청(INPA) 소속 요원들에 의해 점령된 골란에서 아쿠브가 가득 찬 자루를 들고 있던 '불법' 채집자 사미르가 체포되는 이야기가 조명된다.

이스라엘 법정에서 그는 한 판사 앞에 서게 되는데, 판사는 사미르가 카드론과 자타르를 불법으로 채집한 많은 '전과'를 상기시킨다. 그러나 벌금을 지불하지 않아 감옥에 갈 위기에 처한 사미르는 단호하게 말한다. "2050년에도 나는 내 자식들과 손주들과 함께 또다시 붙잡힐 거예요. (…) 나는 내 조부모들의 길을 따를 겁니다."

이 말은 팔레스타인인들이 100년 넘게 벌이고 있는 문화 전쟁 속에서 매일같이 보여주는 수모드(인내, 끈기) 정신을 요약해준다. 또한 이는 그들이 이스라엘의 지속적인 억압과 탈취에 맞서 자신의 문화와 정체성을 지키기 위한 끊임없는 저항을 상징한다. **lD**

글·올리비에 피로네 Olivier Pironet
프랑스 언론인. 주로 정치, 사회, 문화 분야에 대한 분석과 기사를 작성해왔다. 특히 이스라엘-팔레스타인 갈등, 중동 문제 및 국제적 현안들에 대한 심층적인 글을 다루며, 문화적 전유와 정체성 문제에 대한 논의에 참여해 왔다.

번역·아르망
번역위원

(1) Michael Bachner, 「버진 애틀랜틱이 쿠스쿠스 설명에서 팔레스타인을 삭제」, <The Times of Israel>, 2018년 2월 13일.

(2) <이스라엘 여행 가이드>, Flydubai.com.

(3) Akram Belkaïd, 「후무스 전쟁」, <Manière de voir> n° 142, 『Ce que manger veut dire 먹는 것이 의미하는 것』, 2015년 8~9월. <마니에르 드 부아르> 한국어판 9호, 2022년 10~11월.

(4) "20세기 초, 팔레스타인의 인구는 약 75만 명이었으며, 이 중 약 80%는 무슬림, 12%는 기독교인, 8%는 유대인이었다."

(5) Shlomo Sand, 『이스라엘 땅은 어떻게 만들어졌는가. 성지에서 고향으로』, Flammarion, <Champs histoire>, 파리, 2014 (1판: 2012).

(6) "벤 구리온 본인도 팔레스타인인의 다수가 고대 유대인의 후손이며, 그들이 기독교와 이슬람을 받아들였다고 믿었다. 한편 소수는 유대교를 유지했다." Tom Segev, 『어떤 대가를 치르더라도: 다비드 벤 구리온의 생애』, Head of Zeus, 런던, 2019.

(7) Luma Zayad, 「이스라엘-팔레스타인 갈등에서의 체계적인 문화 전유」, <DePaul Journal of Art, Technology & Intellectual Property Law>, 제28권, 2019, DePaul University, 시카고.

(8) 「팔레스타인의 문화유산과 이스라엘의 점령, 이스라엘의 식민지 점령하에서의 팔레스타인의 관광과 고고학」, 2020년 12월 16일 및 2022년 6월 20일, 팔레스타인 자치정부협상 사무국(NAD).

(9) Clothilde Mraffko, Samuel Forey, 「가자 지구에서 이스라엘 폭격이 유산을 파괴하고 기억을 지운다」, <르몽드> 2024년 2월 14일.

(10) 「이스라엘: 가자에서 훔친 유물을 의회에서 전시한 군대」, <Middle East Monitor>, 2024년 1월 22일.

(11) Rabea Eghbariah, 「자타르와 아쿠브를 위한 투쟁: 이스라엘 자연보호법과 팔레스타인 허브 채집 문화의 범죄화」, Oxford Food Symposium, 2020년 6월.

팔레스타인 상징인 올리브 나무는 뽑히고, 예루살렘 소나무 심기는 확산

이스라엘, 팔레스타인 사람들 쫓아내고 나무 심는다

1948년 나크바(Nakba, 팔레스타인 주민들의 강제이주 '대재앙') 동안 주민이 추방된 아랍 마을들의 폐허를 이스라엘은 어떻게 지울 수 있었을까? 네게브 지역의 베두인들을 어떻게 강제 이주시킬 수 있었을까? 답은 나무를 심는 것이다. 유대민족기금(FNJ)의 임무 중 하나는 바로 이러한 방식의 조림이다. 자발적 조림은 이스라엘의 새로운 지리적 경계를 그리며, 팔레스타인 존재의 흔적을 지우는 역할을 한다. 이 과정에서 중요한 환경적 위험을 감수하게 된다.

아이다 델퓌슈 ▌기자

2022년 1월 어느 날 아침, 이스라엘 남부 네게브 사막의 바람이 불어오는 가운데, 약 백 명의 베두인들이 모여 분노를 외쳤다. 수십 년간 이스라엘에서 가장 소외된 소수 민족 중 하나인 이들은 자신들의 조상 대대로 내려온 땅을 이스라엘이 폭력적으로 빼앗는 것에 항의해 왔다.

이 봉기의 뿌리에는 오늘날 중단된 유대 민족 기금(FNJ)의 나무 심기 프로젝트가 있었다. 이 기관은 이스라엘 대부분의 숲을 관리하는 민간단체다. 베두인 권리 변호사이자 활동가인 칼릴 알아무르는 이렇게 회상했다.

"어느 날 아침, 그들이 사와(Sawa) 마을에 와서 집들 사이에 나무를 심기 시작했어요. 그곳에 숲을 만들려고 한 거죠. 말도 안 되는 일이었습니다."

당시 현 극우 성향의 이타마르 벤그비르 국가안보부 장관이 이 프로젝트를 지지하며 마을 주변에 나무를 심기 위해 직접 방문하기도 했다. 네게브의 미승인 아랍 마을 지역 협의회(RCUV) 회장인 아티아 알아삼은 이 프로젝트를 두고 "그들은 우리의 몸에 암 덩어리를 주입하려 했다"라고 외쳤다.

이 시위들은 이스라엘 경찰에 의해 폭력적으로 진압되었으며, 이는 팔레스타인 베두인 주민들을 쫓아내고 그들의 땅을 빼앗으려는 이스라엘의 오랜 정책에 맞선 투쟁의 연장선이었다. 이스라엘은 사막화를 막는다는 명목으로 이러한 정책을 정당화하고 있다. 알아무르는 "베두인 가족이 땅에서 쫓겨날 때마다, 그들은 그 땅에 다음날 바로 나무를 심으러 옵니다"라고 설명했다.

이스라엘 최대 인공 숲 야티르, 폐허 도시에 명명된 흑역사

사와에서 몇 *km* 떨어진, 이스라엘에 의해 공식적으로 인정받지 못한 베두인 마을 움 알히란(Umm Al-Hiran) 역시 2003년부터 철거 위협을 받아왔다. 이스라엘 국가 계획 및 건설위원회가 같은 장소에 유대인 정착촌 건설을 승인했기 때문이다. 이 마을의 700명도 채 되지 않는 주민들 주변에는 이스라엘에서 가장 큰 인공 숲인 야티르 숲이 펼쳐져 있다. FNJ의 설명에 따르면, 이 숲은 "폐허가 여전히 남아 있는 레위 도시를 기리기 위해 명명된 것"이다.(1)

1964년에 처음 나무가 심어진 이후, 야티르 숲은 프랑스, 벨기에, 독일, 이탈리아, 남미에서 온 기부금 덕분에 확장되었다. 끝없이 펼쳐진 침엽수림, 피크닉을 즐기기 위한 시설, 하이킹 애호가들을 위한 산책로가 마련되어 있어 네게브 반사막 지대의 입구부터 유럽의 분위기를 자아낸다.

이 소나무 숲의 확장은 주변 베두인 마을들의 운명을 예고하고 있다. 수년 동안 야티르 숲에는 유대인 정통파 공동체가 거주하고 있고, 이들은 베두인들이 추방되기를 기다리며 히란(Hiran) 정착촌을 세워 네게브의 '유대화'를 이어가려 한다.

추방된 베두인 가족들은 현재 FNJ 미국 지부가 후원하는 카라반에서 살고 있다. 알아무르는 "FNJ가 단순히 나무를 심고 사막을 '꽃피우는' 일을 한다고 하지만, 사실 그들은 이스라엘의 정착 정책과 식민화의 중요한 축이다"라고 주장했다.

나무 문제는 이스라엘-팔레스타인 갈등과 자주 연결되지 않지만, 뉴욕 버팔로 대학의 인류학자이자 법학 및 지리학 교수인 이루스 브라버만은 "사실 유대 민족 기금(FNJ)은 역사상 가장 중요한 시온주의 조직일지도 모른다"라고 말했다.(2)

유대인 민족 기금(FNJ)은 웹사이트에서 "19세기 말 이스라엘 땅에 도착한 첫 유대인 개척자들은 그늘조차 없는 황폐한 풍경을 마주했다"고 설명한다. 1901년에 설립된 이 비영리 단체는 지금까지 약 2억 5천만 그루의 나무를 심었다고 자랑하고 있다.

오늘날 FNJ는 이스라엘의 주요 토지 개발 조직이며, 국가의 가장 큰 산림 관리 기관이기도 하다. FNJ의 초기 목표는 "유대인을 정착시키기 위한" 토지 확보였으며, 그 근거로 구약성경 『레위기』의 구절(25:23)을 인용했다.

"땅은 영구히 팔리지 않는다. 땅은 내 것이다..."

1948년 이스라엘 국가가 설립되고 나크바(아랍어로 '대재앙') 동안 팔레스타인 주민이 강제 추방된 이후, FNJ는 이미 10만 헥타르의 땅을 소유하고 있었다. 신생 이스라엘 국가는 "버려진" 땅을 점유하고 이를 FNJ와 이스라엘 토지 관리국(ILA)에 관리하도록 맡겼다.

이스라엘 숲의 아버지 '요세프 바이츠', 팔레스타인 주민 강제 추방에 앞장서

조경가이자 활동가인 나다브 조페는 "1948년부터

팔레스타인 옛 마을의 지워짐

- 1949년 국경 내 이스라엘
- 1947년에서 1949년 사이에 파괴된 팔레스타인 마을 및 마을 집단
- 이스라엘에 의해 방치된 팔레스타인 마을 및 마을 집단
- 건축된 구역
- 숲 지역
- 팔레스타인 옛 마을을 가리는 주요 공원 및 숲
- 이스라엘 점령 지역
- 오슬로 협정 II(1995년) A 및 B 구역
- 고속도로
- 주요 도로망

레바논 / 납달리 산 / 비르야 숲 / 하이파 / 갈릴레오 / 나자렛 / 호프 하카르멜 숲 / 라마트 메나셰 공원 / 갈릴리 호 / 제닌 / 네타냐 / 나블루스 / 지중해 / 서안 지구 / 텔아비브 / 벤 쉐멘 공원 / 라말라 / 아아론 캐나다 공원 / 예루살렘 / 아슈켈론 / 하루빗 숲 / 라빈 공원 / 베이트 이타브 국립공원 / 브리타니아 공원 / 플루갓 숲 / 헤브론 / 사해 / 히란(건설 중인 식민지) / 음 알 히란 / 야티르 숲 / 요르단 / 자와 / 베르셰바 / 네게브 사막

CÉCILE MARIN

0   25   50 km

Sources : OpenStreetMap Israel ; www.adalah.org/en ; www.zochrot.org

국가적 사업 중 하나가 바로 대규모 나무 심기였다. 가능한 한 빠르게 대량으로 나무를 심어야 했다"라고 설명한다. 그는 '팔레스타인/이스라엘에서의 조림이 시온주의 프로젝트의 무기'로 활용되었다는 연구의 공동 저자다.

FNJ의 임무는 설립 이후 변하지 않았고, 그 규정에 따르면 유대인들을 위해서만 토지를 임대하고 개발하도록 되어 있다. "FNJ는 자신을 유대 민족만의 이익을 대변하는 기관으로 간주하며, 그 결과 토지는 유대인에게만 판매되어야 한다는 입장을 고수한다"고 한다. 이스라엘 인구의 약 25%가 유대인이 아님에도 불구하고 이러한 정책이 유지되고 있다.

역사학자 일란 파페가 말한 바와 같이, FNJ는 진정한 "시온주의 식민화 도구"로 여겨지며, 1932년부터 1966년까지 FNJ를 이끈 요세프 바이츠는 '숲의 아버지'로 불렸지만, 동시에 팔레스타인 주민들의 추방을 주도한 '이주 위원회'의 핵심 인물 중 한 명이었다.(3)

"우리는 정화 작업을 시작했다. 잔해를 치우고, 마을들을 경작과 식민화를 위해 준비했다. 그중 일부는 공원이 될 것이다"라고 요세프 바이츠는 1948년 5월 30일, 이스라엘 국가가 설립된 지 15일 후 자신의 일기에 썼다. 나다브 조페는 "요세프 바이츠를 통해 자연 정비와 식민화의 연관성을 분명히 알 수 있다"고 분석했다.

2022년 FNJ의 공식 예산은 약 5억 달러에 달했으며, 이 기구는 유대인 디아스포라의 지속적인 후원을 받고 있다. 특히 블루 박스를 통해, 1904년부터 전 세계 수백만 유대인 가정에 배포된 이 파란 상자는 FNJ를 위한 기금 모금 도구로 사용되었다. FNJ는 또한 '투 비슈바트(나무의 새해)'라는 명절의 중요성을 강화하여 매년 이스라엘 가정들이 나무를 심도록 독려하고 있다. 조페는 "사람들은 이미 준비된 땅으로 셔틀버스를 타고 이동한 후 묘목을 심고 '내가 이스라엘에 나무를 심었습니다'라는 깃발을 들고 돌아간다"라고 설명했다.

팔레스타인 주민의 흔적을 지운 나무 심기

텔아비브와 예루살렘을 연결하는 1번 도로를 따라 펼쳐진 아얄론-캐나다 공원은 1,200헥타르 이상에 걸쳐 있다. 이곳은 자연 수영장과 수많은 하이킹 및 산악 자전거 코스로 매년 30만 명의 방문객이 찾는 인기 휴양지이다.

공원 곳곳에 설치된 정보 표지판은 방문객들이 이곳을 탐방하며 시대를 거슬러 올라가도록 돕는다. 여기에서는 제2성전(기원전 516년~서기 70년) 시기 유적과 로마 시대의 목욕탕과 수로가 발견되었다. FNJ가 국가

전역에서 적용한 공원 조성 모델에 따르면, 실비 프리드먼 인류학자는 "나무 심기는 과거의 존재를 상기시키고, 이 공간에 성경에서 따온 이름을 부여함으로써 창세기의 이야기를 환경에 재기입하는 방법"이라고 분석했다.(4)

그러나 이 표지판들은 1967년 이스라엘이 6일 전쟁 동안 점령한 지역에서, 팔레스타인 분할을 규정한 1948년 유엔 경계 밖에 있는 임와스, 얄루, 베이트 누바 등 팔레스타인 마을의 존재를 언급하지 않고 있다.

이 마을들에서 약 6,000명의 주민이 추방되었고, 그해 대부분의 집이 철거되었다. 5년 후, 1972년 공원이 공식적으로 개장하면서 새로 심은 나무들이 팔레스타인 주민들의 흔적을 완전히 지웠다. 가다 사사는 "모든 것이 팔레스타인 사람들이 결코 존재하지 않았던 것처럼 묘사된다"라고 말하며, 캐나다 맥마스터 대학교에서 팔레스타인의 '녹색 식민주의'에 대한 논문을 썼다.

아얄론-캐나다 공원의 역사는 고립된 사례가 아니다. 이스라엘의 공원, 숲, 자연 보호구역은 1948년 파괴된 약 200개의 팔레스타인 마을들을 포함하고 있다고, 팔레스타인 마을 파괴에 관한 책을 저술한 이스라엘 연구자 노가 카드만이 주장했다.(5)

식물 방벽으로 설계된 숲, 팔레스타인 주민의 귀환을 막아

이 현대사의 흔적을 감추는 것 외에도, 조림은 추방된 팔레스타인 주민의 귀환을 막고 있다. 이스라엘의 존재를 유지하기 위한 식물 방벽처럼 설계된 숲은 식민지화된 지역의 경계를 설정하는 데 이용되고 있다. 브라버만은 "나무를 심는 것은 그 지역에 존재를 심는 것과 같다. 이는 직접적인 폭력적 소유 박탈과 연관되지 않고도 정착할 수 있게 한다"고 설명한다. "즉, 한쪽의 뿌리 뽑힘이 다른 쪽의 뿌리내림을 가능하게 한다"는 것이다. 일부 경우 나무는 주택이나 다른 기반 시설로 대체될 때까지 임시 점령 수단으로도 사용되었다.

이러한 고의적인 망각에 맞서 싸우기 위해, 이스라엘의 NGO인 조크롯(Zochrot)은 20년 넘게 나크바의 역

사와 그 결과에 대한 이스라엘 대중의 인식을 개선하는 사명을 수행해오고 있다. 이 단체의 자원봉사자들은 나크바의 생존자나 후손들과 함께 이스라엘 공원에서 안내 투어를 진행하며, 이 지역들에 대한 대안 역사를 전달한다.

에이탄 브론스타인 조크롯 설립자는 "시온주의는 땅과 그 역사를 아는 것을 매우 강조하지만, 팔레스타인의 역사를 이야기하지 않으면 그 역사는 불완전하다"라고 설명했다. 2005년, 조크롯은 FNJ의 공원 안내 표지판 관행을 고발하며 이스라엘 대법원에 소송을 제기했고 승소했다. FNJ는 일부 표지판을 수정해야 했지만, 수정된 지 얼마 지나지 않아 일부 표지판이 신비롭게 사라졌다.

예루살렘 소나무를 심는 이유

가다 사사 연구자가 정의한 '녹색 식민지'인 FNJ가 심은 대부분의 숲은 소나무, 특히 예루살렘 소나무(핀스 알레포)로 이루어져 있다. 이 나무 선택은 우연이 아니다. 나다브 조페는 "이 나무는 시온주의 영토 확장의 야망을 실현하기에 이상적인 나무"라며, 건조한 기후에도 강하고, 빠르게 자라며, 연중 식생을 제공한다고 설명했다.

이 소나무는 이스라엘 국가 확장의 중요한 도구가 되었고, 동시에 경관을 변화시키는 역할을 한다. 브라버만은 "소나무는 유대-이스라엘이 그 땅을 통제하고 있음을 나타내는 상징이지만, 올리브 나무는 팔레스타인 주민들의 지역적이고 농업적인 존재를 상징한다"라고 말했다.

1967년 이후, 80만 그루 이상의 팔레스타인 올리브 나무가 이스라엘 당국과 정착민들에 의해 뽑혀나갔다. 최근 들어 올리브 나무는 이스라엘에 의해 점점 더 '수용'되고 있다. 비록 팔레스타인인들의 땅에 대한 애착을 상징하는 나무지만, 2022년 FNJ는 올리브 나무를 '올해의 나무'로 선정하며 "올리브 나무는 이스라엘에서 가장 상징적인 나무 중 하나로, 축복, 건강, 뿌리내림을 상징한다"라고 주장했다. 이제, 올리브 나무조차도 이스라엘의 전유물로 간주하려는 시도로 비친다.

비록 FNJ의 나무 심기 프로젝트가 "친환경적"인 것으로 소개되지만, 소나무 단일재배는 환경 보호 단체들 사이에서 논란을 일으키고 있다. 가다 사사는 "일부 사람들은 이 숲을 '소나무 사막'이라고 부를 정도로, 생태계를 황폐하게 만들었다"고 지적한다. 소나무 잎이 숲 바닥을 덮어 토양을 산성화시키고, 이로 인해 토착 동식물이 자라지 못하게 만든다.

이 정책은 이스라엘의 주요 환경 보호 단체인 자연 보호 협회(SPNI)로부터도 강한 비판을 받았다. 이 협회에 따르면, "자연 지역에 무분별하게 조성된 조림은 토양 보호와 기후 변화 완화에 기여하지 않으며, 오히려 화재 위험을 증가시킨다"고 한다.

2021년 8월, 예루살렘 인근에서 발생한 화재로 2,000헥타르 이상의 소나무 숲이 파괴되었다. 불길이 사그라진 후, 최근 숲에 묻힌 팔레스타인 마을과 농지의 흔적이 재로 드러났다. 오늘날 올리브밭과 그 농장을 가꾸는 팔레스타인 가족들은 서안지구와 예루살렘에서, 이스라엘 정착민들과 당국의 공격에 가장 취약한 대상이 되었으며, 2023년 10월 7일 이후 이러한 폭력은 더욱 극심해졌다. 2023년 올리브 수확 기간 동안 3,000그루 이상의 올리브 나무가 뽑혀 나갔다고 팔레스타인 당국은 보고하고 있다. 나무 전쟁은 여전히 계속되고 있다. 🄛🄳

글·아이다 델뤼슈 Aïda Delpuech
환경전문기자. 환경 문제, 국제 갈등과 같은 주제에 관심을 가지며 여러 매체에 탐사 기사와 분석을 기고하고 있다.

번역·박순성
번역위원

(1) Ariel Dloomy, 「The 'new Zionism' is turning Negev Bedouin into a myth」, <+972 Magazine>, 26 juin 2015.
(2) 『Planted Flags : Trees, Land, And Law In Israel/Palestine, Cambridge University Press』, 2009.
(3) Ilan Pappé, 『Le nettoyage ethnique de la Palestine 팔레스타인의 민족 청소』, Paris, La Fabrique, 2024.
(4) Sylvie Friedman, 「Planter un arbre en Israël : une forêt rédemptrice et mémorielle 이스라엘에서 나무를 심는 것: 구속과 기억의 숲」, <Diasporas et jardins>, n° 21, Presses universitaires du Mirail, Toulouse, 2013.
(5) 『Erased from Space and Consciousness. Israel and the Depopulated Palestinian Villages of 1948』, Noga Kadman, Indiana University Press, 2015.

<마스트 19번>, 1999 - 파트릭 토사니 _ 관련기사 38면

MONDIAL

지구촌

서방은 범인을 알고도 입단속 모드

2년이 지나도 미궁 속의 노르트스트림 가스관 폭발사건

파비안 샤이들러 ▌언론인

2022년 9월 26일, 덴마크 본홀름 섬 근처 발트해 해저에서 네 차례의 폭발이 발생했다. 이로 인해 러시아에서 독일로 가스를 운반하던 노르트스트림 1, 2 가스관의 세 구간이 파괴되었고, 며칠 동안 대량의 메탄가스가 유출되었다.

이 사건은 유럽 대륙, 특히 독일에서 에너지 가격이 급등하는 등 큰 경제적 충격을 불러일으켰다. 100억 유로 이상이 투입된 이 가스관 프로젝트는 러시아 가즈프롬 뿐만 아니라 독일의 E.ON, 빈터샬, 네덜란드의 가수니, 프랑스의 엥지 등도 투자한 대규모 사업이었기 때문에 이들 모두가 보상을 요구할 수 있는 상황이다.

이 사건은 분명히 유럽 역사에서 가장 큰 사보타주 중 하나로 평가되며, 환경적 재앙과 더불어 당국의 철저한 수사와 대응이 기대되었다. 그러나 2년이 지난 현재까지도 공식 조사는 더디게 진행되고 있으며, 수사 당국의 태도는 여전히 당혹스럽다.

현재까지 용의자 체포, 심문, 기소가 이루어지지 않았으며, 폭발 직후 스웨덴과 덴마크 당국은 국가 차원의 행위자가 배후일 가능성이 크다고 발표했지만 결과를 공개하지 않은 채 조사를 종결했다. 미국은 사건 직후 발트해에서의 광범위한 정보망을 바탕으로 조사를 시작했으나, 아직 아무런 발표가 없고, 서방 국가들은 러시아의 조사 참여 제안을 거듭 거부했다.

우방국이나 정보기관의 연루 가능성 대두

독일 당국은 여전히 조사를 진행 중이지만, 독일 연방 검찰청과 정부는 중간 보고서를 발표하지 않고 있다. 독일 정부는 의회의 질의에 대해 정보를 공개할 경우 국가의 이익이 위협받을 수 있다는 입장을 내놓으며 이를 거부했다. 이는 우방국이나 정보기관의 연루를 암시하는 것으로 볼 수도 있다.

2023년 6월 초, 폴란드에 거주하는 우크라이나 국적의 볼로디미르 주라블로프에 대해 유럽 체포영장이 발부되었으나, 폴란드는 법적 의무에도 불구하고 행정적 지원을 거부했고, 용의자는 도주했다.(1) 그해 8월 17일, 폴란드 총리 도날트 투스크는 독일 당국을 비난하며 "노르트스트림의 설립자들과 후원자들은 그저 사과하고 조용히 있어야 한다"라고 발언했다.

탐사 저널리스트와 독일 연방의회 의원들에 따르면, 사건에 대한 조사가 철저히 차단되고 있는 상태이다. 주간지 〈디 차이트〉의 홀거 슈타르크 기자는 모든 당국에 언론과의 접촉을 금지하라는 압박이 가해지고 있다고 밝혔고, 독일 사회민주당의 라프 슈테그너 의원은 이렇게 중요한 범죄가 발생한 지 2년이 지났음에도 불구하고 거의 아무런 정보가 제공되지 않고 있다는 점에 놀라움을 표했다. 같은 당의 안드레이 훈코 의원은 사건 해결에 대한 당국의 무관심을 비판했다.(2)

(1) 「스웨덴, 국가 행위자가 책임 있다고 봐」, <Tagesschau>, 2023년 4월 6일.

(2) 「지뢰가 깔린 조사-누가 노르트스트림 파이프라인을 폭파했는가?」, 2023년 6월 16일 함부르크에서 열린 Netzwerk Recherche 연례 총회에서의 원탁 토론, <Tide TV>에 의해 녹화됨.

(3) 보안 판체프스키 외, 「미국, 우크라이나에 노르트스트림 공격하지 말라고 경고」, <월스트리트 저널> 2023년 6월 14일, 그리고 셰인 해리스 외, 「노르트스트림 공격 배후로 러시아가 있다는 확증적 증거 없음」, <워싱턴 포스트> 2022년 12월 21일.

(4) 세이무어 허쉬, 「미국이 노르트스트림 파이프라인을 어떻게 파괴했는가」, <Substack>, 2023년 2월 8일.

(5) 애덤 엔터스, 줄리안 E. 반스 및 애덤 골드먼, 「정보에 따르면 친우크라이나 단체가 파이프라인을 파괴했다고 미국 관리들이 말해」, <뉴욕 타임스> 2023년 3월 7일.

(6) 에릭 안데르손, 「노르트스트림 폭발 현장으로의 여행」, <Substack>, 2023년 6월 28일.

러시아 자작극 가능성은 낮아

파괴자의 정체에 대해 3가지 가설이 떠돌고 있다.

첫 번째 가설은 러시아의 자작극이라는 주장이다. 폭발 사건이 발생한 후 몇 달 동안, 일부 정부 관계자와 서방 주요 언론은 러시아를 지목했다. 프랑스에서 가장 청취율이 높은 〈프랑스 앵테르〉 방송의 지정학 칼럼니스트 피에르 아스키는 2022년 9월 28일, "러시아만이 그럴 만한 능력과 이유를 가진 유일한 나라"라고 주장했다. 하지만 독일과 스웨덴의 사법 당국은 러시아가 개입했다는 증거가 없다고 여러 차례 밝혔다.(3)

미국 중앙정보국(CIA) 국장인 윌리엄 번스도 같은 입장을 취했고, 〈워싱턴 포스트〉 역시 장기간 조사 끝에 같은 결론을 내렸다. 러시아가 51% 지분을 가진 고가의 인프라를 스스로 파괴했을 것이라는 가설의 이유는 모스크바가 공급 중단 시 벌금을 피하려 했다는 주장에 근거한다. 하지만 이는 설득력이 부족하다. 제재와 러시아 자산 압류 상황을 고려하면, 러시아는 벌금을 지불하기보다는 차라리 이를 거부했을 가능성이 높다.

두 번째 가설은 파괴의 배후에 미국의 바이든 행정부가 있다는 것이다. 이러한 가설은 2023년 2월 8일, 베트남과 이라크 전쟁에서 미국의 전쟁 범죄를 폭로한 것으로 유명한 언론인 세이무어 허쉬가 자신의 블로그에 미국과 노르웨이를 지목하는 자세한 기사를 올리며 제기됐다.(4)

한 달 후인 3월 7일, 허쉬가 한때 유명 기자로 활동했던 〈뉴욕 타임스〉는 익명의 미국 관리들의 증언을 바탕으로 세 번째 가설을 제시했다.

그에 따르면, 이번 사보타주는 미국 정보 기관이 아닌 '친우크라이나 단체'가 저지른 것일 수 있다는 것이다.(5) 얼마 지나지 않아 독일의 언론 매체들, 특히 〈디 차이트〉가 이 사건에 대해 더 깊이 취재했는데, 독일 검찰총장으로부터 얻은 정보에 따르면, 파괴자들이 사용한 요트가 확인되었다. 이후 서방 주요 언론들은 이 버전에 초점을 맞추고 보도하기 시작했다.

친우크라이나 단체가 벌였을 흔적들

길이 15미터의 안드로메다(Andromeda)라는 배는 2022년 9월 독일 로스토크 항에서 출항해, 남자 5명과 여자 1명이 탑승한 채 덴마크의 본홀름 섬 인근 해역에 도착했다. 그곳에서 잠수부들은 80미터의 수심에서 가스관을 폭파하기 위해 지뢰를 설치했다. 독일 수사관들은 2023년 1월에 해당 요트의 테이블에서 HMX라는 폭발물의 흔적을 발견했으며, 이 물질이 바로 범행 장소에서도 발견되었다고 밝혔다.

그러나 이 버전의 가설에 대한 초기 보도는 곧 의문을 제기했다. 그렇게 작은 배가 과연 그 정도 규모의 작전을 수행하고, 전문가들이 추정한 몇 톤에 달하는 폭발물을 운반할 수 있었을까?

그런 수심까지 잠수하려면 감압실이 필요한데, 그런 시설이 설치되기에는 너무 작지 않은가? 이에 대해 스웨덴의 엔지니어 에릭 안데르손과 기자 제프리 브로드스키가 공동으로 사건 현장을 탐사한 사설 탐사팀이 일부 의문을 해결했다.(6)

먼저, 상세한 해저 사진 분석 결과, 50킬로그램 미만의 폭약으로도 파이프라인을 파괴할 수 있음을 보여주었다. 또한, 매우 숙련된 전문가들이라면 감압실 없이도, 다소 위험하고 긴 시간이 필요하지만, 충분히 잠수를 할 수 있다는 것이었다.

그러나 제프리 브로드스키는 왜 감압실도 없이 80미터의 수심에 폭약을 설치했는지 의문을 제기했다. 가까운 곳에 더 얕은 40미터 깊이의 파이프라인 구간도 있었기 때문이다. 또, 왜 4개의 폭발 장치 중 1개가 나머지 3개로부터 75킬로미터나 떨어진 곳에 설치되었을까?(7) 여러가지 의문이 남아 있음에도, 이론적으로는 안드로메다가 작전을 수행했을 가능성도 있다.

주모자들의 악마 같은 천재성 때문인지, 아니면 유럽이 진실을 알고 싶어 하지 않는 것인지, 가해자들의 흔적은 안개 속으로 사라지고 있다. 가짜 여권을 사용해 배를 빌린 흔적은 한 우크라이나 군인과 우크라이나 기업가인 루스템 A.가 자금을 댄 폴란드 유령 회사로 이어진다.

독일 수사당국, 우크라이나에 사법공조 요청하지 않아

또 다른 단서들은 우크라이나 잠수 교관인 볼로디미르 주라블로프와 다른 용의자들에게 연결되지만, 그 누구도 조사받지 않았고, 독일 수사관들은 우크라이나에 사법 공조 요청을 하지 않았다. 더 나아가 독일 당국은 이 용의자의 이름을 솅겐 정보 시스템에 기재하지 않아 도주를 간접적으로 도운 셈이다.

이에 대해 폴란드 검찰청 대변인은 "국경 수비대가 그가 수배자 명단에 없었기 때문에 체포할 근거가 없었다"라고 설명했다.(8) 2023년 11월 11일 〈워싱턴 포스트〉가 인용한 CIA 보고서에 따르면, 이번 사건의 배후는 우크라이나 요원인 로만 체르빈스키와 현재 런던 대사로 있는 전 우크라이나군 총사령관 발레리 잘루즈니로 밝혀졌다. 이 보고서는 볼로디미르 젤렌스키 대통령이 이 계획에 대해 알지 못했다고 강조했다.

하지만 2024년 8월, 〈월스트리트 저널〉은 익명의 우크라이나 소식통을 인용해 젤렌스키가 이 작전에 동의했으며, 이후 미국의 압박으로 작전을 중단시키려 했지만 실패했다고 보도했다.(9) 미국과 유럽이 무장시키고

자금을 지원한 동맹국이 테러 국가로 밝혀질 가능성에 대해 서방이 무관심한 태도를 보이는 점은 의문을 자아낸다. 서방은 조사 결과가 지정학적으로 불편한 결론에 이를 것을 두려워해 조사를 막고 있는 것일까?

탐사보도로 유명한 미국 언론인 제임스 뱀퍼드는 한 걸음 더 나아가 미국 정보기관이 이런 복잡한 작전을 몰랐을 리 없다고 주장한다.(10) 우선, 미국 정보기관은 우크라이나 군대 및 정보기관과 매우 긴밀한 관계를 유지하고 있다.

또한, 미국은 스웨덴의 도움으로 구축된 통합 해저 감시 시스템(IUSS)을 통해 발트해를 전방위로 감시하고 있다. 미국 국가안보국(NSA)의 신호 정보 시스템은 우크라이나 군과 정부의 통신을 면밀히 감시하고 있다. 그럼에도 불구하고, 워싱턴은 자체 조사를 발표한 이후로도 어떤 정보도 제공하지 않고 있다.

독일 일간지 〈디 벨트〉에 따르면, 미국 국적의 사람들(정보기관 요원으로 추정되는)이 2022년 9월 19일 폴란드 콜베르크에서 안드로메다 호가 정박했을 때 국경 수비대와 함께 점검에 참여한 것으로 보인다.

미국과 폴란드에 쏠리는 의심의 눈초리들

하지만 폴란드 당국은 추가 설명을 거부하며 항구의 감시 카메라 영상도 사라졌다고 주장하고 있다. 노르트스트림에 강하게 반대하는 폴란드의 비협조적인 태도는 그들이 범인들을 은폐하거나 심지어 이 작전을 계획하는 데 관여했을 가능성을 의심케 한다.

〈워싱턴포스트〉에 따르면, CIA는 2022년 6월에 우크라이나가 가스관을 폭파할 계획을 알고 있었고, 독일을 비롯한 일부 유럽 동맹국들에 이를 알렸다. 이 소식통에 따르면, 서방 정부는 우크라이나가 이번 사건의 주범일 가능성이 가장 크다는 사실을 대중에게 숨겼을지도 모른다. 〈월스트리트저널〉에 따르면, CIA는 당시 우크라이나를 만류하려 했다고는 하지만, 섭봉한 소식통이 이를 확인한 적은 없다. 탐사팀의 에릭 안데르손은 워싱턴이 작전에 최소한의 동의를 했을 가능성을 언급하며, 그

렇지 않았다면 우크라이나의 파괴자들이 미국 감시망에 잡혀 서방과의 관계에 치명적인 결과를 초래했을 것이라고 지적한다.

두 사람은 미국이 작전 계획에 적극적으로 참여했을 가능성도 배제하지 않고 있다. <월스트리트저널>(2024년 8월 14일)에 따르면, 과거 가스관을 폭파하려 했던 계획에 서방 전문가들이 참여한 적이 있다는 사실이 이들의 판단을 뒷받침한다.

미국의 역할에 대한 의문은 다시 세이무어 허쉬의 두 번째 가설로 돌아가게 한다. 허쉬에 따르면, 2021년 12월에 조 바이든 미국 대통령이 CIA에 러시아가 우크라이나를 침공할 경우 가스관을 파괴할 계획을 세우라고 지시했다고 한다.

바이든 미 대통령이 숨기지 못한 의도

2022년 6월, 미 해군의 잠수부들이 발트해에서 폭약을 설치했으며, 이는 언제든지 음향 신호로 작동할 수 있는 상태였다. 북대서양조약기구(NATO)의 발트해 연례 훈련이 이 작전의 위장 수단으로 사용되었다. 그해 9월에 바이든이 폭발을 지시했다고 한다.

2023년 2월, 허쉬의 기사가 발표된 후 서방 언론은 이를 음모론으로 치부하거나 무시했다. 허쉬에 대한 주요 비판 중 하나는 그의 주장이 단 한 명의 익명 소식통에만 의존하고 있다는 것이었는데, 그의 많은 폭로 기사들이 그러했다.

허쉬는 미국이 노르트스트림을 파괴하려는 의도를 숨긴 적이 없다고 주장한다. 2022년 2월 7일, 조 바이든 미 대통령은 독일 총리 올라프 숄츠와의 백악관 기자회견에서 "러시아가 우크라이나를 침공하면 우리는 가스관을 끝낼 것이다.(11) 그것을 할 수

있는 능력이 있다"라고 말한 바 있다. 가스관 폭발 후, 빅토리아 눌런드 미국 국무부 차관은 상원 청문회에서 "미국 정부는 노르트스트림 가스관이 이제 바다 밑의 고철 덩어리가 된 것에 매우 만족한다"라고 밝혔다.(12)

지정학적, 경제적 관점에서 미국이 이 가스관을 폐쇄할 동기가 충분하다는 점에는 의심의 여지가 없다.(13) 미국은 독일과 러시아의 관계가 가까워지는 것을 반대했으며, 또한 러시아가 독일에 가스를 공급함으로써 우크라이나에 대한 지원을 약화시키는 것을 막으려 했다. 그러나 허쉬의 주장에 대한 구체적인 증거가 있을까? 바로 이 질문에 답하기 위해 에릭 안데르손이 현장 조사를 시작했다.

그의 조사 결과, 허쉬가 처음 주장했던 것과는 달리, 각 파이프라인에 두 개의 폭발물이 아니라 하나의 폭발물만 설치된 것으로 보인다. 처음에는 허쉬의 주장을 지지했지만, 안데르손은 이제 안드로메다호 관련 가설이 더 가능성이 크다고 보고 있다. 하지만 허쉬가 세부 사항에서 오류를 범했음에도 불구하고, 최종적으로는 옳을 수도 있다는 가능성을 배제하지 않는다.

안데르손의 조사에 따르면, 공개된 정보와 미국 해군 및 항공기의 위치는 허쉬의 설명과 일치하는 부분이 있다는 결론이 나왔다.(14) 이는 기존의 정보 출처에서 주장한 것과는 다른 결과였다.

러시아의 조사 결의안, 서방의 반대로 끝내 무산

그러나 비록 허쉬의 이론이 명확히 반박되지 않았더라도, <디 차이트> 탐사보도팀 책임자 홀거 스타크는 허쉬가 이번에는 잘못

(7) 제프리 브로드스키, 「노르트스트림 사보타주에 대해 알려진 것과 알려지지 않은 것」, <Substack>, 2023년 11월 30일.

(8) 「노르트스트림 폭발 관련 첫 번째 체포영장」, <Tagesschau>, 2024년 8월 14일.

(9) 보안 판체프스키, 「술 취한 저녁, 빌린 요트 : 노르트스트림 파이프라인 사보타주의 실제 이야기」, <월스트리트 저널>, 2024년 8월 14일.

(10) 「도청됨: 세기의 가장 큰 미스터리」, <The Intercept>, 2023년 5월 17일, 및 제임스 뱀퍼드, 「노르트스트림 폭발: 동기, 수단, 기회에 대한 새로운 폭로」, <The Nation>, 뉴욕, 2023년 5월 5일.

(11) 「바이든 대통령, 러시아가 우크라이나를 침공하면 노르트스트림 2를 끝내겠다고 발언: "우리는 이를 끝낼 것이다."」, YouTube에서 확인 가능.

(12) 「방금 들어옴: 테드 크루즈, 노르트스트림 2 결정에 대해 바이든 고위 관리와 대면」, YouTube에서 확인 가능.

(13) 피에르 램베르, 「가스관을 어떻게 파괴할 것인가」, <르몽드 디플로마티크> 프랑스어판, 2021년 5월.

(14) 에릭 안데르손, 「세이무어 허쉬의 노르트스트림 이야기에 나오는 항공기와 선박들」, <Substack>, 2023년 5월 22일.

판단했을 가능성이 있다고 보았다. 그의 주장은 현재까지 어떤 조사 결과로도 뒷받침되지 않고 있기 때문이다. 반면, 탐사 기자이자 〈더 인터셉트〉의 공동 창립자인 제러미 스카힐은 허쉬의 가설과 안드로메다호 가설을 연결할 수 있는 두 가지 가능성을 제시했다.

첫 번째 가능성은 허쉬의 소식통이 최종적으로 버려진 계획을 알고 있었으며, 그 후 다른 작전으로 대체되었다는 것이다. 안데르손 또한 이 가설이 충분히 타당하다고 보고 있다. 두 번째 가능성은 요트의 항해가 복잡한 기만 작전의 일부였다는 것이다. 미국 과학자 연맹의 비밀 작전 연구 프로그램을 1991년부터 2021년까지 이끈 스티븐 애프터굿은 군사 및 정보 활동에서 작전을 감추기 위해 거짓 이야기를 퍼뜨리는 것은 "일상적인 관행"이라고 설명하며, 이를 "위장과 기만"이라고 불렀다.(15)

스카힐은 요트 테이블에 남겨진 폭발물 흔적이 "전문성이 부족한 실수의 증거일 수도 있지만, 의도적으로 남겨진 흔적일 가능성도 있다"라고 말했다. 또, 홀거 스타크가 제기한 "범인들이 요트에서 증거를 지울 시간이 없었다"는 주장도, 요트가 몇 주간 항해를 했다는 점을 고려하면 설득력이 떨어진다고 지적했다.(16)

스칸디나비아 국가들, 현장에서 수집된 증거의 공개를 거부

안드로메다호는 조사 직전 4개월간 움직임이 없었으며, 이는 흔적을 지우거나 새로운 흔적을 남길 충분한 시간이었다. 그러나 현재로선 이 기만설을 뒷받침하는 구체적인 증거는 없다. 이 가설은 세이무어 허쉬가 또한 주장한 바다.

노르트스트림 폭발 사건은 여전히 해결되지 않은 채 남아 있다. 이 상황에서 많은 의원들이 독립적인 조사를 요구하고 있으며, 예를 들어, 유엔 안전보장이사회 주도의 조사위원회를 설치하자는 의견도 제기되었다.

그러나 러시아가 제출한 이 결의안은 중국과 브라질의 지지를 받았음에도 미국과 그 파트너들의 승인을 얻지 못했다. 독일과 스웨덴은 자체 조사에 방해가 될 수 있다며 이러한 독립 조사위원회 설립에 반대했다.

한편, 스칸디나비아 국가들은 조사를 동결한 상태로, 현장 조사에서 수집한 증거에 대해 공개하지 않고 있다. 만약 우크라이나 정부나 미국 정부가 사건에 관여했다는 증거가 드러난다면, 그 지정학적 파장은 예측할 수 없을 만큼 클 것이다.

이처럼 현대 역사에서 가장 폭발적인 범죄 중 하나에 대한 숨바꼭질은 계속되고 있다. Ⓛ𝔻

(15) 제러미 스카힐, 「노르트스트림 폭발 사건을 둘러싼 상충되는 보고서들」, <The Intercept>, 2023년 3월 10일.

(16) 홀거 스타크, 「노르트스트림 조사: 우크라이나로 이어지는 흔적」, <Zeit 온라인>, 2023년 3월 7일.

글·파비안 샤이들러 Fabian Scheidler
생태적, 경제적 위기에 대한 연구로 잘 알려진 독일의 언론인 겸 작가. 저서로는 『기대한 기계의 종말』(2020년 출간)이 있다.

번역·강태호
번역위원

크렘린, 느긋하면서도 복잡한 속사정

종전 협상에 BRICS를 끌어들이려는 푸틴

우크라이나 전쟁과 관련하여 서방 지도자들의 입장이 점점 더 크게 엇갈리고 있다. 독일은 군사 지원 규모를 줄이겠다고 발표한 반면, 런던과 워싱턴은 우크라이나가 러시아 본토 깊숙이 장거리 미사일을 발사하는 것을 허용하는 방안을 고려하고 있다. 하지만 모스크바는 어떠한가? 우크라이나가 쿠르스크 지역을 공격한 지 몇 주가 지난 지금, 크렘린은 협상 테이블에서 더 멀어졌을까, 아니면 가까워졌을까.

아르노 뒤비엥 ▮기자

지난 8월 초, 수천 명의 우크라이나 군대가 러시아의 쿠르스크 지역에 진입한 사건은 중대한 사건이다. 러시아 영토가 외국 군대의 공격을 받고 점령된 것은 1941년 독일 침공 이후 처음이다. 이는 우크라이나 키이우 지도부의 전략적 측면에서 매우 중요한 의미를 갖는다고 서방 언론은 반복적으로 분석했다.

이번 일은 러시아 푸틴 대통령에게 큰 모욕일 수밖에 없으며, 특히 이번 작전이 미국 워싱턴의 승인을 받은 단거리 미사일 발사에 기반한 것이어서 더욱 그렇다. 그렇다면 이 사건을 우크라이나 전쟁의 전환점이라고 할 수 있을까?

군사적 관점에서 보면, 최근 전황은 이 가설을 부정하는 것처럼 보인다. 왜냐면 러시아 군대는 9월 중순에 반격을 개시했으며, 우크라이나 참모부가 기대했던 것과 달리 러시아군은 병력을 이동시키지 않고 돈바스 지역에서의 진격도 또한 계속 이어갔기 때문이다.

키이우의 공격은 러시아의 전략을 바꾸지 못했다. 현재 진행 중인 소모전에서 전세가 유리함을 확신한 크렘린은 공격의 속도를 늦출 의지가 없어 보인다. 분쟁 해결을 위한 협상 계획은 여전히 불투명하고 미국의 대선도 모스크바의 분석에서는 크게 중요하지 않은 것으로 보인다.

크렘린 입장에서는 백악관 주인이 누가 되든 워싱턴과의 관계는 구조적으로 대립적이라고 보고 있는 것이다. 또한, 러시아 정부는 도널드 트럼프가 다시 대통령이 된다 하더라도 그에 대한 신뢰성에 의문을 품고 있다. 비록 그의 고립주의적 발언들을 환영하더라도, 크렘린은 트럼프가 책임을 져야 하는 상황에서 언제든지 입장을 바꿀 수 있다고 판단한다.

쿠르스크 사건에 대한 러시아 내부의 반응은 충격과 분노에서 새로운 형태의 '일상'으로 빠르게 변했다. 이러한 반응은 2022년 가을 하르키우 지역에서 있었던 우크라이나의 반격이나 2023년 6월 예브게니 프리고진의 쿠데타 시도 때와 비슷한 흐름을 보였다.

특히 텔레그램과 같은 소셜미디어, 러시아 내의 정보 공유공간에서 가장 격렬한 반응이 나타났다. 군사 블로거(보엔코리)들은 이미 7월 말부터 수미 지역의 우크라이나 군대 집결을 지적했으며, 이번에도 러시아 군사 지도부의 무능함을 비판했다. 러시아 전투 지역에서 13만 명 이상의 사람이 대피해야 했고, 이는 쿠르스크 지역 인구의 10% 이상을 차지한다.

이에 따라 대규모 연대 운동이 일어났으며, 러시아 정부의 1만 5,000루블(약 150유로) 긴급 보상금 정책은 처음에 국민의 지지를 얻지 못하고 불만을 자초했다.(1)

(1) 알랭 발뤼에, 「쿠르스크에서 러시아 당국은 안심시키려 하지만 피난민들은 전투가 장기화될 것을 두려워한다」, <르 피가로> 2024년 8월 22일.

크렘린은 이러한 상황 속에서도 사건을 지나치게 비극적으로 다루지 않으려 했고, '위기에 처한 조국'을 지키기 위해 국민을 동원하기보다는 우크라이나의 공격을 자연재해처럼 다루었다.

러시아 정부의 이러한 침착한 태도에도 불구하고 정작 국민들은 여전히 불안을 느꼈다. 8월 말에는 여론조사 기관인 FOM의 조사에서 응답자의 48%가 불안감을 느낀다고 답했다. 하지만 이 수치는 2022년 9월 부분 동원령 발표 당시 69%의 불안감에 비하면 낮은 편이며, 최근 몇 주 동안 더욱 감소하고 있다.

다른 한편으로, 권력층 내부에서는 러시아의 승리 기대감에 의문을 제기하는 분위기가 감지되고 있다. 부호 올렉 데리파스카는 8월 8일 〈닛케이 아시아〉와의 인터뷰에서 휴전을 지지한다고 밝혔다.(2)

(2) <니케이 아시아>, 도쿄, 2024년 8월 8일.

까다로운 모스크바의 협상 조건들

한편, 우크라이나 특수부대 장교 출신의 알렉산드르 호다콥스키는 8월 17일 텔레그램 채널에 두 개의 게시글을 올려, "특수 군사 작전"의 진행 상황에 대해 자신의 부정적인 견해를 공유했다. 그의 텔레그램 채널은 정치적 압력으로 활동이 중단되기 전, 구독자 수가 50만 3,000명에 달했다.

이러한 목소리들은 드물게 표현되긴 하지만, 경제 엘리트들과 군사 지도층 일부 사이에서 존재하는 회의적인 분위기를 반영한다. 그러나 이러한 견해는 국가 내부에서 큰 영향력을 행사하지 못하고 있으며, 사회적 경제적 상황이나 군사적 상황에서 극적인 변화가 일어나지 않는 한, 크렘린의 입장에 변화가 생길 가능성은 적어 보인다.

(3) 사무엘 샤랍과 세르게이 라드첸코, 「우크라이나 분쟁을 끝낼 수 있었던 협상」, <르몽드 디플로마티크> 프랑스어판 2024년 7월 (2024년 4월 16일 <포린 어페어스>에 실린 기사 프랑스어 번역본).

블라디미르 푸틴 대통령은 9월 초 블라디보스토크에서 열린 동방경제포럼에서 "우크라이나에서 협상이 준비되면 우리는 거부하지 않을 것이다"라고 다시 언급했다. 이 발언은 다른 러시아 고위 관계자들, 특히 세르게이 라브로프 외무장관의 발언과 일맥상통하며, 협상 교착의 책임을 우크라이나에 돌리고 2022년 봄 이스탄불 합의를 협상의 기반으로 다시 제시하려는 의도를 드러냈다.(3)

그러나 실제로 모스크바가 제시한 협상 조건들—도네츠크, 루한스크, 헤르손, 자포리자 지역 등에서의 우크라이나 군대 철수, 키이우의 나토 가입 포기 서약—은 현재 서방, 우크라이나 측의 입장과는 군사 전략적 측면에서 너무 동떨어져 있어 사실상 협상 거부로 여겨질 수 있다.

또한 모스크바가 협상 시작 조건으로 제시한 요구 사항들은 여전히 매우 까다롭다. 우크라이나의 핵무기 포기, 2022년 봄 논의된 비무장화, 우크라이나의 '비(非)나치화', 러시아에 대한 모든 제재 해제, 우크라이나 EU 가입 반대 등을 요구하고 있다. 특히 우크라이나의 쿠르스크 지역 침공은 러시아의 협상 조건을 더욱 까다롭게 만드는 중요한 명분이 되어, 이는 브릭스(BRICS) 회담을 앞둔 상황에서 유리한 카드로 작용할 것으로 보인다.

크렘린이 진정으로 무엇을 원하는지 명확하지 않지만, 거론되고 있는 것들을 보면 우크라이나가 받아들일 수 없는 것들임은 분명하다. 러시아가 점령한 우크라이나의 영토 반환에 대한 것은 모스크바에서 논의조차 되지 않고 있다. 2014년에 합병된 크림반도뿐만 아니라 2022년 2월 24일 이전부터 분리주의 세력이 통제한 도네츠크와 루한스크 지역, 그리고 그 이후 러시아군이 점령한 지역

<전장터>, 2020 - 안나 안드리프스카야

등이 이에 해당한다. 종전 없이 갈등을 동결하는 '한국식 시나리오'도 바람직한 선택으로 간주되지 않고 있다.

크렘린의 전략적 우려들(나토 확장, 우크라이나 무장 등)에 대해서는 여전히 해결되지 않은 상태로 남아 있을 것이다. 푸틴 대통령이 러시아에 합병된 4개 점령지(도네츠크, 루한스크, 헤르손, 자포리자)의 자국 귀속을 인정해 줄 것을 언급했지만, 이러한 요구가 실제로 논의 테이블에 오를지는 의문이다.

특히 이 요구는 중국과 인도를 비롯한 주요 동맹국들의 입장과 상충되기 때문에, 그들이 이에 동의할 가능성은 낮아 보인다. 중국과 인도는 이와 같은 지역 합병을 정당화하는 행보에 신중한 입장을 취할 가능성이 높으며, 이는 모스크바가 국제사회에서 고립되지 않기 위해 고려해야 할 중요한 요인이 될 것이다.

러시아, 종전 협상과정에 BRICS 등 다자적 참여 고려

크렘린에게 미국은 최소 세 가지 관점에서 유일하게 중요한 대화 상대이다. 첫째, 미국은 전략적 관점에서 사고한다. 둘째, 미국은 우크라이나에 평화를 강제할 수 있는 능력을 갖추고 있다. 셋째, 미국은 나토를 통해 유럽 안보 체제의 핵심 역할을 하고 있다. 즉 우크라이나 문제의 해결과 유럽에서의 안보 구조 재편에 있어 미국이 결정적인 영향력을 행사할 수 있다고 보기 때문에 러시아는 미국을 협상의 중심에 두고자 하는 것이다.

이는 미국과의 직접적인 대화가 러시아의 전략적 목표 달성에 가장 효과적일 수 있다는 계산에 기초한 것이다. 그럼에도 불구하고, 러시아는 BRICS와 유엔이 워싱턴 및 유럽 동맹국들과 함께 공동 후원자의 역할을 맡기를 원할 가능성이 크다. 이는 러시아가 보다 다자적인 협상 구조를 형성하여 서방 국가들의 영향력 균형을 맞추려는 의도가 반영된 것이다. BRICS는 중국, 인도, 브라질과 같은 국가들을 포함하고 있어, 이들이 협상 과정에 참여함으로써 러시아는 자신에게 유리한 협상 테이블을 구성하려 할 수 있다.(4)

이러한 다자적 참여는 러시아에게 외교적 정당성을 확보하고, 국제사회의 지지를 얻으려는 전략으로 보인다. 유엔의 역할을 강조하는 것도 국제법과 규범에 기반한 접근을 모색하는 의도로 해석될 수 있다. 그러나 서방 국가들이 이를 어떻게 받아들일지, 특히 BRICS가 얼마나 영향력 있는 역할을 할 수 있을지는 여전히 불확실하다.

민스크 협정의 실패로
서방에 불신 쌓여

모스크바는 실제로 "글로벌 남반구"로의 대전환을 불가피한 것으로 보고 이를 전략적으로 활용하려 한다. 또한, 2015년에 파리와 베를린이 중재했던 민스크 협정의 실패에서 교훈을 얻어, 전후 보장을 위해 서방에만 의존하지 않겠다는 입장을 명확히 하고 있다. 우크라이나, 유럽연합, 그리고 미국이 러시아를 신뢰하지 않듯이, 러시아 역시 그들에 대한 신뢰가 전혀 없기 때문이다.

러시아는 서방 세계 외의 국가들과 협력하여 새로운 국제적 동맹을 형성하고, 서방의 영향력에 대한 균형을 맞추려는 전략을 추구하고 있다. 특히 "남반구"로의 전환은 러시아가 경제적 및 외교적 의존을 다변화하려는 장기적인 계획의 일부로, 서방과의 긴장 속에서 더 큰 자율성을 확보하기 위한 노력으로 볼 수 있다.

2022년 2월 24일 블라디미르 푸틴이 개시한 '특수 작전'은 빠르게 실패로 돌아갔다. 이 작전은 1968년 8월 체코슬로바키아에서 일어난 '다뉴브 작전'(5)을 재현하려 했을 가능성이 크지만, 침공한 국가의 크기와 잘못된 정치·군사적 분석을 고려했을 때 병력이 충분하지 않았다.

결국 이 작전은 장기화된 전통적인 전쟁으로 변모했다. 2022년 가을에 러시아군이 어려움을 겪었으나, 이듬해 봄부터 대규모 용병 모집(월 3만 명가량, 유례없는 수준의 급여 지급)을 통해 힘을 키우기 시작했다. 동시에 러시아는 대규모 군수품 주문을 시작했지만, 흔히 말하는 '전시 경제'로 전환하지는 않았다.

군수 산업을 최대한 가동하면서도 무기 생산을 위해 민간 공장까지 동원하지는 않았다. 국방 예산은 GDP의 약 6% 수준으로 냉전 시기 소련에 비해 낮다. 그러나 빠른 조정 덕분에 러시아군은 2023년 여름 자포리자 지역에서 우크라이나의 반격을 물리쳤고, 2023년 말 돈바스에서 다시 주도권을 잡았다.

'제2의 흐루쇼프'를 꺼리는 푸틴

현재 푸틴은 어려운 결정을 내려야 하는 상황이다. 그는 우크라이나의 에너지 및 군사 인프라를 폭격하면서 영토를 조금씩 점령하는 전략에 대해 고민하고 있다. 이 시나리오는 러시아 내에서 유지되고 있는 외형상의 정상적인 상태를 지속할 수 있는 장점이 있으며, 동시에 이 전쟁에 대한 사회적 수용의 기반이 되기 때문이다.

하지만 이 전략은 전장 내에서의 힘의 균형을 크게 변화시킬 가능성은 없다. 또 다른 시나리오는 전쟁 규모를 확대하는 것이

(4) 아나톨 리벤, 「러시아 기득권층이 전쟁 종결을 정말로 어떻게 바라보는가」, <포린 폴리시>, 워싱턴 DC, 2024년 8월 27일.

(5) 루슬란 N. 푸호프, 「특별 작전에서 군사 작전으로. 우크라이나 작전 2년간의 교훈」, <러시아 인 글로벌 어페어스> 제2호, 2024년 4월~6월.

다. 대부분의 러시아 전문가들은 우크라이나 군대를 압도하고 하르키우, 자포리자, 심지어 오데사와 같은 대도시를 점령하기 위해서는 최소 50만 명 이상의 병력이 필요하다고 보고 있다.

그러나 크렘린은 지금까지 이 옵션을 계속 미루고 있다. 최근 여론 조사에 따르면 러시아인의 57%가 두 번째 동원령에 반대하고 있어, 정부로서는 고민이 아닐 수 없다.(6) '끝까지 가는 전쟁'이라는 선택은 극소수의 초애국주의자들 사이에서만 지지받고 있으며, 이들은 러시아 인구의 20~25%에 불과하다.

현재 푸틴 대통령은 전쟁에 대한 자신감을 내세우며 "모든 목표는 달성될 것"이라고 반복적으로 말하고 있다.

그러나 푸틴이 말하는 '목표'는 구체적이고 명확하지 않아 협상 여부 그리고 내부 정세 변화에 따라 가장 유리하거나 혹은 불리한 시점에서 전쟁을 종결하거나 전략을 수정할 수 있는 여지를 남겨두고 있음을 의미한다.

또한, 러시아 현 정권의 성격과 전쟁을 열망하지 않는 국민의 정서를 고려했을 때, 푸틴 대통령은 다소 미흡한 성과도 '승리'로 포장해 국민에게 전달할 수 있을 것이다

이에 반해 우크라이나는 전쟁에 있어 보다 구체적이고 명확한 목표를 추구할 수밖에 없기 때문에 이런 유연성을 가지기 어려운 상황이다.

그러나 푸틴은 이러한 시나리오에서 자신이 엘리트들의 눈에 새로운 표트르 대제나 예카테리나 2세가 아니라 쿠바 위기 이후의 흐루쇼프처럼 보일까 두려워할 가능성이 있다. 다시 말해, 러시아로 하여금 큰 위험을 감수하게 했지만, 전략적 관점에서 의심스러운 결과를 얻은 지도자로 비칠 수 있다는 것이다.

크렘린이 우크라이나 분쟁을 2026년 초까지 끝내고 새로운 국면을 열고자 한다는 점은 분명해 보인다. 이때 중요한 의회 선거가 다가올 것이며, 지금까지 미뤄졌던 많은 결정들, 특히 크렘린의 후계자 문제와 관련된 결정들이 내려지거나 최소한 윤곽이 잡혀야 할 것이다.

또한, 지금까지 러시아 경제가 눈에 띄는 회복력을 보여왔지만(7), 조만간 그 한계에 도달할 수도 있다. 푸틴에게 결단의 시간이 다가오고 있다. 그가 위험을 어떻게 평가하느냐에 따라 전쟁의 향방이 크게 좌우될 것이다. **ld**

(6) 「우크라이나에서의 군사 특별 작전에 대한 러시아인의 인식」. <15차 조사> (2024년 5월 23일-6월 2일)」 (러시아어), https://russianfield.com/svo15

(7) 데이비드 튜르트리, 「러시아는 어떻게 제재를 극복하는가」, <르몽드 디플로마티크> 프랑스어판 2024년 6월.

글·아르노 뒤비엥 Arnaud Dubien
프랑코-러시아 관측소(모스크바) 소장, 국제관계 및 전략 연구소(IRIS) 연구원, 쇼아젤 연구소 회장 자문위원.

번역·김희동
번역위원

국가 조정기를 맞은 영국의 정국 개편

폭동 속의 영국, 우경화로 돌아가나?

지난 7월 4일 치러진 영국 총선. 결과는 노동당이 승리하면서 보수당의 14년 집권도 막을 내렸다. 하지만 보수당이 완전히 몰락했다고 믿는 사람은 아무도 없다. 키어 스타머 신임 총리도 전임 총리와 마찬가지로 브렉시트 전쟁 이후 국가 조정이 필요한 때라고 공언했다. 그럼에도 지난 여름 영국에서 발생한 인종차별 폭동과 그에 대한 국민 반응은 영국 정치의 우경화를 보여주는 한 단면이라 할 수 있다.

올리버 이글턴 ▮ 언론인

언뜻 보기에 7월 4일 영국 총선은 중도주의의 기득권층이 극우 소수 세력의 위협을 물리치고 여전히 세력의 지속을 실현한 것처럼 보인다. 나이젤 패라지가 이끄는 극우정당 영국개혁당(Reform UK)은 13석을 차지할 것으로 예상했지만 단 5석을 확보하는 데 그쳤고, 스코틀랜드국민당(SNP)의 의석은 기존 48석에서 9석으로 줄었다. (반면에 노동당은 키어 스타머의 새로운 지도력 아래 재정 규율, 자유시장 수호, 북대서양조약기구(NATO)에 대한 "흔들림 없는 헌신"을 공약으로 내세워 411석을 차지하게 되었다. 이로써 노동당은 의회 내에서 굳건한 다수 위치를 차지하게 되었으며, 중도좌파인 키어 스타머가 당권을 잡게 되면서 당내 강성 좌파의 입지는 크게 쪼그라들었다.

복잡해진 영국 정치의 지형도

그러나 선거 데이터를 자세히 들여다보면 그림은 복잡해진다. 먼저, 이번 선거의 투표율은 60%로, 이는 19세기 이후 두 번째로 낮았고 2001년 이래 가장 낮은 투표율이다. 노동당은 970만 표를 얻어 34%의 득표율을 보였는데, 이는 제러미 코빈의 사회주의 시노부 시절인 2017년(1290만 표)과 2019년(1030만 표)에 비해 상당

히 낮은 득표율이다.

기존의 보수당 지지자들을 끌어들이기 위해 영국의 새로운 보수당으로 탈바꿈한다는 노동당의 전략은 먹혀들지 않았다. 선거 결과, 기존의 보수당 지지자들 중 극히 일부만 이탈한 것으로 나타났다. 그중에는 투표를 기권한 사람들이 더 많았고, 상당수는 400만 표를 얻은 영국개혁당에 투표했다. 과반수 투표 제도 덕분에 스타머는 부전승을 거둘 수 있었다.

한편 이번 선거에서 노동당은 초당적 노력을 통해 코빈주의의 유산을 지우려 노력했으나 실패한 것으로 보인다. 제러미 코빈은 노동당에서 축출되어 노동당 후보로 선거에 출마할 수 없게 되었지만 여전히 영국 좌파의 길잡이로 남아, 긴축 정책 및 공공부문의 사유화에 반대하는 투쟁과 팔레스타인 연대 운동에서 주도적 역할을 하고 있다. 코빈은 이번 선거에서 런던 북부 이즐링턴 노스 선거구에 무소속으로 출마해 스타머가 지지하는 노동당 후보를 압도적 표차로 이겼다.

노동당 내에서 좌파로 분류된 의원 4명도 가자지구에서의 집단 학살에 반대하는 입장을 전면에 내세우며 무소속으로 출마해 당선되었다. 기후 투자 확대와 공공서비스의 재국유화를 요구하는 녹색당 역시 200만 표에 약간 못 미치는 득표로 웨스트민스터에 총 4석을 확보하

며 노동당의 전국 득표율에 상당한 타격을 입혔다. 참고로 총선에서 보수당은 하원 650석 중 121석만 확보하며 정당 역사상 최악의 성적표를 받고 부패 스캔들과 경제 혼란(2010~2024년)으로 얼룩진 오랜 집권을 끝내게 되었다.

노동당, 사민주의 입장 폐기

두 주요 정당의 지배를 보장하도록 설계된 선거 시스템에서 전례를 찾아볼 수 없는 이 같은 선거 결과는 향후 영국의 정치 지형의 재편을 예고한다. 가장 온건한 사회민주주의적 입장조차 폐기한 노동당은 이제 보수당으로부터 영국 자본의 주요 대변인이라는 타이틀을 빼앗아 입지를 다지려 하고 있다.

노동당은 공공 지출을 줄이면서 건강 및 주택 부문에서 기업 이익을 극대화한다는 계획을 갖고 있다. 또한, 주요 기후 정책은 폐기하고, 부자나 기업에 대한 세금 인상은 검토하지 않고 있다. 평화적인 시위는 단속하고, 인종 차별로 악명 높은 영국 경찰에 더 많은 권한을 부여해 '공공질서'를 유지하려 한다. 국제무대에서는 미국과의 신성한 "특별 관계"를 유지하고 유럽연합(EU)과의 유대를 강화하려 하고 있다.

노동당이 안정적인 집권 세력으로 이미지를 구축하는 동안, 리시 수낙의 사임 이후 새로운 지도자를 찾고 있는 보수당은 '문화 전쟁'의 늪에 빠져들 것으로 보인다. 향후 몇 년간 '깨어있는 정치(woke politics)', 젠더 이데올로기, 이민이라는 문명적 위협이 보수당의 의제를 지배할 가능성이 높다.

보수당, 개혁당과의 동맹 고려

주요 보수당 지도자들도 이런 문제에서 뒤처지지 않기 위해 개혁당과의 동맹을 고려하고 있다. 올해 선거에서 이들의 합산 득표율은 노동당의 득표율보다 4%포인트 높은 38%로, 이는 이들이 2029년 선거를 앞두고 강력한 반(反)이민 전선을 형성하고 더욱 우파적인 국가

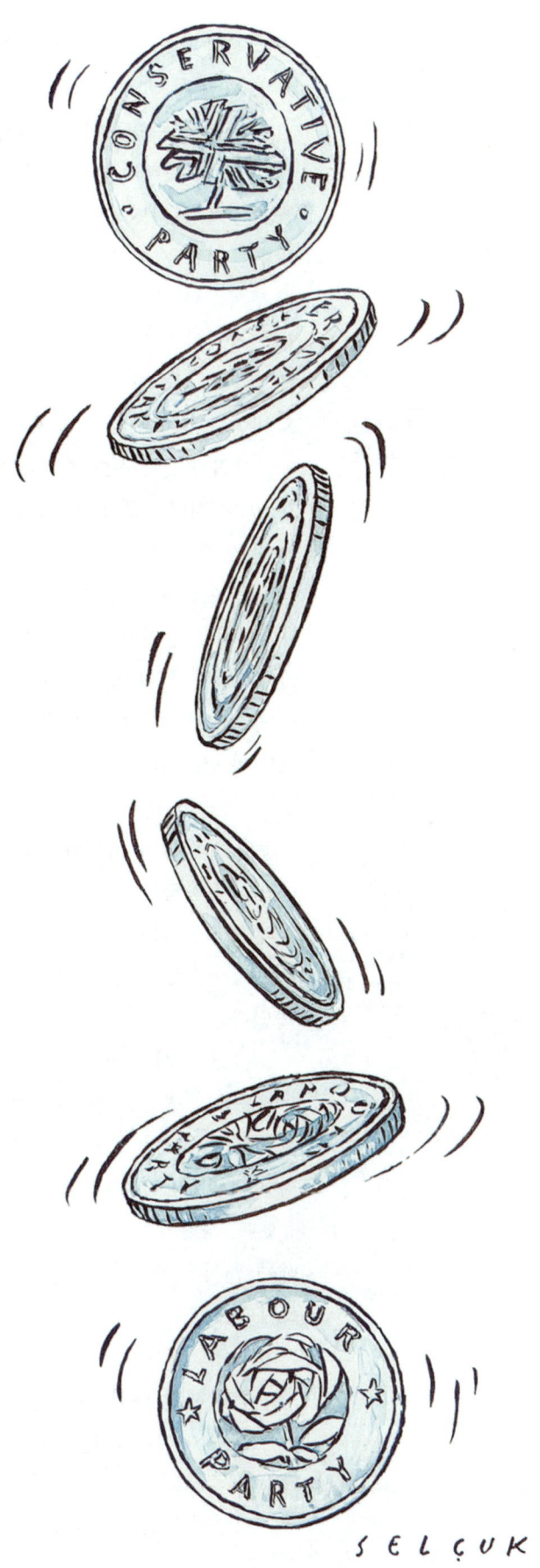

SELÇUK

로의 전환을 도모하는 데 충분한 기반이 될 것이다.

영국 정부는 국가 경제에서 중요한 역할을 하고 있는 저비용 외국인 노동력을 포기하는 것을 꺼리면서도, 보수당의 방침을 따라가는 경향을 보이고 있다. 정부가 국경 통제 부서를 신설하고 불법 이민자 체포 및 추방을 강화하는 동시에, 범죄 및 반(反)사회적 행동이 이민자 급증과 연관 있다는 분석을 내놓는 것이 바로 그 증거다.(1)

사회 곳곳에서 그 효과가 분명히 드러나고 있다. 지난 7월 29일 영국 머지사이드주의 작은 해변 마을 사우스포트에서 어린이들을 대상으로 한 칼부림 사건이 발생하자, 온라인에서는 범인이 무슬림 이주민이라는 확인되지 않은 허위 정보가 빠르게 확산되었고, 앤드류 테이트, 토미 로빈슨 같은 인플루언서들도 이 같은 허위 주장을 SNS에 올렸다.(2)

이는 곧 영국 곳곳에서 발생한 일련의 폭동의 시발점이 되었다. 먼저, 로더럼에서 난민을 수용하는 데 사용된 호텔이 방화 공격의 표적이 되었고, 이제 코스프레 파시스트들이 이슬람 사원과 난민 보호소에 몰려들고 있다.

여론 조사에 따르면 영국인의 4분의 1이 폭동의 원인을 무슬림에게 돌리고 있는 것으로 나타났다. 스타머 내각은 이 같은 사태에 권위주의적 수단을 강화하는 것으로 대응했다. 경찰의 안면 인식 기술 사용을 확대하는 동시에 새로운 폭력 퇴치 프로그램을 도입했다.

험악해진 사회 분위기…
보수 이미지로 변신하는 노동당

덕분에 분위기는 더욱 험악해지고 있다.

하지만 다른 한 편에서는 수백 명의 반(反)인종주의 시위대가 다시 거리로 나서고 있다. 게다가 최근 총선에서 녹색당과 무소속 후보들의 선전은 (지금까지는 제한적이고 지역적인 사례에 불과하지만) 좌파가 현재 나타나고 있는 반동적 경향을 역전시킬 가능성을 보여준다.

좌파는 비록 극우보다 득표수는 적었지만, 웨스트민스터에 더 많은 의석을 확보했고, 수십 개의 다른 선거구도 노리고 있다. 노동당이 보수 이미지로 변신하고 있고 보수당은 개혁을 꿈꾸는 가운데, 이런 흐름에 반대하는 운동이 등장할 가능성이 높다. 그렇다면 노동당은 새로운 정치적 지형에 어떻게 적응할 것인가?

현재의 상황은 대체로 2015년에 발생한 두 가지 사건의 결과로 볼 수 있다.

첫 번째 사건은 제러미 코빈이 노동당 지도부에 합류해 국가 의제에 좌파 포퓰리즘이라는 대안을 제시한 것이다. 두 번째 사건은 데이비드 캐머런 총리가 EU 탈퇴에 대한 국민투표 실시를 결정한 것으로, 투표 결과 영국의 EU 탈퇴가 최종 결정된 것이다. 두 사건 모두 영국에서 정치적 가능성의 영역을 확대했다고 볼 수 있다.

브렉시트, 모호한 정치 반란에 그쳐

코빈주의는 대처 내각 이후 모든 정권이 평계로 삼은 사회적 부패의 불가피성과 맹목적 애국주의를 비판하면서, 워싱턴으로부터 진정한 자율성을 확보하고 "그린 뉴딜"을 통해 경제 변혁을 이룰 것을 주장했다.

브렉시트는 정치적으로 모호한 반란이었다. 영국의 주권을 되찾겠다는 약속은 그것이 무엇을 의미하든, 정책 입안자, 기업 임원

(1) Yvette Cooper, 「We Can't Pretend Everything Is OK: Knife Crime, Anti-Social Behaviour and People Smugglers Are Plaguing Our Streets」, <더 선>, 2024년 7월 20일.

(2) Arthur Parashar & Katherine Lawton, 「Far-Right's "Hit List" Ahead of More Riots: Thugs Set to Target Immigration Centres, Refugee Shelters and Lawyers' Homes in 38 Areas of the Country —As Offices Plan to Close and Let Staff WFH amid Threats」, <데일리메일>, 2024년 8월 6일.

및 전문가들의 재앙 경고에 귀 기울이지 않는 대다수 노동자에게 호소력 있게 받아들여졌다. 노동자들은 EU 탈퇴는 순진한 환상이라는 말을 들었음에도 불구하고, 현재의 암울한 현실보다는 나을 것이라는 결론을 내렸다.

코빈주의는 브렉시트에 동조했다는 이유로 지속적인 공격을 받아왔다. 코빈 전 노동당 대표는 이런 공격에 대응하기 위해 기득권층에 대한 대중의 반감을 자신들에게 유리하게 이용해야만 했다. 브렉시트로 인해 이미 벌어진 계층 간 분열은 EU 잔류 지지자들이 국민투표 결과를 뒤집으려 하면서 날이 갈수록 심화되었다.

코빈은 브렉시트 관련 혼돈 상황을 계기로 노동당의 강력한 정치적 가능성을 확대하고자 했다. 즉, 영국 국민의 결정을 존중한다고 선언함으로써 브렉시트 찬성투표를 EU의 질서자유주의 조약, 비인도적 이주 정책, 비민주적 구조와 결별할 기회로 규정하고, 자신의 변혁 프로젝트를 대자본, 보수당, 노동당 우파, 보수 언론매체, 국가 등 수많은 현상 유지 옹호자들에 맞설 대안으로 제시할 수도 있었다. 이른바 코빈주의에 담긴 핵심 의도는 브렉시트를 통해 변혁의 헤게모니를 장악하고 브렉시트와 변혁이라는 두 프로젝트를 하나로 융합하는 것이었다.

그러나 노동당 지도부는 용기가 부족했다. 노동당 내 EU잔류파가 집단 탈당을 주도할 것을 우려한 지도부는 2016년 브렉시트 관련 투표결과를 뒤집을 수 있는 2차 국민투표를 실시하겠다고 약속하면서 그들을 달래려 했다. 지도부의 이런 행보에 심히 불편함을 느낀 코빈은 인터뷰에서 긴장하고 회피하는 모습을 보였다. 그에게서는 더 이상 호전적인 모습을 찾아볼 수 없었다.

보리스 존슨, 포퓰리즘에 스캔들로 얼룩져

2019년 여름, 총리로 당선된 보리스 존슨은 코빈이 잃어버린 포퓰리즘의 에너지를 넘겨받아 자신의 전유물로 독점하려 했다. 보수당을 "국민의 정당"으로 재편한 이튼 출신의 그는 공식 야당, 자유주의 성향의 EU 엘리트들, 편파적인 법원, 심지어 자신이 속한 진영의 특정 의원들까지도 모두 대중의 의지를 방해하는 세력이라며 비난했다.

존슨 총리는 그들의 방해를 물리치기 위해서는 대중이 투표소에 가야 한다며, 투표소에서 대중이 직면하게 될 간단한 선택은 자신에게 투표해 "브렉시트를 완수"할 것인가, 아니면 코빈을 선택해 브렉시트를 되돌리는 위험을 감수할 것인가라며 자신에게 투표할 것을 종용했다. 2019년 12월 총선에서 노동당은 2005년 총선이나 2010년 총선에서보다는 많은 표를 얻었지만, 다른 모든 정당을 합친 것보다 80석 앞선 보수당의 지지율에 맞서지는 못했다.

다우닝가에 입성한 존슨은 브렉시트 캠페인 동안 자신이 무임승차할 수 있었던 항의의 물결을 유지하려 애썼다. 정부는 손발이 묶여 있고 할 수 있는 일이 별로 없다고 주장했던 캐머런 시대의 긴축주의는 분명 끝났다. 이제 국가는 대중이 원하는 바를 이행하거나 적어도 그렇게 하는 척이라도 해야 했다.

그 다음 과제는 분명했다. 국민들의 브렉시트 찬성 원인이 영국 내 지역 격차, 즉 임대수익으로 부를 축적한 남부와 산업 쇠퇴로 황폐해진 북부라는 격차에 있다고 본 존슨 총리는 이를 재분배가 아닌 "레벨링업(levelling up)" 정책, 즉 부유한 지역을 끌어내리지 않고 빈곤한 지역을 지원하는 정책으로 바로잡겠다고 맹세했다. 그런 다음 주요 인프라 프로젝트, 경기 부양 지출, 지역 사회 재생을 논하겠다는 것이 존슨의 입장이었다.

하지만 "태산이 울릴 듯 요란했으나 정작 생쥐 한 마리만 나왔다"라는 속담처럼 그 성과는 아주 미미했다. 수년간의 긴축 끝에 레벨링업 펀드의 일환으로 지방 당국에 지급된 8억900만 파운드는 변화를 가져오기에는 충분치 않았다. 존슨의 지역 재균형 계획이 무너지자 보수 언론은 존슨 행정부가 포퓰리즘 사명에 등을 돌리고 점점 방향성을 잃고 있다고 비난했다.

존슨의 이력은 항상 스캔들로 얼룩졌지만, 그가 우익 언론의 지원을 받는 일관된 정치 프로젝트의 최전선에 있어온 덕분에 그의 스캔들 이력은 문제가 되지 못했다.

그러나 그 같은 정치 프로젝트가 사라지면서 그의 면책특권도 사라졌다. 코로나19로 인한 봉쇄가 절정에 달했을 때 파티를 연 것, 비밀 정치헌금으로 다우닝가 총리 관저를 개조한 것, 핀처 원내부대표로 임명 시 그의 성추문 사실을 몰랐다고 거짓말한 것 등 일련의 폭로가 터지면서 존슨의 지지율은 급락했다.

위기에 직면한 보수당

2022년 9월 존슨의 치욕적 사임 후 보수당은 갈림길에 서게 되었다. 그들은 지난 선거에서 승리의 견인차가 되어준 포퓰리즘으로 돌아갈 수도 있었고, 전통적 유권자를 안심시킬 수 있는 보다 엄격한 관리주의로 전환할 수도 있었다. 리즈 트러스는 전자를 공약으로 내세워 총리로 선출되었다. 트러스는 존슨의 '레벨링업' 정책을 이어가는 대신, 영국이 대공황 이후 이루기 어려웠던 '성장'을 정책 기조로 내세웠다.

대대적 부자 감세, 도시 계획 규제의 과감한 완화, 복지 축소 등을 잇달아 발표하며, 이를 그 악명 높은 "미니 예산"에 반영했다. 그러나 트러스 총리의 아마추어 경제 정책에 대한 시장의 반응은 채권 가격 폭락과 파운드화 가치 폭락으로 나타났다. 결국 트러스 총리는 그 책임을 지고 취임 후 불과 45일 만인 10월 20일에 자리에서 물러났다.

트러스의 후임으로 총리로 취임한 수낙에게는 이 쓰라린 기억을 지우고 보수당을 다시 안정적인 기반 위에 올려놓을 책임이 주어졌다. 새 총리는 불평등을 완화하고 국가 르네상스를 이루겠다는 약속 따위는 하지 않았다. 그는 전임자들이 했던 것처럼 야심찬 프로젝트를 추진하기보다는, 재정 건전성과 올바른 거버넌스에 초점을 맞춰 행정부에 대한 국민의 신뢰를 회복하는 것을 목표로 했다.

하지만 수낙 총리는 정치적 분열을 심화시키고 당에 대한 충성심을 높이려 한 보리스 존슨의 공격적인 정책 기조를 이어받았다. 예를 들어 그가 파업권을 제한하고 망명 신청자들을 르완다로 추방하는 결정을 내린 것 등에서 이 같은 경향을 확인할 수 있었다. 하지만 그의 전략의 핵심은 자신을 혼란을 수습할 현명한 관리자로 '이미지 메이킹'하는 것이었다.

이 점에서 수낙 전 총리는 스타머 총리의 거울상이었다. 두 사람 다 전임자들과 반대되는 입장을 취하며 그들을 무모한 이념가로 묘사했다. 또한, 기존 질서를 다시 정당화하면서 2015년부터 시작된 격동의 시기를 마무리하려 했고, 국정 지도자의 윤리 회복을 주장했다. 그러나 두 사람의 차이점은 수낙 총리가 그 같은 이미지를 입증하는 데 실패했다는 것이다.

수낙 총리의 임기 내내 비리 의혹이 끊이지 않았다. 내각 장관들의 직원 괴롭힘과 함께 세금 회피 사실이 드러난 데 이어 부유한 보수당 지역에 공공투자가 집중되었으며, 총리는 금융 소득을 신고하지 않은 혐의로 조사까지 받았다. 상황이 이러하다 보니, 2024년 선거를 앞두고 보수당 후보 및 주요 당직자가 내부 정보를 이용해 선거 관련 돈 내기에 참여했다는 의혹인 이른바 '베팅 스캔들'이 터졌을 때 놀라는 사람은 아무도 없었다.(3)

노동당 스타머 정부의 당면 과제

반면, 스타머 총리는 아직까지는 영국 타블로이드 신문의 헤드라인에 등장하기는 않았다. 무미건조한 관료라는 점은 노동당 대표로서 그에게 큰 도움이 되는 것으로 보

(3) Eleni Courea and Matthew Weaver, 「Pressure on Sunak as Betting Scandal Grows」, <가디언>, 2024년 6월 23일.

인다. 덕분에 그는 보수당 정부가 붕괴하는 동안 크게 주목받지 않고 다우닝가에 입성할 수 있었다.

하지만 긴급한 개혁이 필요한 현재의 경제 상황을 감안할 때 국민의 호감을 얻으려면 이것만으로 충분치 않다. 보수당 스캔들이라는 헤드라인 이면에는 분명 보수당이 신뢰를 잃은 근본적인 이유가 존재한다. 2008년 이후 영국 국내총생산(GDP)의 연평균 성장률은 0.25%를 넘기지 못하고 있다. 같은 기간 실질 소득 감소로 약화된 구매력은 최근 몇 년간 인플레이션과 금리 상승으로 더욱 떨어졌다.

여기에나 유례를 찾기 힘든 생산성 둔화가 나타나고 있고,(4) 공공 서비스는 수십 년간 진행된 시장화와 자금 부족으로 더 이상 제 기능을 못하고 있다. 이제 국민들은 필수 의료 서비스도 받기 어렵다. 민영화된 교도소는 과밀화 문제를 겪고 있고, 이익만 챙기는 수도회사는 엄청난 양의 폐수를 템스강에 무단 방류했다. 수십 년 전부터 전문가들은 영국의 쇠퇴를 우려했다. 저명한 역사학자 페리 앤더슨은 이런 상황은 "몰락"이라는 단어로 표현할 수 있을 것이라고 말했다.(5)

좌파가 현 정권의 가짜 안정 정치에 저항 정신으로 맞설 수 있을지는 지켜볼 일이다. 그들은 아마도 적록협약(Red – Green pact)의 일환으로, 기존의 사회운동 조직을 규합하고 선거에 출마할 수 있는 새로운 원형 정당 조직을 출범시키려는 논의를 진행하고 있을 것이다. 그렇다면, 좌파는 영국 의회의 구식 선거 제도를 민주화할 수 있을 만큼 의회에서 충분한 영향력을 확보할 수 있을 것인가?

이는 현 단계에서는 아직 요원한 일일 수도 있지만, 좌파를 중심으로 이에 대한 논의가 시작된 것만 봐도 사회를 재구성하려는 열망에 찬물을 끼얹는 스타머주의라는 정치적 바이러스를 거부하는 놀라운 움직임이 일고 있음을 알 수 있다. 그러니, 노동당의 선거 승리가 공허하다 할지라도 좌파의 새로운 시도는 아직 정치영역에 희망이 사라지지 않았음을 보여주는 중요한 움직임으로 볼 수 있다. **ID**

(4) Nicholas Crafts & Terence C. Mills, 「Is the UK's Productivity Slowdown Unprecedented?」, <National Institute Economic Review>, 2020년 2월 6일. www.niesr.ac.uk.

(5) Perry Anderson, 「Ukania Perpetua」, <뉴레프트 리뷰>, 2020년 9월-10월호.

글·올리버 이글턴 Oliver Eagleton
〈뉴레프트 리뷰(New Left Review)〉 편집인, 『스타머 프로젝트(The Starmer Project)』(Verso, 런던, 2022)의 저자

번역·김루치아
번역위원

사회적 낙인을 두려워하는 프랑스 '소외 계층'의 삶

"편하게 내 집에서 하고 싶은 대로 하고 누구에게도 의존하지 않는다. 특히 내 요구는 들어주지 않으면서 하라는 것만 많은 정부에는 의지하지 않는다."
프랑스 농촌 지역의 이 같은 인식을 바탕으로 극우세력 국민연합의 농촌 지역 기반이 확대되고 있다. 국민연합은 개인의 능력에 대한 보상만 이뤄진다면 농촌 지역이 외부의 도움 없이 스스로의 힘으로 난관을 극복할 수 있다는 논리를 확산시키고 있다.

브누아 코카르 & 클라라 드빌 ▮사회학자

프랑스 농촌 지역 서민층이 정부에 대해 '소외감'을 느끼고 있다는 건 분명한 사실이다. 극우 국민연합이 농촌 지역에서 득세하는 것도 대부분 이로써 설명되고, 도시 밖에서 돌파구를 찾으려는 좌파 역시 이러한 현실 인식에서부터 시작한다. 경제학자 쥘리아 카제와 토마 피케티는 농촌 서민 계층을 다시 장악하는 것이 "사회·생태 블록 형성을 위한 절대적 우선 과제"라고 지적했으며, 적절한 사회·경제 조치로 이들의 '소외감'을 없애야 한다고 주장했다.(1)

언론과 정치권에서 앞다투어 '소외감'이란 말을 쓰고 있지만, 이 허울 좋은 표현의 이면에는 과연 어떤 현실이 숨어있을까? 사실 서민층의 생각을 정리해주는 이런 표현들은 조심해서 쓸 필요가 있다. 그에 따른 사회적 여파가 그 어느 때보다 크기 때문이다.

가령 '소외된 백인들'의 행동을 이해하기 위한 키워드로 '문화적 불안감'(2)이란 표현이 제시되었을 때도 정작 이를 써먹은 건 보수 성향의 일부 부르주아 계층이었다. 자신들이 느끼는 정신적 공황을 다른 사람 탓으로 돌리기 좋은 핑곗거리였기 때문이다. 그리고 저들의 이러한 해석을 뒷받침해주던 표현이 남발되면서 '노란 조끼' 시위 같은 이례적인 대규모 사회 운동의 내용이 뒤로 묻혔다.

국가 원수의 '경멸'과 '오만'을 비판하고 '존엄한 삶을 살 수 있도록 해달라'는 의지를 표현하며 불공정한 조세 제도의 문제를 지적하는 등(3) 사회경제적 차원의 요구 사항이 쏟아졌음에도 제대로 부각되지 못한 것이다. 이 점에 있어 농촌 지역의 서민층은 사회학자 피에르 부르디외의 표현대로 '대상화된 계층'(4)의 전형이다. 자신들보다 다른 계층에 의해 더 많이 정의되고 기술된다는 뜻이다. 정치적 행동의 동기를 단순히 '소외감'으로 치부하려는 것 역시 동일한 오류를 안고 있다. 설령 이 말이 실제 현실을 어느 정도 반영하는 것이라 해도 그러한 현실은 농촌 지역 서민층에만 해당되는 것은 아니다.

사실 시골 지역이 정부의 공공 서비스에

(1) 『Une histoire du conflit politique. Elections et inégalités sociales en France, 1789-2022 정치분쟁사 : 1789~2022년 프랑스의 선거와 사회적 불평등』, Seuil, Paris, 2023.

(2) 로랑 부베가 공론화 자리에서 주로 내세운 개념. Cf. 『L'Insécurité culturelle 문화적 불안감』, Fayard, Paris, 2015.

(3) 고충민원서에 대한 연구원 및 시민 모임, 「Les cahiers de la colère '노란 조끼'가 남긴 흔적, 분노한 민원서」, <르몽드 디플로마티크> 프랑스어판, 2022년 6월호, 한국어판, 2022년 7월호.

(4) Pierre Bourdieu, 「Une classe objet 대상화된 계층」, <Actes de la recherche en sciences sociales>, no 17-18, Paris, 1977년 11월.

(5) Cf. Thibault Courcelle, Ygal Fijalkow & Thomas Taulelle, 『Egalité, accessibilité, solidarité : les renoncements de l'Etat. Services publics et territoires ruraux 평등, 접근성, 연대-국가의 포기. 정부가 버린 농촌 지역과 공공 서비스』, Le Bord de l'eau, Lormont, 2024.

서 '소외'되었다는 점은 여러 자료에서 확인되지만,(5) 우리의 연구에 따르면 일부 서민 지구나 도시도 상황은 비슷하다. 해당 지역 주민들 또한 (낙후된 농촌 지역과 다름없이) 폐업한 산부인과 건물이나 최근 문 닫은 세무서, 용도가 변경된 복지기금 건물 앞을 지나는 게 일상이다. 산업이 무너진 이들 지역 역시 공장은 문을 닫았고, 작은 상점이나 음식점도 자취를 감췄다. 이곳 주민들과 이야기를 나눠보면 너 나 할 것 없이 "예전이 좋았지"라는 말을 내뱉는다. "우리에겐 있어야 할 게 아무 것도 없다", "정부는 우리를 생각해주지 않는다"는 것이다.

남의 시선이 불편한 복지 급여 수령

그렇다고 극우파에 대한 소외 계층의 지지를 단순히 정부의 부재에 대한 프랑스 서민들의 분노로 일축할 수는 없다. 우선 정부가 이들 지역에 정말로 '부재한가'하면 그건 또 아니기 때문이다. 물론 정부와의 물리적 거리가 멀어진 건 사실이다. 지난 수십 년간 행정 서비스 간소화와 개혁 작업을 통해 모든 공공 서비스가 대도시로 집중됐고, 관공서가 빠져나간 지역에서는 온라인 행정 서비스나 전자 의료 서비스 등의 방식으로 원격 서비스가 제공됐다.

<아주 이상듬채>, 2020 - 애런 존슨

관공서 건물이나 직원 등 정부의 물리적인 흔적이 사라진 탓에 길에서 더 많은 시간을 보내고 대도시로 나가야만 시청이나 복지 센터 같은 관공서와 공무원을 만날 수 있다. 하지만 정부와의 물리적인 거리가 멀어지면 사람들의 실생활에서 정부가 차지하는 비중은 외려 더 커진다. 관공서 업무 하나 해결하는 것도 보통 일이 아니고, 별 대수롭지 않은 일이 시간을 잡아먹는가 하면 집안 곳곳에 포스트잇의 형태로 정부가 존재감을 드러낸다. 작성해야 할 서류들도 곳곳에 산더미처럼 쌓인다.

사실 정부 권력은 공공 기관의 담벼락 안에만 국한되지 않는다. 정부는 원거리에서도 국민을 '관리'하기 때문이다. 정부는 일단 국민들의 생활 공간으로부터 멀리 떨어져 있을 뿐 아니라 그 업무 또한 서민층의 일상적인 생활 패턴과도 동떨어져 있다. 온라인 행정 서비스도 그중 하나다.

'지역 격차' 뒤에 숨어있는 '지배 메커니즘'

정부가 관공서 업무를 전자 행정으로 돌림으로써 디지털 격차는 심화되었고 이 과정에서 상징적인 폭력까지 행사된다. 더욱이 공공 기관이 온통 도시로 집중된 탓에 사람들은 평소 생활 반경에서 벗어나 도시로 '상경'해야 했고, 예약 시스템이 자리를 잡으면서부터는 이를 위한 별도의 시간 안배까지 필요해졌다. 취약 계층이나 임시직 노동자처럼 생활 여건상 앞일을 계획하기 힘든 사람들에겐 더욱 난감한 상황이다.

따라서 정부에 무언가를 요청하려면 보다 전문적인 역량이 요구되고, 아니면 권리 행사를 하는 게 아예 불가능한 수준으로 서민층을 끌어내려야 한다. 문제는 정부가 농촌 지역을 외면한다는 게 아니라 '지역 격차'라는 연막 뒤로 '지배 메커니즘'이 숨어있다는 점이다.

도시라고 이 문제에서 자유로운 것은 아니다. 지역에서 관공서가 사라지는 건 지리적 차원의 문제라기보다 기본적으로 사회적 차원의 문제이기 때문이다. 만약 특정 지역에서 제대로 된 공공 서비스가 제공되지 않는다면, 이는 그 지역이 낙후된 시골이라서가 아니라 그곳 주

민들이 가난하기 때문이다. 일부 대도시나 교외 지역에서 관공서가 사라지는 이유도 여기에 있다.

이들 지역에서는 농촌 지역과 마찬가지로 "정부는 우리에게 관심이 없다", "우리에겐 있어야 할 게 아무것도 없다"는 말이 들려온다. 그러므로 '소외감'이라는 관점에서 오로지 농촌에만 초점을 맞추다 보면 상식적인 진단을 내리기가 힘들다. 더욱이 낙후된 농촌 지역의 현실은 도시 외곽의 서민 지구와 비슷하고, 살기 좋은 시골 부촌은 외려 대도심의 상황에 더 가깝다.

낙후된 농촌 지역과 도심 교외 지역은 정치적 담론에서 서로 대비되어 나타날 때가 많은데, 두 지역 모두 탈산업화를 겪으며 앞길이 막막한 청년들이 늘어나는 상황이다. 하지만 이들 지역 청년들이 쉽게 정부에 손을 내밀지는 않는다.

무시 받는 듯한 느낌이
극우세력의 외국인 혐오와 연대

이 또한 잠재적인 주홍 글씨가 될 수 있기 때문이다. 안정적인 일자리가 없다는 건 그 지역의 고질적인 문제고, 실업자로 등록되면 취약 계층이라는 낙인이 찍힐 수 있다. 즉, 복지 급여 수급자라는 꼬리표가 붙는 것이다. 따라서 청년들은 차라리 1인 사업자 지위를 더 선호한다. 취약한 상황은 마찬가지지만 적어도 '일하는 사람들'의 무리에 가까워지며 수급자라는 부정적인 지위와 거리를 둘 수 있기 때문이다.(6)

따라서 문제는 '소외'가 아니다. 그보다는 정부 자원이 근본적으로 불평등하게 편중됐다는 게 문제다. 공공 서비스라는 특별한 희소 자원을 유치 혹은 유지함에 있어 일부 지역은 다른 지역보다 더 경쟁에서 유리한 모습을 보인다. 물론 이러한 현실에 분노하는 이들도 있지만, 그 맨 선봉에 선 게 서민층은 아니다.

도시에 맞선 시골 사람들의 분노를 앞에서 이끌며 싸우는 사람들은 자신의 생활 터전이 매력을 잃지 않도록 노력하는 게 득이 되는 사람들, 그리고 아직 잃을 게 남아있다고 생각하는 사람들이다. 주로 지역 유지들이

이에 해당하는데, 정치적으로 우익 성향을 띠는 이들은 스스로의 크고 작은 특권이 사라지지 않을까 염려한다. 하지만 우리는 이 사람들이 소외감을 느낀다고 말하지는 않는다.

그에 반해 서민층은 이들만큼 뚜렷하게 요구 사항을 내걸지는 않는 편이다. 대부분은 더 이상 잃을 게 없다고 생각하기 때문이다. 솜강 유역의 한 공장에서 일했던 직원 한 명도 "여기가 이미 지옥"이라고 말했다. 경제적 이유로 해고된 그는 여러 임시직을 전전하며 지냈고, 일터까지는 항상 스쿠터를 타고 45분 정도 가야 했다. 직장까지 제시간에 도착하게 해주던 철도 노선이 사라진 탓이다.

그는 "기사를 포함해 더는 이곳에 남아있는 게 아무것도 없다"면서 정부의 공공 서비스로부터 자신이 배제되었다고 생각했다. 하지만 그렇다고 정부에 무언가를 기대하진 않았다. 정부에 손을 내밀었을 때마다 "일이 잘 진행되지 않았기" 때문이다. 사실 사회 계층 서열이 낮아질수록 자신의 권리를 찾을 기회는 더 적어진다.

완벽한 자격 여건이 되지 않는 사람들, 행정 언어나 절차를 잘 모르는 사람들에게 공공 임대주택에 들어가거나 정부 수당을 받는 일은 거의 전쟁에 가깝다. 게다가 이러한 권리 행사를 할 수 있게 되더라도 그 진정성을 의심받기 일쑤다. 자격이 안 되는 사람이 허위 신청을 한 것으로 오해받고 과잉 감시의 대상이 되는 것이다.(7)

학생 시절처럼 괜히 무시되는 듯한 이 언짢은 경험들은 극우파의 외국인 혐오 논리에 힘을 실어준다. "차라리 이민자였다면 상황이 더 나았을 것"이라 생각하는 것이다. 곤란한 상황을 겪을 때마다 사람들은 정부와 그 제도를 탓하기보다는 이런 식으로 이민자에게 화살을 돌린다. 따라서 자신이 챙겨야 할 권리는 제대로 챙기지 않은 채 정부 지원 수급자를 희생양으로 삼으며, 아울러 자신은 이들과 다르다는 듯 선을 긋는다.

사회적 낙인에서 벗어나려고 극우 논리에 동조

모두가 알고 지내는 마을에서 복지 급여를 받는다면 그에 따른 사회적 낙인이 찍힐 수 있기 때문이다. 이민자나 수급자 같은 사회 취약층 사이를 갈라놓는 극우의 분열 화법은 취약한 서민층과 상대적으로 안정적인 서민층 사이의 격차를 심화시키는 자유주의식 노동 시장 개혁을 기반으로 제 기능을 톡톡히 수행했다.

상황이 이렇게 되자 극우파는 - 경제적 실패에도 불구하고 - '최소한의 불행' 논리를 무기로 내세운다. 내 뒤에 더 낮은 사회 계층이 있으며, 정부 시스템상에서 이들이 나보다 더 타깃이 되고 불리한 존재이길 바라게끔 만드는 것이다. 농촌 서민층 사이에서 "우리가 먼저다"라는 말이 나오는 것도 이 같은 맥락이다.

"프랑스인이 먼저다"라는 극우의 오랜 논리와 닮아있는 이러한 운동 방향은 생활 수준이 취약할수록 더욱 뚜렷이 나타난다. '근근이 살아간다'는 '더러운 오명'을 쓰기보다 차라리 극우 논리에 동조하며 불명예스러운 사회적 낙인을 떨쳐내는 것이다.

따라서 오늘날 서민층이 정부와 맺고 있는 관계는 꽤 모호하며, 이를 '소외감'이란 표현만으로는 설명하긴 힘들다. 불법 노동과 관련한 대화 중 농촌 지역의 두 청년 노동자가 우스갯소리로 "여기는 바다 없는 섬"이나 다름없다고 했다. 편하게 자기 하고 싶은 대로 살고 정부 명령은 따르지 않다 보니 정부

(6) Sarah Abdelnour, 『Moi, petite entreprise. Les auto-entrepreneurs, de l'utopie à la réalité 1인 기업의 환상과 현실』, Presses universitaires de France, Paris, 2017.

(7) Vincent Dubois, 『Contrôler les assistés. Genèses et usages d'un mot d'ordre 복지급여 수급자에 대한 통제-그 유래와 관행』, Raisons d'agir, Paris, 2021.

와 동떨어져 자기 힘으로 알아서 살아가며 개인의 능력을 기반으로 성공한 사람이라는 자기 확신을 갖게 된다는 말이었다.

이 정부는 나와 맞지 않는 사회 모델

소외 지역의 노란 조끼 시위대는 운동 초반부터 '진짜 오염의 주범'인 "부자들에게 세금을 물리라"고 주장하는 동시에 자신들은 "그냥 가만히 내버려 달라"고 요구했다. 톨게이트에서는 부득이하게 차를 타고 이동해야 하는 주민들의 원성이 쏟아지는데, 예전만 해도 회사나 관공서가 모두 근처에 있어서 어디든 자전거로 다닐 수 있었지만 지금은 모든 게 다 멀기만 하다는 것이다.

작은 건설 회사나 공장, 혹은 노인들 집에서 재택으로 일하던 농촌 지역 노동자들이 바라던 것은 사실 역내(域內)에 TGV 노선 같은 걸 설치해달라는 게 아니었다. 이런 건 지방의 돈 많은 사람들이나 하던 요구다. 이 지역의 노란 조끼 시위대가 원한 것은 줄어들지 않는 집과 직장 사이의 먼 거리를, 그리고 자신들과 정부 당국 사이의 먼 거리를 자유롭게 오갈 수 있도록 해달라는 것이었다.

온라인이든 오프라인이든 복잡한 행정 절차 같은 것을 거치지 않고 도로에서도 속도위반으로 벌금을 물지 않는 것, 연료비의 급등으로 살림살이가 어려워지고 가뜩이나 생활 수준을 유지하는 게 힘들어진 상황에서 탄소세 같은 환경세를 물지 않는 것, 그게 바로 이들이 바라는 바다.

아울러 우리가 만나본 농촌 지역 노동자들은 정부로부터 완전히 소외되어있지는 않았다. 간혹 생활이 안정되는 경우, 정부의 복지 혜택 같은 것이 어느 정도 도움이 되었기 때문이다. 그런데 현지 상황이나 시대적 분위기로 인해 사람들은 주변의 가족이나 친구들, 특히 경제적 여유가 있는 이들의 생각에 쉬이 동조하게 된다.

농촌 지역에서 어느 정도 영향력을 행사하는 전문직 종사자의 입김도 무시할 수 없는데, 이들이 "남들 낼 돈을 다 우리가 내고 있다"라거나 정부가 수입을 "훔쳐간다"고 거듭 반복하면 다들 이 말을 곧이곧대로 믿어버린다. 남부끄럽지 않게 일하고 사회적으로 성공한 사람이 되려면, 아니 최소한 수급자 취급을 받지 않으려면 이렇듯 주변의 영향력 있는 사람들 말에 얹혀가는 게 하나의 방법이 된다.

이런 관점에서 보면 정부가 우리를 버렸다고 생각할 수밖에 없다. 아울러 극우 편에 서서 목소리를 내면 정부 지원 없이 독립적으로 살아가는 자신의 여력까지 과시할 수 있다. 따라서 도시화를 부추긴 정부는 무조건 나와 맞지 않는 사회 모델로 깎아내려질 수밖에 없다. **ID**

글·브누아 코카르 Benoît Coquard & 클라라 드빌 Clara Deville
프랑스 국립 농업식량환경연구소 소속 사회학자. 디종 농촌 및 농업 지역 응용 사회경제학센터 구성원으로도 활동 중이다.

번역·배영란
번역위원

스페인은 어떻게 유럽의 인기 실버타운이 되었나

"알리칸테의 프랑스인(혹은 독일인, 영국인)처럼 행복하다"라는 표현이 생길지도 모르겠다. 스페인 코스타 블랑카, 그리스, 포르투갈에서 은퇴 후 삶을 보내는 사람이 점점 늘고 있다. 유럽 은퇴자들은 남유럽의 따뜻한 태양을 즐기며 더 적은 돈으로 더 평온한 삶을 누린다. 하지만 외국인 유입으로 스페인 부동산 가격은 상승 곡선을 그리고 있다. 이에 반해 스페인 현지 주민들은 살 곳을 찾아 헤매고 환경오염은 나날이 나빠지고 있다.

엘리사 페리게르 ▮〈르몽드 디플로마티크〉 특파원

지중해 코스타 블랑카 해변 뒤로 솟아오른 베나칸틸산의 산타 바바라성에 장밋빛 석양이 드리운다. 3월치고는 너무 더운 바람이 스페인 17개 자치주 중 하나인 발렌시아주에 속한 인구 33만 명의 해안 도시 알리칸테의 거리를 스치고 지나간다.

나무가 우거진 광장이 내려다보이는 패스트푸드점 2층에서 프랑스어가 들린다. 2022년부터 매주 목요일 이곳에서 열리는 프랑스어 사용자 친목 행사 '아페로 프랑코폰(apéro francophone)'에 참석한 20여 명의 부부 또는 독신 은퇴자가 즐거운 시간을 보내고 있다.

이 행사를 통해 친분을 쌓은 이들은 겨울 동안 혹은 연중 내내 코스타 블랑카에 거주하는 프랑스, 스위스, 캐나다 출신이라는 공통점을 갖고 있다. 이들 대부분은 알리칸테에 연고가 없다. 프랑스 릴 출신 전직 산업 디자이너인 71세 피에르(1)는 "기후와 평온한 삶" 때문에 이곳을 선택했다. "연중 300일 햇볕이 내리쬐고 스페인 사람들은 매우 친절하다. 더 바랄 것이 없다. 아직 은퇴 전인 프랑스 친구들은 이곳에 올 날만을 기다린다."

발렌시아주에는 연중 2만 명의 프랑스인이 거주하며 이 중 60세 이상이 1/3 이상을 차지한다.(2) 총 16만 1,000명의 프랑스 기본연금 수령자가 스페인 전역에 거주한다. 정식으로 거주지를 이전하지 않고 겨울철에만 머물다 가는 이들도 수천 명에 달한다. 스페인과 프랑스 언론은 이들을 철새에 빗대어 "제비"로 부른다.

날이 갈수록 성황을 누리는 모임 '아페로 프랑코폰'을 시작한 피에르는 "새로운 얼굴이 자주 등장한다"라고 설명했다. 피에르가 2년 전 페이스북을 통해 이 모임을 시작한 이유는 "프랑스어 사용자들 간 인맥을 형성하고, 만남의 장을 제공하고, 유용한 정보를 공유"하기 위해서다.

피에르는 자신은 카스티야어를 배우고 있지만 "다른 프랑스인들은 그렇지 않은 경우가 많다"라고 아쉬워했다. 테이블에 둘러앉은 프랑스 노인들은 해변가의 저렴한 레스토랑, 신 중턱의 스파, 유명 관광지인 알리칸테의 자연공원에서 즐길 수 있는 하이킹 등

(1) 익명을 원한 인터뷰 대상자는 성을 제외한 이름만 표기.

(2) 발렌시아주 자치정부에서 제공한 2024년 5월 수치.

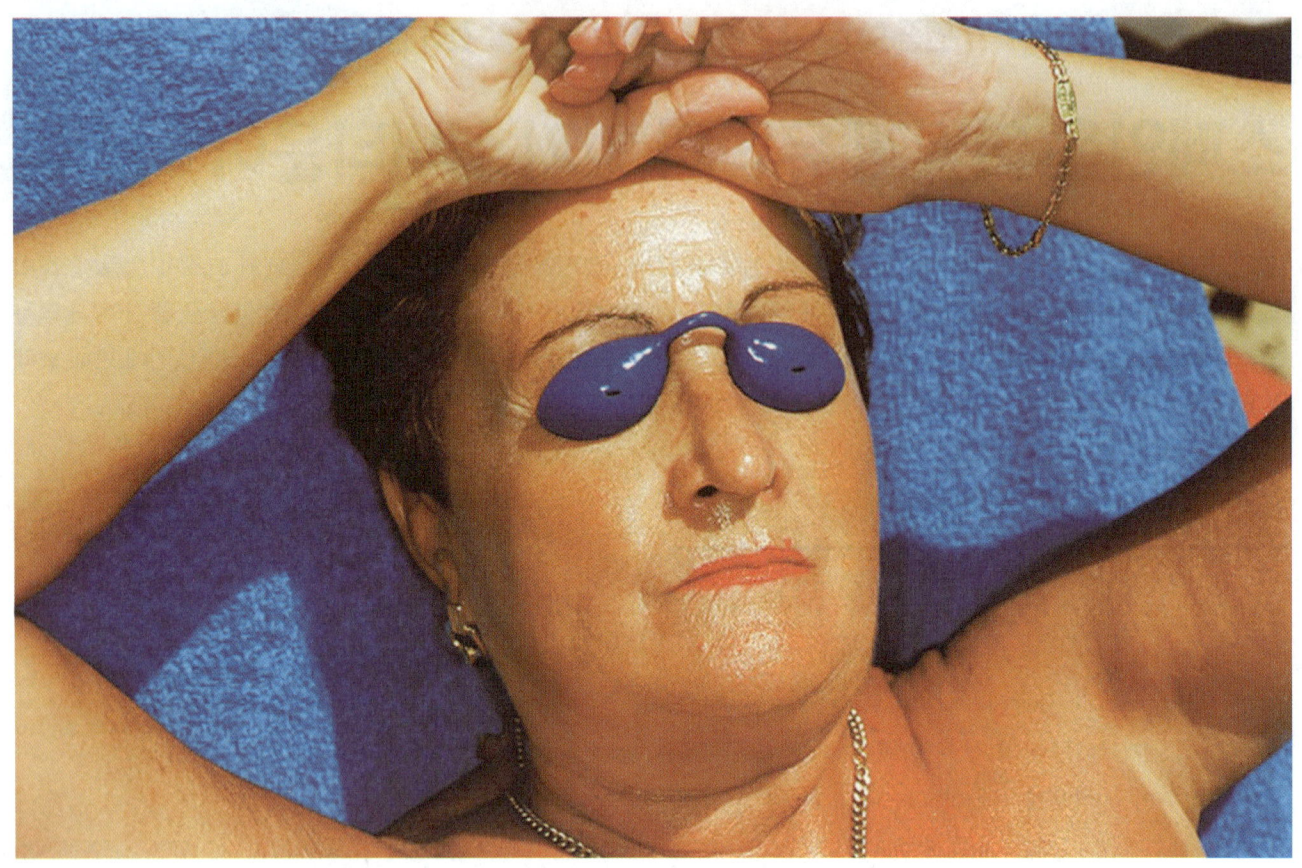

<베니돔> 시리즈, 1999 - 마리탱 파르

에 대해 대화를 나눴다.

마르세유의 한 병원에서 IT 관리자로 일하다 은퇴한 릴리안은 "편하게 돌아다닐 수 있고 흥미로운 문화 활동에 참여할 수 있는 평온한 국제도시"에 혼자 정착하고 싶었다고 설명했다. 알리칸테 도심에 위치한 박물관들은 로마, 페니키아, 무어 문명을 거친 지중해 연안의 역사를 보여준다. 산타크루스 지구는 특유의 흰색 건물들의 사진을 찍는 관광객들로 붐빈다. 라 람블라가(街)의 관광객들은 타파스(스페인 요리에서 간식의 일종—역주)를 즐긴다. 휴양지를 연상시키는 모습이다.

릴리안은 "오랫동안 해외 이주를 꿈꿨지만 일과 아이들 때문에 엄두를 내지 못했다"라고 털어놨다. 알리칸테는 릴리안의 친지들도 쉽게 방문할 수 있는 곳이다. 파리에서 2시간 거리인 알리칸테 공항에는 항상 비행기가 뜨고 내린다. 이 국제공항의 운항 편수는 매년 증가하는 추세다.

릴리안은 "일자리 부족으로 프랑스의 빈곤, 치안, 생활 수준이 날이 갈수록 악화되는 것을 지켜봤다. 이러한 상황은 삶을 옥죈다"라고 덧붙였다. 피에르가 알리칸테를 선택한 이유 역시 치안이 큰 몫을 했다.

피에르는 "밤늦은 시간에도 아무 걱정 없이 혼자 걸어서 집에 갈 수 있다. 파리에 살 때는 지하철에서 강도를 당한 적도 있다. 나는 더 이상 파리로 돌아가지 않는다"라고 설명하며 "점점 더 악화되는" 프랑스의 상황을 한탄했다. "아이들이 마약을 놓고 난투극을 벌이는 모습에 충격을 받았다. 물론 알리칸테도 모든 것이 완벽하지는 않다. 하지만 프랑스와는 분위기가 다르다."

"스페인은 진정한 다인종 국가. 다양한 사람들이 서로 존중하며 살아"

릴리안과 피에르를 비롯한 일부의 왜곡된 시각일

까? 다른 은퇴자들 역시 "지금보다 살기 좋았던 예전" 프랑스에 대한 향수를 털어놓았다. "얼마 되지 않는" 연금을 수령하며 알리칸테의 서민 거주 지구에 살고 있는 81세의 에메 브룅은 "스페인은 진정한 다인종 국가다. 외국인들은 문제를 일으키지 않고 스페인 사회에 동화된다. 다양한 사람들이 서로 존중하며 함께 살아간다"라고 평가했다.

본토로 귀환한 알제리 출신 프랑스인 2세인 브룅은 알리칸테에서 피에 누아르(pieds-noirs, 프랑스 식민지 시절 알제리에 정착해 살았던 유럽계 백인—역주) 후손들과 재회했다. 1962년 본토로 귀환한 약 3만 5,000명의 알제리 출신 프랑스인이 알리칸테 지역에 정착했다. 알리칸테에서는 피에 누아르 단체들이 여전히 활동 중이다.

기업을 운영하다 은퇴한 브룅은 프랑스로 '돌아갈' 생각이 없다. 10년 정도 지나면 의료상의 문제로 프랑스로 돌아가는 프랑스인의 수도 적지 않다. 하지만 브룅은 스페인의 의료 체계를 신뢰한다. "이곳의 의료 체계는 평판이 좋다. 병원에 며칠 입원한 적이 있는데 치료비를 문제없이 환급받았다."(3)

주민 고령화에 비해
부족한 스페인 의사들

스페인의 의료 역량은 지역별로 차이가 크다. 하지만 2022년 스페인 보건부 발표에 따르면 2027년 전국적으로 9,000명의 의사가 부족해질 전망이다. 저임금에 시달리는 의료 인력이 해외로 빠져나가고 있기 때문이다.(4) 발렌시아주 역시 주민 고령화로 "매우 큰 난관"에 직면했음을 인정한다.

세계보건기구(WHO)는 공립 양로원 수용 능력을 65세 이상 인구 100명당 5명으로 권고한다. 이에 비교하면 발렌시아주의 수용 능력은 2만 3,000명 부족한 상태로 스페인 전 지역 중 최하위권에 속한다. 발렌시아주 당국 역시 이 사실을 인정한다.

스페인 전체 65세 이상 인구는 950만 명으로 2050년에는 1,600만 명으로 증가할 전망이다. 이들이 수령하는 연금은 편차가 매우 크지만 프랑스와 비교해 평균적으로 낮은 수준이다. 스페인 중부에 거주하는 은퇴 교수 마르틴 루이스는 "어려움이 있지만 경제적인 이유로 가족을 떠나 해외 이주를 꿈꾸는 스페인 노인은 거의 없다"라고 설명했다.

스페인은 프랑스인들이
선호하는 나라 3위

반면 해외에서의 노후를 꿈꾸는 프랑스인의 수는 점점 늘고 있다. 현재 프랑스 기본연금 수령자 1,530만 명 중 1,100만 명이 해외에 거주하고 있다. 이는 30년 전보다 5배 이상 증가한 수치다. 고령 인구 증가 역시 이러한 추세의 요인 중 하나다.

2003년 대비 64세 이상 인구는 46% 이상 증가한 반면 프랑스 전체 인구(6,800만 명)는 훨씬 더 완만한 속도로 증가했다.(5) 해외로 이주하는 은퇴자 수는 계속 빠르게 증가하다 2013년 이후 다소 감소하고 있는 추세다. 하지만 스페인 이주 은퇴자 수는 계속 증가하고 있다. 스페인은 포르투갈, 알제리에 이어 은퇴한 프랑스인이 3번째로 선호하는 나라다.

남유럽 국가에게 외국인 은퇴자 유치는 고수익을 보장하는 사업이다. 지난 10년간 남유럽 국가의 경제는 잦은 긴축 정책에 시달렸다. 따라서 이들 국가는 자국민보다 높은 구매력을 보유하고 따뜻한 태양을 꿈꾸는

(3) 유럽연합 회원국에 거주하는 프랑스인은 프랑스 사회보장제도 대신 현지 사회보장제도의 적용을 받는다.

(4) Elisa Silió, 「La fuga de miles de médicos agrava el déficit de especialistas en España」, <El País>, Madrid, 2022년 10월 17일.

(5) 프랑스 노령보험공단(Cnav), 「Recueil statistique du régime général – Édition 2023 일반연금 통계 모음집-2023년판」, 2023년 12월, www.statistiques-recherche.lassurance retraite.fr

외국인 은퇴자의 이주 열풍에 편승해 서로 이들을 유치하기 위해 애쓰고 있다. 2022년, 그리스는 은퇴한 부부의 얼굴과 "다시 '20'으로 돌아가고 싶나요?"라는 슬로건을 내건 홍보 캠페인을 펼쳤다.

그리스의 겨울 평균 기온 20°C를 20대 청춘에 빗댄 전략이다. 포르투갈은 매력적인 세제를 내세웠다. 유럽연합(EU) 규정에 따르면 솅겐(Schengen)조약 가입국에 6개월 이상 거주 시 의무적으로 세금을 내야 한다. 하지만 포르투갈은 외국인 거주자에게 10년간 세금 면제를 보장했다. 덕분에 포르투갈은 많은 고령자와 재택근무자를 유치할 수 있었다. 하지만 부유층 유입 증가로 포르투갈은 2014년 외국인에 대한 세제 혜택을 폐지했다.

스페인의 국세는 프랑스보다 높기 때문에 스페인 거주지에서 불법으로 6개월 이상 거주하는 프랑스 연금 수령자들도 있다. 스페인과 프랑스를 오가며 거주하는 경우는 매우 흔하다. 프랑스어 사용자 대상 부동산 중개업체 '스페인 부동산 매입(J'achète en Espagne)' 창립자 토마 루에는 "여력이 되는 사람들은 스페인과 프랑스에 모두 거주지를 두고 오가면서 세금은 프랑스에 낸다"라고 설명했다.

하지만 이와 같은 탈세자의 정확한 수는 알 수 없다. 신규 이민자 정착을 돕는 웹사이트 중 하나인 '국경 없는 은퇴자(Retraite sans frontières)'를 개설한 폴 델라우트르는 "이민의 주원인은 기후가 아니라 구매력이다. 프랑스 은퇴자들은 연금 수령액은 적은데 세금은 계속 인상된다는 사실을 깨달았다. 이들은 은퇴 후 적절한 수준의 삶을 영위하기 위한 방법으로 이민을 선택한다"라고 분석했다. 은퇴 후 해외에서 보내는 노후는 오랫동안 부유층의 전유물로 여겨졌지만 이제 보다 적은 예산으로도 실현 가능한 노후대책이 됐다.

자녀가 없는 67세 독신 브리지트 루지에는 스페인에서 노년을 보내게 될 줄은 상상도 못했다. 보르도 소재 럼주 공장에서 일했던 그녀는 은퇴 후 1,500유로의 연금을 받고 있다. 33년간 공장에서 일한 탓에 팔과 손이 불편한 루지에는 "오른쪽 팔은 완전히 망가졌다"라고 탄식했다.

"프랑스와는 이제 끝이다! 돌아가지 않을 계획"

프랑스 서부 샤랑트 출신 루지에는 건강상의 이유로 은퇴한 후 이동식 주택을 구매했다가 5년 전 "무작정" 코스타 블랑카로 왔다. "한 프랑스인 부부를 알고 있는 친구들이 이곳으로 오라고 조언했다. 당시 건강도 좋지 않았고 막 반려견을 떠나보낸 후라 떠나기가 조금 겁이 났다. 이곳에 아는 사람도 전혀 없었다."

하지만 루지에는 후회하지 않는다. "프랑스와는 이제 끝이다! 돌아가지 않을 계획이다. 이곳 생활에 만족한다. 보르도에 살 때는 항상 옷차림, 헤어스타일, 외모로 평가받아서 불편했다. 스페인 사람들은 친절하고 겉모습에 아무도 신경 쓰지 않는다."

루지에는 "여유로운 생활"을 중시한다. "일주일에 한 번은 외식을 한다. 매일 아쿠아로빅 수업도 듣는다." "겨울에도 난방을 할 필요가 없기 때문에" 에너지 비용이 줄어들었다. 그녀는 전기 자전거를 타고 내륙 마을의 시장에서 장을 본다.

"멜론 3개가 1유로다. 2유로면 체리 1kg을 살 수 있다!"

이 채소나 과일들은 인근 마을이나 '유럽의 채소밭'으로 불리는 집약농업 지역 무르시아주에서 재배된 것이다. 무르시아의 황야는 타호강에서 농업용수를 끌어오는 온실 재배가 성행하는 농업지역으로 발전했다. 루지에는 "6유로면 일주일 치 채소를 살 수 있다"라고 설명했다.

고국에서의 식습관을 유지하길 원하는 외국인은 외국계 식품 체인점에서 다양한 제품을 구매할 수 있다. 알리칸테에는 독일계 체인 알디(Aldi), 리들(Lidl), 영국계 체인 오버시즈(Overseas), 프랑스계 체인 오샹(Auchan), 까르푸(Carrefour)등 다양한 외국계 식품 체인이 영업 중이다.

찬란한 햇빛이 쏟아지는 이 해안마을을 선호하는 것은 프랑스 은퇴자들만이 아니기 때문이다. 루지에는 매일 다른 "기리스(guiris, 타 유럽 주민을 뜻하는 스페인어 속어)"를 마주친다. 인구 520만 명의 발렌시아주에 거주하는 외국인 수는 25년 전보다 8배 이상 증가한 80여만 명에 달한다.(6) 특히 EU 출신 중 가장 수가 많은 영국인은 발렌시아주 뿐만 아니라 스페인 전역에 대규모로 거주하고 있다. 영국, 네덜란드, 벨기에인은 수십 년 전 태양을 쫓아 스페인으로 온 최초의 유럽 은퇴자들이다.

해안 도로를 따라 치과, 개인병원 (영어) 광고판이 즐비하게 늘어서 있다. 고령자를 위한 주거지 '시니어 리빙(Senior Living)' 주민도 여럿 눈에 띈다. 노르웨이인이 많이 거주하는 마을 알파스 델 피에는 창밖으로 바다와 시에라 엘라다(얼음 산맥)의 짙은 녹음이 내려다보이는 아파트 단지 '더 컴(The Comm)'이 있다.

주로 북유럽 출신인 300여 명의 주민들은 이 65세 이상 전용 아파트에서 수영장, 정성스럽게 손질된 정원, 체육관, 고급 레스토랑을 즐기며 살고 있다. 이곳의 최소 임대 기간은 20년이며 초기 매입 가격은 12만 5,000유로였다. 발코니 아래에서는 굴삭기가 사이프러스 나무 사이로 땅을 파 엎고 있다. 분양이 완료된 '더 컴'은 지금도 계속 지어지고 있으며 입주민 수는 곧 492세대에 달할 예정이다.

'더 컴'과 같은 호화 주거단지뿐만 아니라 저렴한 가격의 매력적인 부동산 시장 역시 프랑스 은퇴자의 스페인 이주를 부추기는 요소다. 루지에는 바닷가 소나무 공원 근처 "정원이 딸린"(그녀는 이 점을 특히 강조했다) 집에 3년째 살고 있다. '라 마리나(La Marina)'라는 이름의 주택 단지에 위치한 이 집의 임대료는 월 450유로다.

길을 따라 늘어선 흰색 주택들에는 대부분 수영장이 딸려있다. 이곳에서 프랑스 친구들을 사귄 루지에는 "프랑스인 입주민 수는 점점 늘고 있다. 우리는 함께 점심을 먹고 페탕크(쇠로 된 공을 교대로 굴리면서 표적을 맞히는 프랑스 남부지방의 놀이—역주) 게임을 하며 세월이 가는 줄 모르게 지내고 있다"라며 만족감을 표했다.

루지에와 친구들은 프랑스 정치 이야기는 피한다. "정치 이야기는 짜증난다. 그저 내 삶을 즐기고 싶다." 카스티야어를 배우기

(6) Rafel Montaner, 「Los residentes extranjeros se han multiplicado por ocho en un cuarto de siglo」, <Levante El Mercatil Valenciano>, 2024년 3월 3일.

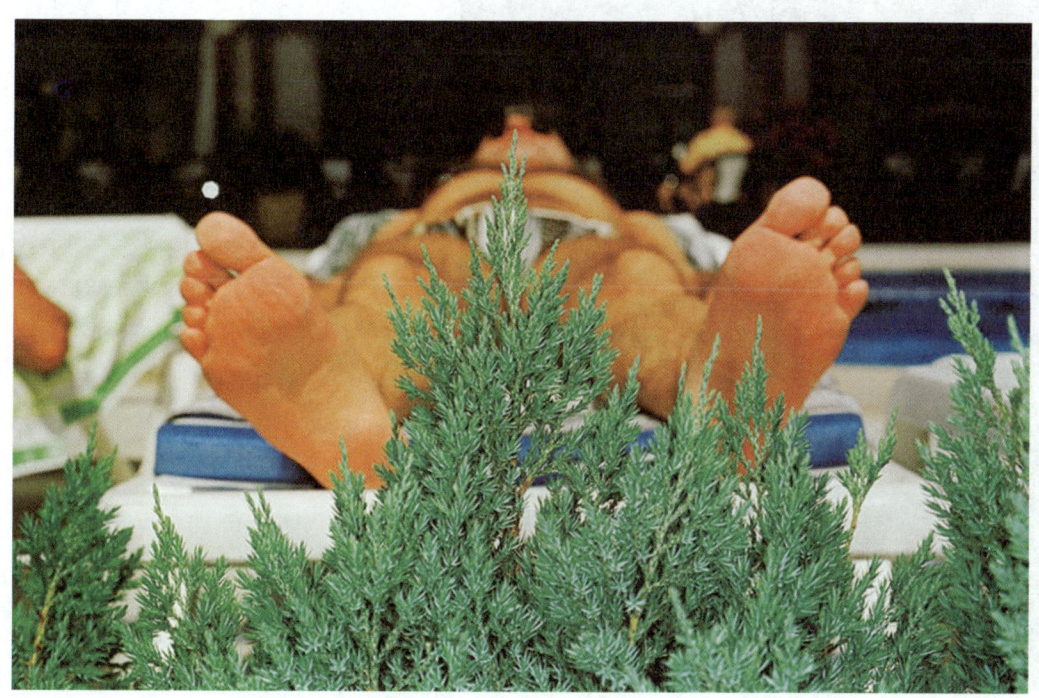

파벨리나 -1999, <휴가들>

시작한 루지에는 "노력은 하고 있지만 정말 어렵다. 내 나이가 되면 기억력이 예전 같지 않다. 어느 정도 알아듣기는 하지만 스페인 사람들이 속사포처럼 빨리 말하면 전혀 못 알아듣는다"라고 웃으며 말했다.

'라 마리나'의 거리는 유명 예술가나 유럽 수도의 이름이 붙여져 있어 기억하기가 쉽다. 연중 7,000명이 이 단지에 거주하며 이중 상당수가 외국인이다. 구도심과 야자수가 심어진 광장에 주민 3,000명이 거주하는 산 풀겐시오에 속한 '라 마리나'는 이 마을보다 더 큰 규모를 자랑한다.

은퇴후 파리 교외 대신, 발렌시아로 이주를 선택

66세 도미니크 콩보와 그의 아내인 63세 크리스틴 파스키에는 모두 전직 공무원으로 은퇴 후 파리 교외 대신 '라 마리나'를 선택했다. 두 사람은 3년 전 7만 5,000유로에 집을 구매했다. 라 마리나 인근 한 부동산 중개인에 따르면 알리칸테의 부동산 가격은 프랑스 툴과 비슷한 수준으로 1㎡당 2,000유로가 조금 넘는다. 코스타 블랑카 일부 마을의 부동산 가격은 하락하고 있다.

콩보는 "스마트폰 번역 앱을 사용하면 레스토랑에서 의사소통이 가능하다"라고 만족스러워했다. 기술 덕분에 그는 프랑스와도 계속 연락을 유지하고 있다. 무료 메신저 애플리케이션과 소셜네트워크를 통해 가족 및 친구들과 연락을 주고받으며 "프랑스 TV도 시청"할 수 있다.

스페인에서는 코스타 블랑카의 육지와 해안선을 잠식하는 '라 마리나'와 같은 주택 밀집 단지를 신흥 주택지(urbanización)로 부른다. 빠른 속도로 늘고 있는 신흥 주택지는 거의 동일한 형태로 지어진 별장으로 구성된 소규모 교외 주거단지로 학교, 도서관 등의 공공시설이 거의 없는 곳도 있다. 여름철 '라 마리나'는 다양한 곳에서 온 모든 남녀노소 관광객으로 붐빈다.

겨울이 되면 주로 노인들만 남는다. 산 풀겐시오의 관광 담당 시의원 파울리노 에레로는 "앞으로 더 많은 은퇴 외국인을 유치할 수 있길 희망한다"라고 밝혔다. 산 풀겐시오는 거동이 불편한 고령 인구에 적합한 환경을 만들기 위해 많은 노력을 기울였다. 휠체어가 다닐 수 있도록 인도 폭을 넓혔으며 차량 운행 속도를 시속 30km로 제한했다. 편안한 생활 환경도 조성했다.

이 주택단지들은 프랑코 독재

시절(1936~1975)인 1960년대부터 변화하는 농업지역에 휴가객을 유치하기 위해 지어졌으며 스페인이 부동산 열풍에 휩싸였던 1990년대 말 급속도로 증가했다. 2000년에는 지금의 5배에 달하는 55만 건의 건축 허가가 발급되기도 했다.(7) 이 주택단지들은 또한 스페인 '베이비붐' 세대의 주택 마련을 위한 장치이기도 했다.

지역 의회는 부동산 개발업자들과 담합해 과도한 건설공사를 묵인했다. 2003~2011년 발렌시아 주지사 프란시스코 캄스에 따르면 "(주도)발렌시아를 세계에 알리려는" 현지 우파 정치 엘리트들도 이를 장려했다. 공사비 일부를 공공 자금으로 조달한 대형 건설공사의 사업비는 천정부지로 치솟았다. 완공에 3년이 걸린 카스테욘 데 라 플라나 공항 건설비는 1억 5,000만 유로에 달했다.

주택 매입하는 외국인들 늘어난 반면, 스페인 주민들은 살 곳 찾기 힘들어져

3억 유로가 투입된 알리칸테의 영화 촬영 단지 시우다드 데 라 루스(Ciudad de la Luz), 시우다드 델 시네(Ciudad del Cine)는 불법 지원금 수령으로 2012년 EU로부터 폐쇄 명령을 받았으며 이후 부분적으로 재개장했다. 이처럼 상식을 벗어난 지역 경영은 2008년 부동산 거품이 꺼지면서 치명적인 타격을 입었다. 빚더미에 앉은 이 지역은 2012년 긴축 정책을 시행했고 그 피해는 주민들에게 돌아갔다.

발렌시아주 도로 모퉁이에 폐허로 남아 있는 주택 단지들은 이 위기 사태의 잔재로 부동산 붐이 끝난 후 부동산 개발업자들의 몰락을 상기시켜준다. 2018년, 한동안 발길을 끊었던 외국인 매수자들이 다시 돌아오면서 부동산 시장은 활기를 되찾았다. 2023년 스페인에서 체결된 주택 매매 계약의 19.3%는 헐값에 주택을 구입한 외국인 매수자가 차지했다. 이는 거의 역대 최고 비중으로 2007년 7.1% 대비 큰 폭으로 증가한 수치다.(8)

부동산 시장은 활기를 되찾았지만 대가가 뒤따랐다. 부동산 중개인 토마 루에는 "부동산 가격이 상승하고 있다. 젊은 학생과 스페인 주민이 살 곳을 구하기가 점점 어려워졌다. 특히 알리칸테의 부동산 평균 매입 가격은 2022~2023년 7% 상승했다. 2000년대 열풍에 비할 바는 아니지만 계속 주택을 짓고 있다. 구매자의 평균 연령은 50~55세이며 평균 거주 기간은 7년으로 길지 않다. 개인적인 이유로 이사를 하거나 거주 중 사망하는 경우도 있다"라고 설명했다.

마요 데후앙비가레이 알리칸테 대학교 마케팅학 교수는 외국인 투자가 증가하고 북아메리카 출신이 새롭게 유입되면서 다른 문제점도 생겨날 것으로 예측했다. "신흥 주택지 대부분은 애초에 중상류층 외국인을 위해 지어졌다. 서구인을 위한 요새로 설계된 이 주택 단지의 주민들은 선거 및 지역 활동 참여도가 낮다. 상시 거주자 부족은 지역 공동체 및 네트워크 발전을 방해할 수도 있다."

베니돔은 외국인을 위해 설계된 도시의 첫 번째 사례다. 38km^2 면적의 이 도시는 런던, 밀라노 다음으로 고층건물 밀집도가 높다. 베니돔의 화려한 건축물의 정점은 외관이 황금빛 창문으로 둘러싸인 에디시오 인템포 빌딩이다. 높이 192m의 이 아치형 고층 빌딩은 미래 지향적 스타일과 저속한 휴양지 스타일이라는 평가가 동시에 존재한다. 작은 어촌 마을이었던 베니돔은 1950~1967년 시장을 지낸 페드로 사라고사 오르츠가 추진한 외국인 유치 사업으로 25년 만에 대량 관광

(7) Ángel Gavilan, 「El mercado de la vivienda en España : evolución reciente, riesgos y problemas de accesibilidad」, 스페인은행, 2024년 4월 23일, www.bde.es

(8) Ibid.(같은 책에서)

도시로 탈바꿈했다.

오르츠 시장은 유럽 전역을 돌며 외국인 노동자 계층을 상대로 항공편, 호텔, 식사가 포함된 '올 인클루시브(all inclusive)' 관광 상품을 홍보했다. 2023년 알리칸테 지방의회 의장으로 선출된 인민당(PP) 소속 안토니오 페레스 베니드롬 시장은 프랑코 정권이 한창일 당시 가장 보수적인 가톨릭 신자들의 해변을 비키니 관광객으로 채운 오르츠 시장에 감탄했다.

여전히 관광객 유치에 열을 올리는 베니돔은 계속 건물을 짓고 있다. '수직 생태계'를 주장하는 시 당국은 "고층건물은 단독 주택보다 오염을 적게 유발한다. 예를 들어 400명의 입주민이 하나의 수영장을 공유한다"라고 설명하며 고층건물을 옹호했다. 8월이 되면 비치 타월이 모래사장을 뒤덮고 40만 명이 도시를 공유한다. 현지 주민들은 주체하지 못할 정도로 취한 관광객을 곳곳에서 마주친다. 대부분은 외국인 관광객으로 현지인들은 이들의 행태를 "음주 관광(turismo de borrachera)"으로 비난한다.

겨울이 되면 주민 수는 7만 2,000명으로 줄어든다. 이 중 수만 명은 단기 체류 노인들이다. 마이클 잭슨 음악이 흘러나오는 술집 앞 부두의 보행자들은 은퇴자들이 모는 사륜 전동 스쿠터를 피해 다닌다. 도시 곳곳에 스쿠터 대여소가 있다. 페레스 시장은 "시의 모든 공공건물에 자동문을 설치하고, 도로에는 음향 및 전동 신호등을 설치하고, 3개 국어로 된 오디오 가이드를 제작해 배포할 예정이다"라고 밝혔다.

태양을 쫓아온 은퇴자들, 무더위를 피해야 하는 아이러니

"이동성 향상 투자"로 베니드롬에 많이 거주하는 영국 은퇴자의 삶은 더욱 편리해질 것이다. 영국에서는 베

<베니돔> 시리즈, 1999 - 마리탱 파르

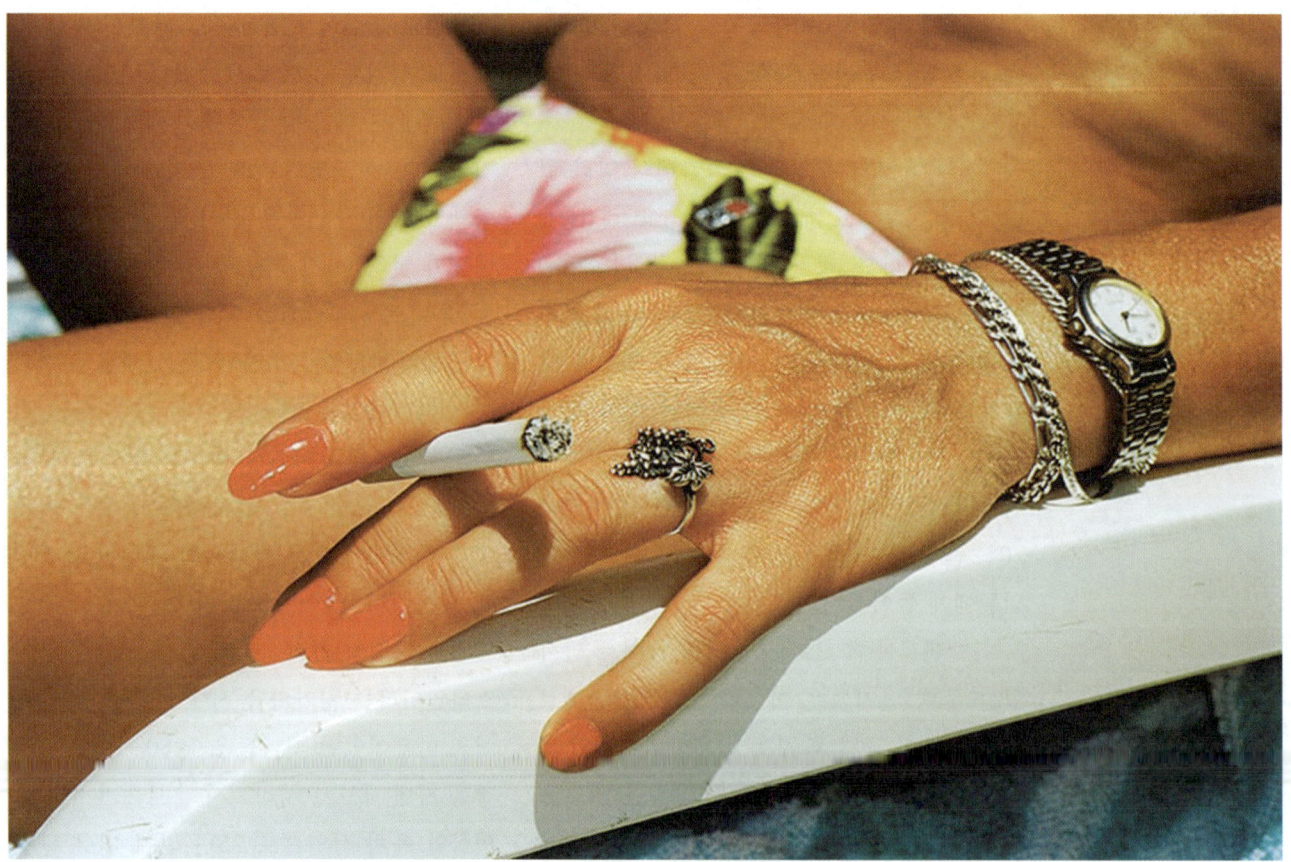

니드롬의 이름을 딴 시트콤이 나올 정도로 이곳 해안 리조트의 인기가 높다. 곧 은퇴를 앞둔 영국 여행사 직원 제프 가틀랜드는 "많은 영국인이 은퇴 전에는 휴가를, 은퇴 후에 노년을 이곳에서 보낸다"라고 설명했다.

아일랜드 수호성인을 기념하는 성 패트릭의 날을 앞두고 녹색 깃발로 장식된 '타파스 앨리(Tapas Alley)'에서 만난 그는 왁자지껄한 거리에서 소리치듯 말했다. 이 거리의 스페인 이름은 '칼레 데 로스 바스코스'이다. 가틀랜드는 "대로와 거리 이름을 영어로 바꿔 훨씬 찾기 쉽다!

게다가 이곳에서는 모두가 영어를 한다"라고 설명하며 2020년 영국 브렉시트 이후 "영국 계절 노동자들"의 방문에 제약이 생긴 것을 아쉬워했다. 예전만큼 꾸준하진 않지만 그래도 은퇴한 영국인들은 계속 베니드롬을 찾고 있다. 가틀랜드는 "스페인 법이 바뀌어 3개월 이상 연속 체류가 가능했으면 좋겠다. 관광객이 지역 경제에 기여하는 바는 크다"라고 덧붙였다.

발렌시아주 당국은 지역 경제의 원동력인 연중 관광 활성화를 반기고 있다. 발렌시아주 정부 산업관광 장관인 인민당 소속 누리아 몬테스는 "관광은 외국인 투자를 유치하고 건설 및 서비스 분야 일자리를 창출해 지역 경제 발전에 기여한다. 외국인 주민이 창출하는 문화적 다양성은 우리 지역 사회를 풍요롭게 한다"라고 자부했다.

심각한 환경오염을 일으키는 관광 산업을 비판하는 이들도 있다. 스페인은 심각한 물 부족을 겪고 있다. 카탈루냐를 비롯한 일부 지역에서는 지난 3년간 비가 거의 또는 전혀 내리지 않았다. 스페인 그린피스의 훌리오 바레아는 "발렌시아주의 물 부족은 심각한 단계는 아니지만 관광객 유입으로 물 소비가 계속 증가하는 반면 수자원은 점점 고갈되고 있다"라고 경고하며 "지역 주민 대부분이 관광업에 종사하고 있기 때문에 물 부족에 항의하는 주민은 거의 없다"라고 유감을 표했다.

외국인을 상대로 환경문제에 대한 경각심을 높이는 것은 어려운 과제다. 바레아는 "요즘 주민들은 환경문제에 어떤 생각을 갖고 있는지 파악하기 힘들다. 국적에 따라 환경문제에 대한 인식 수준이 다르다"라고 설명하며

지역 당국의 역할이 크지만 이들의 결정은 모범을 보이는 것과는 거리가 멀다고 덧붙였다.

"계속 건물을 짓고 있다. 이미 위험 수준을 넘어섰다. 고급 아파트를 짓느라 땅과 산은 황폐해졌다. 절벽이나 자연보호지역에 지어진 아파트도 있다." 부동산 중개인 루에 역시 이에 동의했다.

"부동산을 구매하는 외국인은 환경 문제에 크게 신경 쓰지 않는다."

대규모 주택 건설은 온난화도 악화시킨다. 2018년 그린피스는 30년 사이 스페인 해안지역 도시화가 두 배 이상 진척됐다고 지적했다. 올여름에도 스페인은 견디기 힘들 정도로 뜨거운 폭염에 시달리고 있다. 삶의 활기를 되찾기 위해 태양을 쫓아온 은퇴자들은 그토록 꿈꿨던 태양을 피해 숨어야 할 신세가 됐다. **ID**

글·엘리사 페리게르 Élisa Perrigueur
<르몽드 디플로마티크> 특파원, 기자

번역·김은희
번역위원

중대한 타격을 받은 헤즈볼라

폭풍의 중심에 선 레바논

비밀 정보기관이 휴대용 통신 장비를 동시 다발로 폭발하도록 한다면 그야말로 첩보 영화의 시나리오에서나 나올 법한 이야기다. 그러나 레바논에서 현실이 허구를 뛰어넘었다. 이스라엘에 의해 기획된 것으로 보이는 이 공격으로 헤즈볼라의 많은 대원들이 다치거나 목숨을 잃었다. 이 사건은 레바논과 강력한 인접국 이스라엘 간에 새로운 전쟁으로 번질 위험을 안고 있다.

아크람 벨카이드 ▮ 언론인

1년 전, 2023년 10월 7일, 가자지구에서 하마스와 그 동맹들이 이스라엘에 대해 벌인 유혈 공격으로 인해 중동은 대규모 폭력의 악순환에 빠졌다. 이후 텔아비브의 보복과 복수가 이어지면서 갈등은 심화되었고, 12월 며칠간의 휴전에도 불구하고 전혀 완화되지 않았다.

이 갈등은 시리아, 이란, 특히 레바논이 연관된 지역 전쟁으로 이어질 가능성을 열어두고 있다. 팔레스타인 가자지구에서 전투가 계속되며 사망자 수가 4만 명을 넘어서는 가운데, 베냐민 네타냐후 총리와 이스라엘 정부, 그리고 군 고위층은 북쪽에서 헤즈볼라를 무너뜨리기 위한 중요한 전선을 열기로 결심한 듯하다.

갈릴리(1)에서의 로켓 공격에 대한 대응으로 몇 달간 공격받아 온 헤즈볼라는 며칠 사이에 두 차례에 걸쳐 타격을 입었다. 먼저 9월 17일과 18일에, 베이루트와 그 남쪽 외곽 여러 곳에서 휴대용 통신 장비(호출기, 무전기)가 거의 동시 다발로 폭발하였다. 이 새로운 형태의 공격은 이스라엘 비밀 정보기관

의 소행으로 여겨지며 약 40명의 목숨을 앗아가고 3,000명의 부상자를 낳았다. 희생자 중 다수는 헤즈볼라 대원들이지만, 어린이와 병원 직원 등 민간인들도 포함되어 있다.(2)

뿐만 아니라, 이스라엘 공군의 폭격으로 레바논 조직의 여러 지도자들이 목숨을 잃었으며, 그중에는 헤즈볼라의 대(對)이스라엘 무장 투쟁의 상징적 인물인 작전 사령관 이브라힘 아킬도 포함되어 있었다. 이와 관련, 헤즈볼라의 사무총장이자 종교 지도자인 하산 나스랄라는 "텔아비브가 모든 레드라인을 넘었다"고 비난하며, 이스라엘에 "끔찍한 응징"을 약속했으나 그마저도 9월 27일 이스라엘 공군의 베이루트 공습 때 사망했다.(3)

'제2의 33일 전쟁'이 될 것인가?

그렇다면 2006년의 '33일 전쟁'에 비견될 새로운 전쟁이 일어날 것인가?(4) 이 질문에 대해 이 글이 작성된 시점에서는 두 가지 상반된 답변이 가능했다. 첫 번째는 헤즈볼라가 이스라엘에 대한 괴롭힘 전략을 넘어

(1) 에마뉘엘 아다드, 「레바논에서, 헤즈볼라의 힘과 신중함」, <르몽드 디플로마티크>, 프랑스어판 2024년 8월, 한국어판 2024년 9월.

(2) 「레바논 공격: 호출기와 무전기 폭발 피해자는 누구인가?」, <프랑스 24>, 2024년 9월 20일.

(3) 피에르 바르반세이, 바딤 카멘카, 「레바논: 하산 나스랄라 "응징이 올 것"」, <뤼마니테>, 2024년 9월 19일.

(4) 타니아-파라 사이브, 「33일 전쟁」, 「레바논. 1920-2020, 격동의 한 세기」, <미니에르 드 부아르> 프랑스어판, n° 1/4, 2020년 12월~2021년 1월.

서지 않으려는 강한 의지에 기반한 현상 유지이다. 매일 이루어지는 군사 목표에 대한 공격 또한 가자에서의 휴전이 마침내 이루어지도록 이스라엘에 압박을 가하는 목적일 뿐이다.

레바논은 지속적인 위협을 통해 이스라엘이 북쪽에 병력을 배치하게 만들어 하마스가 겪고 있는 압박을 다소 완화시키고 있다. 더 중요한 것은 수천 명의 이스라엘 민간인들이 집을 떠나도록 함으로써 네타냐후 총리가 집으로 돌아가기를 요구하는 이스라엘 이주민들의 분노에 대처해야 하는 정치적 문제를 만들어내고 있다는 점이다.

헤즈볼라의 나스랄라는 이에 앞서 "그들이 북부 (이스라엘) 주민들을 집으로 (쉽게) 데려가게 할 순 없다. 레바논과 이스라엘의 전선은 가자 공격이 끝날 때까지 열려 있을 것이다"라고 경고했었다.

두 번째 가능성은 많은 아랍권 해설자들이 불가피하다고 보는 것으로, 즉 갈등이 고조되어 이스라엘군이 레바논을 새롭게 침공하게 되는 것이다. 이는 1978년 이후 네 번째 침공이 될 것이다. 그렇게 되면 시간이 지날수록 헤즈볼라의 자제가 그만큼 힘들어질 것이고, 특히 이스라엘이 크든 작든 새로운 타격을 가한다면 그 가능성은 더욱 커질 것이다. 통신 장비 사건으로 인해 헤즈볼라 조직의 엄격성과 부패 제로의 명성이 크게 훼손되었다.

암묵적 동의 아래 통제된 전쟁

왜 호출기들이 배포되기 전에 점검되지 않았는가? 2024년 2월, 짧은 TV 연설에서 나스랄라는 이스라엘 정보기관이 스파이웨어를 통해 휴내전화를 해킹할 수 있으므로 휴대전화 사용에 주의할 것을 거듭 권고한 바 있다.

헤즈볼라가 행동 지침으로 채택한 '저기술' 전술, 즉 구식 또는 덜 발전된 기술 사용은 공급망을 보호하지 못하면서 무용지물이 되었다. 이러한 공격 이후 며칠 동안 베이루트와 소셜 미디어에는 이 타격의 직접적인 책임자들에 대한 확인되지 않은 정보들이 떠돌았다.

한 유럽 유령 회사로부터 뇌물을 수수한 레바논 조직원들이 구입한 물품의 품질을 철저히 확인하지 않았다

<리코셰 4>, 2019 - 제나 아시

는 것이다. 그들은 이 치명적인 실수로 인해 처형되어 목숨을 잃었을 것이라는 이야기가 있다.

어쨌든 헤즈볼라가 이스라엘을 상대로 '확실한' 보복을 취하는 것만이 이 사건으로 잃어버린 명성을 회복할 수 있을 것이다. 그러나 이는 텔아비브에게 대대적인 공격 명분을 제공할 수도 있다. 지난 몇 달 동안 이스라엘 지도자들은 가자에 병력과 장비를 집중시키며 시간을 끌었다. 따라서 일종의 전술적 균형이 형성되었다.

헤즈볼라의 일상적인 공격에 대해서만 남부 레바논에 대한 폭격이 이루어졌으며, 베이루트에서도 무차별이 아닌 보다 정밀한 폭격이 있었을 뿐이다. 이는 양측이 더 이상 확전하지 않는다는 암묵적인 동의하에 통제된 채로 이어지는 잠재적 전쟁으로 볼 수 있다.

네타냐후, 국제사법재판소의 제노사이드 결정을 무시

하지만 상황이 변했다. 네타냐후 총리는 어떤 일을 하든 서방 국가들의 암묵적인 묵인에 의존할 수 있게 되었다. 워싱턴, 파리, 런던에서도 가자지구에서 이스라엘이 벌이고 있는 전쟁 방식에 대해 큰 반발은 없었으며, 국제사법재판소(ICJ)가 이미 1월에 제노사이드 위험을 언급했음에도 불구하고 그다지 문제 삼지 않는 분위기다.(5)

이는 네타냐후 총리에게 팔레스타인 가자지구에서와 마찬가지로 남부 레바논에도 유사한 계획을 적용할 수 있다는 가능성을 열어주었다. 이는 비무장 지대를 만들어 이스라엘 군대가 국경 인근 주민들의 안전 보장을 명분으로 자유롭게 개입할 수 있는 형태로 이어질 것이다.

이 외에도, 네타냐후는 자신에 대한 사법적 절차를 무기한 지연시키는 것은 물론, 그가 민족주의적 종교 동맹들에게 모든 적들로부터 이스라엘을 지키는 위대한 전쟁을 벌이고 있다고 확신을 준다고 믿는 만큼, 이런 방식을 채택하는 데 더욱 적극적이다.

마지막으로, 네타냐후 총리는 더 큰 목표를 노리고 있다. 헤즈볼라를 공격함으로써 이란, 그리고 부수적으로 그 동맹인 시리아를 갈등에 끌어들이는 것이다. 이스라엘 총리의 첫 번째 집착은 테헤란의 핵 프로그램을 무력으로 종식시키는 것이다.(6)

이러한 상황 속에서, 그리고 현대사에서 여러 차례 그랬듯이, 레바논 사람들은 자국의 운명이 자신들의 손을 벗어나 있으며 이스라엘을 지지하는 주요 강대국들의 처분에 달려 있음을 알고 있다.

에마뉘엘 마크롱 프랑스 대통령은 레바논에 대한 프랑스의 연대를 표현하기 위해 행한 연설에서 호출기 폭탄 테러 공격을 비난하지 않았으며, 2022년 10월 미셸 아운 대통령의 임기 종료 이후 새로운 대통령 지명을 막고 있는 정치적 위기를 해결함으로써 최악을 피하라는 당부에 그쳤다.

어느 누가 이 연설이 이스라엘의 전쟁적 의도를 저지할 수 있을 것이라 믿겠는가. 사실 파리와 워싱턴 모두 헤즈볼라가 약화되는 것을, 설령 그 대가가 전반적인 혼란이라 하더라도 긍정적으로 바라보고 있다. 네타냐후 총리도 이를 모를 리 없다. **Ld**

(5) 안세실 로베르, 「국제사법재판소, 가자에서의 제노사이드 가능성 언급」, <르몽드 디플로마티크> 프랑스어판, 2024년 2월, 한국어판 2024년 3월.

(6) 「이스라엘-이란, 다가오는 전쟁」, <르몽드 디플로마티크> 프랑스어판, 2024년 5월, 한국어판 2024년 6월.

글·아크람 벨카이드 Akram Belkaïd
알제리 출신의 저널리스트이자 작가로, 주로 중동 및 북아프리카 지역의 정치적, 사회적 문제를 다룬다.

번역·□□□
번역위원

니카라과 내전의 모델을 추종하나

미국의 덫에 걸려 있는 베네수엘라

지난 10년 동안 베네수엘라는 미국을 중심으로 한 외세의 개입으로 온갖 고난과 불안정 상태를 겪고 있다. 대선을 치뤘으나 대선 논쟁은 끊이지 않고 있다. 외세의 덫에 걸린 '볼리바르 혁명'의 본산(本産)지였던 베네수엘라. 그 미로가 캄캄하다.

크리스토프 벤투라 ▌정치학자

카라카스는 소음으로 가득하다. 올해 9월 2일 저녁, 폭풍우가 그치고 작은 개구리 '코키스'의 울음소리가 도시를 뒤덮는 가운데, 니콜라스 마두로 대통령이 '다섯 세대의 만남' 행사를 시작했다. 2025년 1월 10일에 시작될 그의 세 번째 임기(2025~2031)를 앞두고, 마두로는 수도 중심부에 위치한 미라플로레스 대통령 궁 보야카 홀에서 차비즘의 역사적 지도자, 군인, 민병대, 지식인, 활동가들과의 만남을 가졌다.

차비즘은 1999년부터 2013년 사망할 때까지 베네수엘라의 대통령이었던 우고 차베스의 이름에서 유래한 정치 운동이다. 이 운동은 사회적, 정치적, 군사적 세력의 연합으로, 볼리바르 혁명을 수호하는 것을 목표로 한다. 차비즘의 핵심 세력인 베네수엘라 통합사회주의당(PSUV)은 약 2,800만 명의 인구 중 400만 명의 당원을 자랑하며, 이들은 역사적 블록을 형성하고 있다.

그러나 최근 몇 년 동안 베네수엘라 공산당(PCV) 및 여러 사회단체들 사이에서 차비즘을 이탈한 세력이 등장했다. 이들은 정부가 반대자들, 특히 노조원들과 파업자들에 대해 점점 더 권위적이고 억압적인 방향으로

나아가고 있다고 비판한다.

이들은 또한 미국의 경제 제재[1]에 대응해 도입된 자유주의적 정책, 사실상 강력한 사회적 불평등을 야기한 달러화 정책, 그리고 여러 경제 부문(천연자원, 농업, 광산 개발 등)의 자유화와 관련해 중국 모델을 본떠 만들어진 특별 경제구역(ZES), 경작지의 사유화, 그리고 외국 투자자들을 위한 우대 정책(세금 감면, 이익의 해외 송금 허용 등)을 반대하고 있다.

정상적인 대통령 선거가 아예 불가능했던 베네수엘라

미라플로레스 대통령궁은 볼리바르 혁명 이래 가장 논란이 많았던 선거 결과가 발표된 지 몇 주 만에 여러 정치적 목표를 추구하고 있다. 실제로 국가선거위원회(CNE)는 7월 28일 민주통합플랫폼(PUD) 후보인 에드문도 곤살레스 우루티아[2]를 상대로 현직 대통령이 승리했다고 발표했고, 이 결과는 8월 22일 국가 최고 사법기관인 베네수엘라 대법원(TSJ)에 의해 확정되었다.

하지만 이제는 우파 야당, 국내 및 지역

(1) Maëlle Mariette, 「베네수엘라, 제재로 인한 파괴」, <르몽드 디플로마티크> 프랑스어판, 2022년 4월호.

(2) 국가선거위원회(CNE)가 8월 2일 발표한 내용에 의하면, 51.95% 대 43.18%로 나타났다.

야당, 워싱턴과 그들의 서방 동맹국뿐만 아니라 많은 목소리가 국가선거위원회(CNE)의 투표 관리와 개표 과정의 투명성에 대해 의문을 제기하거나 이를 비판하고 있다. 이들은 일방적인 방식으로 발표된 결과를 인증하고 확인할 수 없다는 점을 지적하고 있다. 사실 CNE는 법적 의무를 준수하지 않은 채 투표소별 세부 선거 자료를 공식적으로 발표하거나 정보 시스템과 결과 전송에 대한 감사를 수행하지 않았다.

오늘날, 결과에 의문을 제기하거나 이를 비난하는 사람들 중에는 베네수엘라 내 좌파 세력, 지역 및 국제 좌파 세력, 그리고 진보 성향의 중남미 정부들도 포함되어 있다. 브라질과 콜롬비아는 마두로 대통령의 승리뿐만 아니라, 베네수엘라 검찰의 체포 영장이 발부된 후 스페인으로 망명한 그의 이전 경쟁자의 범죄혐의도 인정하지 않고 있다.

이들은 카라카스에 선거의 세부 결과를 발표할 것을 촉구하고 있다. 칠레의 가브리엘 보리치 대통령(중도좌파)은 결별을 선언하며 지난 8월 22일 그의 X 계정에서 "선거를 조작하는 독재 정권"이라고 비난했다. 반면 멕시코는 처음에는 보고타와 브라질리아의 입장에 동조했다가, 이후 베네수엘라 대법원(TSJ)의 결정을 수용했다.

마지막으로, 전 세계 수십 개국에서 선거 감시 임무를 수행한 카터 센터와 이번 선거에 참관한 유엔 선거 전문가집단은 이번 선거가 결과의 진실성을 검증하고 이를 인증할 수 있는 최소한의 투명성 기준을 충족하지 않았다고 평가하고 있다.

이 두 기관은 그동안 베네수엘라 선거의 신뢰성을 옹호해 왔다. 그러니 결과를 인증할 수 없는 상황에서 이번 선거는 정당한 비판을 받기에 충분했으며, 베네수엘라를 지난

10년간 고갈시켜온 경제적, 사회적, 정치적, 지정학적 복합 위기에 대한 해결책도 제시하지 못했다.

오히려 그러한 위기는 더 길어질 수 있는 새로운 국면으로 접어들었을 뿐이다. 그러나 여전히 의문이 남아 있다. 현재 베네수엘라의 재정적, 정치적 상황에서 '정상적인' 선거를 치르는 것이 가능했을까?

분명히 불가능했다. 미국은 이 카리브 국가의 상황을 지속적으로 악화시키는 데 핵심적인 책임을 지고 있다. 2002년 4월 차베스 대통령에 대한 쿠데타 이후 미국은 베네수엘라 내부 문제에 끊임없이 개입해왔으며, 모든 형태의 국가적 불안을 부추겨왔다.(3)

그들은 극단적인 분열과 정치적 폭력을 부추겨, 점진적으로 국가의 민주적 생활 기반을 약화시켜 왔다. 2013년 마두로 대통령 집권 이후만 보더라도 미국의 적대적인 태도는 국제법에 반하는 불법 제재로 나타났다. 첫 번째 제재는 2015년 당시 미국 대통령이었던 버락 오바마(2009~2016)가 베네수엘라가 "미국의 국가 안보와 외교 정책에 대한 이례적이고 특별한 위협"을 제기한다고 주장하며 부당하게 부과한 것이다.

이후 미국의 제재는 그의 후임자인 도널드 트럼프(2017~2020)에 의해 강화되었고, 조 바이든(2021~2024) 대통령하에서도 일부 완화 조치가 있긴 했으나 여전히 유지되고 있다. 완화 조치는 쉐브론을 포함한 여러 다국적 기업들이 베네수엘라 영토 내에서 석유 채굴 허가를 받을 수 있도록 한 것이었다.(4)

국제 에너지시장에 접근이 금지돼 경제난 깊어져

이러한 '일방적인 강제 조치'는 차비스

(3) Maurice Lemoine, 「베네수엘라의 거짓말 실험실에서」, <르몽드 디플로마티크> 프랑스어판 2022년 8월호 참조.

(4) 스페인의 다국적 기업 렙솔(Repsol)이나 프랑스의 모렐&프롬(Maurel & Prom)도 이 혜택을 누리고 있다.

(5) 반차단 베네수엘라 관측소가 제공한 데이터, https://observatorio.gob.ve/

＜무제＞, 2016 - 호르헤 훌리아란지스티봉

트 지도자들과 베네수엘라 국가, 국영 기업(특히 국영 석유회사 PDVSA)과 상업적 또는 재정적 관계를 유지하거나 달러를 사용하는 모든 '개인' 또는 '기관'을 대상으로 하고 있다. 2019년부터 베네수엘라는 에너지 시장에 접근하는 것이 금지되었고(예외가 없는 한), 미국 금융 시스템과 전 세계의 그 운영자들에게도 접근할 수 없게 되었다.

이로 인해 베네수엘라는 국제 시장에서 부채를 상환할 수 없으며, 자국의 석유 회사는 더 이상 달러를 사용할 수 없게 되었다. 워싱턴의 이러한 정책은 미국의 이익에 반하면서도 베네수엘라가 러시아나 중국과의 관계를 더욱 가깝게 만드는 데 기여하고 있다.

이러한 제재는 베네수엘라 경제를 질식시키고 외화 유입을 고갈시키며, 외국 무역을 무력화시킬 뿐만 아니라 국제 투자자들에게도 과도한 리스크 요인으로 작용하고 있다. 베네수엘라 당국에 따르면, 2015년부터 2023년까지 정부, 석유 산업, 외국 무역을 대상으로 930개의 제재 조치가 취해졌다. 이러한 제재는 PDVSA에 대한 투자 부족(그리고 내부 부패)과 함께 베네수엘라의 필수적인 석유 수출을 심각하게 감소시키는 원인이 되었다.

베네수엘라의 석유 수출량은 2015년 하루 약 300만 배럴에서 2020년 34만 배럴로 급감했다(2019년까지 미국은 여전히 베네수엘라의 주요 고객이었다). 그러나 2024년에는 다시 85만 배럴을 넘어서면서 경제 회복에 중요한 역할을 하고 있다. 베네수엘라 정부는 2015년 이후 석유 산업에서 약 2,320억 달러의 손실을 봤다.

또 다른 예로는 해외에 있는 베네수엘라 자산의 동결과 몰수를 들 수 있다. 카라카스에 따르면, 이는 240억에서 300억 달러(은행 계좌, 금 비축, 미국에 본사를 둔 PDVSA의 자회사 시트고 등)에 달하는 자산을 의미한다.(5) 미국의 정책은 베네수엘라 국민의 빈곤을 직접적으로 초래하고, 일상적인 경제 문제를 악화시키며 수백만 명의 이주를 유발하고 있다.

워싱턴에 본부를 둔 진보적인 싱크탱크인 경제정책

연구센터(CEPR)는 "제재가 선거에도 영향을 미친다"라고 지적했다. 선거 전문가로서의 역량을 인정받는 이 싱크탱크는 선거 결과의 투명성이 부족하다고 결론 내렸지만, 워싱턴의 정책이 결정적인 경제 전쟁의 한 형태로 작용하여 "미국이 원하는 방향으로 사람들을 투표하게 만들거나, 정부를 다른 방식으로 제거하려는 생각을 불러일으킬 수 있다"라고 평가했다.(6)

따라서 제재를 받고 있는 나라에서, 그리고 지난 10년간 제도적으로 기능 장애를 겪고 있는 나라에서 자유롭고 공정한 선거는 불가능하다. 이 나라는 단순한 경쟁자가 아니라, 적들이 석유 수익의 통제권과 권력을 차지하기 위해 맞서 싸우고 있는 상황이다. 국가 기구, 군대, 법원, 공권력, 그리고 '정부주의자' 핵심 지지 세력은 마두로 대통령을 지지하고 있다.

한편, 야권은 상황에 따라 자신의 이익에 맞게, 민주적 절차를 수용하기도 하고 거부하기도 한다. 2002년 이후로, 야권은 대부분의 선거 결과에 반발해 왔으며, 이 선거들은 국제 감시단과 '국제 사회'에 의해 검증되었음에도 불구하고 패배할 때마다 이를 부정해 왔다.

야권은 이를 보이콧하기도 했는데(2005년 총선이나, 주요 세력들이 2018년 대선, 2020년 총선에서 그랬던 것처럼), 이로 인해 차비스타들에게 모든 권력이 넘어갔으며, 특히 대법원(TSJ) 판사들은 국회에서 12년 임기로 임명되었다.

또한 야권은 (2014년과 2017년 시위 때처럼) 봉기와 폭력적인 방법을 사용하기도 했고, 미국의 정치적, 재정적 지원, 때로는 군사적 지원까지 동원했다. 2020년에는 마두로 전복을 지지하고 제재를 주장하는 강경파

지도자인 코리나 마리아 마차도가 군사적 지원을 요청했다. 그녀는 2024년 대선의 출마 자격을 박탈당했다.

이렇게 두 진영 간의 파괴적인 대립은 지난 몇 년 동안 끊임없이 이어져 왔다. 최근의 사태 전개는 이 대립과 관련된 여러 역학이 복합적으로 작용한 결과이다.

한편으로는 많은 불안정화 시도들이 있었다. 2002년 쿠데타, 2003년 석유 파업, 2018년 마두로 대통령에 대한 드론 암살 시도, 2019년 콜롬비아에서 출발한 '인도주의적' 침공 시도(당시 워싱턴의 지원을 받은 후안 과이도 자칭 임시 대통령의 시기)(7), 그리고 그 이듬해의 용병 작전인 '기드온 작전' 등이 그 예이다.

또한 2020년 3월, 미국 정부는 니콜라스 마두로 베네수엘라 대통령의 체포 및 기소를 위한 정보를 제공하는 대가로 1,500만 달러의 보상을 제안했다. 그는 마약 테러리즘 혐의로 기소되었으며, 이 제안은 베네수엘라 정권의 부패와 범죄 활동을 고발하기 위한 캠페인의 일환으로 이루어졌다. 미국은 베네수엘라 정부의 여러 고위 관계자들을 다양한 범죄로 기소하여 두 나라 간의 긴장을 더욱 심화시켰다.

끝없는 대립 논리와 적대감, 반복되는 외세 개입

한편, 25년간 권력을 잡아온 진보 정권의 고질적인 병폐는 정치 권력과 석유 수익의 독점 사이에 유기적인 관계가 있는 국가들에서 흔히 나타나는 부패와 정실주의 현상을 부추긴다.(8)

차베스가 2013년에 사망한 이후 시작된 차비스트 헤게모니의 약화는 마두로 대통

(6) 「베네수엘라의 논란이 된 선거와 향후 방향」, CEPR, 2024년 8월 12일, https://cepr.net/report/venezuelas-disputed-election-and-the-path-forward/

(7) Julia Buxton, 「니콜라스 마두로에 대한 야당은 어디로 가는가」, <르몽드 디플로마티크> 프랑스어판, 2019년 3월호.

(8) Gregory Wilpert, 「석유로 익사한 베네수엘라」, <르몽드 디플로마티크> 프랑스어판, 2013년 11월호 참조.

령으로 하여금 국가 내에서 차비즘의 군사적 요소를 강화하게 만들었다. 2010년대 세계 경제 위기 속에서 발생한 석유 가격 폭락과 PDVSA의 생산성 둔화로 인해 그의 경제 관리 능력은 더욱 취약해졌다.

이러한 상황에서, 반대파는 마두로의 경제 회복 시도를 체계적으로 방해했다. 예를 들어, 2015년 우파가 다수석을 차지한 새 국회는 6개월 안에 대통령을 축출하겠다고 약속하며 국가 부채 재협상의 기회를 거부했다. 이 모순적인 결정은 마두로 대통령을 극단적으로 밀어붙여, 그가 절제 없는 긴축정책과 급격한 수입 축소를 통해 국가 재정 지출을 대폭 줄이게 만들었다. 이로 인해 사회적 충격이 발생하고 혼란이 가중되었으며, 결국 베네수엘라의 2024년 선거까지 이어지는 비정상적인 정치 과정이 시작되었다.

2017년부터 2022년까지 베네수엘라는 다중 권력 체제를 경험하게 되었다. 한편으로는 마두로 정부가 구성한 제헌의회가 있었으며, 이 의회는 헌법을 개정하지 않은 채 기존 국회를 우회하고, 정부가 제안한 법안을 통과시키는 역할을 했다. 마두로 대통령은 이 기간 동안 정치적 규칙을 변경해 자신의 반대파를 무력화시켰다.

다른 한편으로는 권한이 정지된 국회와 자칭 임시 대통령인 후안 과이도, 그리고 미국과 60여 개국의 지원을 받으며 중립화된 입법부 출신의 임시 대통령이 있었다. 이 시기는 경제 위기가 심화되고 2017년의 폭력적인 시위(이른바 '과림바스')가 억압된 시기와 맞물려 베네수엘라의 정치적 갈등이 극에 달했다. 이와 관련, 마두로 대통령은 2021년부터 국제형사재판소(ICC)에서 반인륜적 범죄 혐의에 대한 조사를 받고 있다.

끝까지 물러서지 않는 대립 논리, 적대감, 그리고 반복된 외세 개입은 베네수엘라 민주주의의 붕괴를 초래한 삼박자를 이루고 있다. 마두로 대통령은 이러한 선택을 통해 점점 더 권위주의적인 체제 속으로 빠져들었다. 이제 그는 생존을 위해 싸우는 민군 공동체적 권력으로 자신을 인식하고 있다.

반대파가 권력을 되찾을 경우 망명, 감옥, 국제 재판, 또는 정권의 청산이 예고되어 있는 상황에서, 마두로는 반대파에 대한 압박을 풀 동기가 없다. 그에게는 어떤 대가를 치르더라도 권력을 유지하는 것이 목표가 되었다.

이러한 맥락에서 마두로 대통령은 '다섯 세대의 만남' 행사에서 사신의 입장을 강력히 옹호하며 공식적인 차비즘을 재동원하려 한다. 그는 '시민-군-경찰'의 단결을 강조하며, 자신이 보기에 워싱턴의 지원을 받은 야당의 '파시스트' 세력이 '쿠데타'를 시도하며 벌인 '테러'에 맞서 싸워야 한다고 주장한다. 또한, 브라질과 콜롬비아가 제안한 지역 중재 제안에 응하지 않고, 7월 28일 이후 체포된 2,400명의 구금에 대해 자랑스러워한다.(9)

(9) 당국에 따르면 25명의 사망자와 192명의 부상자(시위대, 공무원, 차비스트 활동가)가 추가되었다.

"30년 동안 혁명을 계속할 것", 다가오는 최악의 상황

강력한 충격을 주고, 모든 이에게 명확한 메시지를 전달하며, 어떠한 불안정 시도도 용납하지 않겠다는 경고를 내리는 것. 마두로 대통령은 이 관점에서 이번 만남을 통해 비판자들과 전 세계 외교 당국에 분명한 신호를 보냈다. 마두로 대통령은 "내가 임기를 마칠 때, 나는 차비스트, 볼리바르주의자, 혁명적인 대통령에게 권력을 넘길 것"이라고 선언했다. 그는 앞으로 "30년 동안 혁명을 계속할 것"이라고 약속했다.

반면, 야당은 "역사적인 부정선거"라며 이를 비난하고, 차비스트 정권을 "국가 테러리즘"이라고 규정하고 있다. 이제 상황은 교착 상태에 놓였다. 몇 년 전부터 경제적 동력의 상실이 사회주의적 성격 탓인지에 대한 논쟁은 더 이상 중요하지 않다. 미국의 제재 속에서 경제 정책을 시행하고, 집권 세력을 유지하기 위해 탄압을 사용하면서 이 과정을 사회주의로 간주하는 것은 무의미해졌다.

그러나 미국의 압박과 제재 정책이 지속될수록, 베네수엘라는 점점 니카라과와 유사한 경로를 따를 가능성이 커진다. 정치적 공간의 폐쇄, 권력과 사회의 군사화가 진행되면서 중국, 러시아, 이란의 지원을 받게 될 것이다.

이런 전망이 과연 내전에까지 이르게 할 수 있을까?

수백만 개의 무기가 유통되고 있는 나라에서 내전이 발생할 가능성은 존재한다. 그 결과는 국외 이민 폭증(10), 국경 불안정, 군사적 수렁 등으로 이어져 이 지역에 엄청난 재앙을 초래할 것이다. 특히 이웃 나라인 브라질과 콜롬비아, 그리고 미국도 그 여파를 피할 수 없을 것이다. 많은 이들이 우려하는 바와 같이, 이러한 급진화 시나리오로의 확산은 여러 국가와 유럽연합의 신중한 태도를 요구한다.

이들은 과이도 쿠데타의 실패를 교훈 삼아 7월 28일 선거에서 누구도 승자로 인정하지 않으며, 정치적 협상을 통한 해결을 촉구하고 있다. 심지어 미국조차도, 야당의 승리를 인정하면서도, 브라질과 콜롬비아가 제안한 새로운 선거 방안을 지지했지만, 이 방안은 베네수엘라의 모든 주요 이해당사자들에게 거부되었다.

동시에 전 세계 약 60개국은 현직 대통령의 승리를 인정했다. 최악의 상황을 피하기 위해서는 마두로가 제재의 부담을 벗어나 협상에 나설 수 있어야 한다. ◾

(10) Guillaume Beaulande, 「베네수엘라 이주민의 길 위에서」, <르몽드 디플로마티크> 프랑스어판, 2019년 8월호 참조.

크리티크M 최종호
『영화 평론의 쓸모』

권 당 정가 16,500원

글·크리스토프 벤투라 Christophe Ventura
프랑스의 정치학자, 저널리스트이자 연구자로, 라틴아메리카 정치 및 사회 문제에 대한 전문가다. 특히 <르몽드 디플로마티크> 같은 진보매체에 글을 기고하며, 라틴아메리카의 정치학, 경제적 상황, 사회 운동, 내외 관계 등에 대한 주제를 주로 다룬다.

번역·아르망
번역위원

'피'로 얻은 방글라데시 부활과 자유

2024년 6월 말, 방글라데시 다카에서 학생들이 공무원 채용 제도에 반대하는 시위를 시작했다. 몇 주 만에 이 운동은 대규모로 확산되어, 15년간 권좌를 지키고 있던 셰이크 하시나 총리가 결국 인도로 도피했다. 초기 시위에서 대중 봉기로 급변한 이 사건 속에서 무슨 일이 벌어졌으며, 방글라데시 국민들은 이제 어떤 희망을 품을 수 있을까?

나피스 하산 ▌방글라데시 작가

2024년 8월 5일 아침, 방글라데시의 수도 다카에는 이상할 정도로 고요한 분위기가 감돌고 있었다. 대도시의 주요 교차로에는 군용 차량과 경찰차가 배치되어 있었고, 트럭들이 주요 진입로를 차단했다. 이는 3주간 나라를 흔든 대중 운동인 '다카로의 대행진'에 참여하려는 사람들의 유입을 막기 위한 조치였다. 정부가 명령한 인터넷 차단이 1주일 전에 해제된 이후, 셰이크 하시나 총리의 사임을 요구하는 대중들의 목소리가 커진 가운데 육군 참모총장인 와케르 우즈 자만 장군이 국민들에게 연설을 하겠다고 발표한 이후, 소셜 미디어는 다음 사건에 대한 추측으로 가득 찼다.

자만 참모총장이 마침내 이날 오후 4시에 연설을 시작했을 때, 하시나 총리가 이미 나라를 떠났다는 소문이 빠르게 퍼지고 있었다. 검은 안경을 쓴 장군의 표정은 카메라 앞에서 긴장한 모습을 보였고, 그의 연설을 지켜보는 국민들은 숨을 죽였다. 장군은 총리의 도피를 확인했다. 2시간 전, 하시나 총리는 헬리콥터를 타고 인도로 떠난 것이다.

거리에서는 사람들이 환호했고, 군중들은 하시나 총리의 공식 거주지인 가나바반에 들이닥쳤다. 일부는 그녀의 사리를 가져가고, 다른 이들은 궁전의 호수에서 백조를 잡아갔으며, 마지막으로는 그녀의 호화로운 침대에서 사진을 찍었다.

텔레비전에서 장군은 평정과 자제를 요청하며 연설을 이어갔다. 그는 다음날 야당 지도자들과 회의를 약속했으며, 회의의 유일한 주제는 누구도 15년 동안 감히 묻지 못했던 질문이었다. 이제 누가 나라를 이끌 것인가?

이렇게 방글라데시의 올해 7월은 '피의 7월'로 불리며 막을 내렸다. 이달은 국가의 보안 기관에 의해 자행된 강압적 억압과 수많은 강제 실종이 있었지만, 그럼에도 대중 운동은 굴복하지 않았다. 이 운동은 하시나 정권과 집권당인 아와미 연맹의 몰락을 이끌어냈다. 셰이크 하시나의 아버지인 셰이크 무지브가 이끌었던 이 정치조직은 1971년 방글라데시의 해방을 이끌었지만, 2009년 다시 집권한 후에는 국민을 억압하는 도구로 변했다.

투사 손자들에게도 공무원 채용 특혜, 실업 청년들의 분노 사

이전까지는 하시나 총리의 퇴진을 예견할 만한 조짐이 전혀 없었다. 2024년 7월, 시위가 시작된 것은 쿼터 개혁 운동이 다시 부활하면서였다. 이 운동은 처음 2013년에 등장하여 공무원 채용에서 특혜를 주는 할당제를 비판한 것이었다.

1972년에 도입된 이 제도는 독립 전쟁에 참여한 민간인들의 재통합을 돕기 위한 목적으로 설계되었으며, 다음과 같은 할당을 공무원 직위에 적용했다. 30%는 '자유의 투사'들과 그들의 자녀들에게, 10%는 파키스탄 군대와 뱅골족 협력자들에 의해 성폭행을 당한 여성들인 비랑고나(Birangonas)에게, 40%는 공공 부문에서 상대

<N 1191>, 2022 - 라나 베굼

적으로 대표성이 부족한 지역 주민들에게, 그리고 나머지 20%는 순전히 '성과에 기반한 자격'(공채시험)으로 할당되었다.

이 시스템은 시간이 지나면서 변했는데, 1976년에는 '성과'에 기반한 공채 비율이 20%에서 40%로 증가했다. 그러나 2010년, 정부가 자유의 투사들의 손자까지 30% 할당 대상에 포함시키면서, 젊은 층의 실업률 증가와 맞물려 2013년에 첫 시위가 발생했다.

경찰과 아와미 연맹의 준군사조직 '방글라데시 차트라 연맹(BCL)'에 의한 억압에도 불구하고, 이 운동은 몇 년 동안 끊임없이 지속되었다. 2018년에는 하시나 총리가 반응하지 않을 수 없었다. 그녀는 반발하는 운동을 무력화하려는 시도로 전체 할당제를 폐지하기로 했다.

대규모 반발을 초래한 하시나 총리의 '라자카르' 망언

이 결정은 반대로 대중의 환영을 받았지만 3년 후, 일부 '자유의 투사'의 자녀들은 할당제 폐지가 헌법에 위배된다고 대법원에 소송을 제기했고, 그들은 승소했다. 결과적으로 2024년 7월, 대법원은 할당제를 다시 부활시켰다. 몇몇 공립대학에서 시위가 발생했지만, 시위대의 수는 적었다.

그러나 두 가지 사건이 대규모 반발을 촉발시켰다. 첫째는 공무원 시험에서 권력층의 지인들에게 시험 답안이 유출되었다는 언론 조사가 발표된 것이다. 둘째는, 하시나 총리가 시위대들을 '라자카르(Rajakars)'라고 부르며 논란을 일으킨 것이다. 이 용어는 1971년 방글라데시 독립 당시 파키스탄의 학살에 협력했던 자들을 지칭하는 말로, 그 무게감은 상당했다.

1971년, 방글라데시가 아직 파키스탄의 일부였을 때, 이슬라마바드는 수십만 명이 희생된 학살을 자행했다. 이 학살은 9개월간 지속되었고, 벵골족 협력자들, 즉 라자카르들이 파키스탄군에게 주요 지원 역할을 했다.

라자카르들은 파키스탄군이 해방군인 '무크티 바히니(Mukti Bahini)'를 식별할 수 있도록 도왔고, 어떤 집을 불태우고, 어떤 가족을 처벌하며, 어떤 여성을 성폭행할지 알려주는 역할을 했다. 하시나 총리가 이 단어를 사용한 것은 대중을 자극할 수밖에 없었다.

이 용어 선택과 시험 부정 사건이 겹치면서, 대법원은 7월 21일 할당제를 다시 수정했다. 새로운 시스템에서는 93%가 공채 지원자들에게 할당되고, 5%는 자유의 투사들에게, 1%는 아디바시(Adibashis) 소수민족과 장애인, 그리고 제3의 성을 가진 사람들에게 할당되었다. 그러나 이 결정은 이미 너무 늦은 조치였다. 불만이 쌓인 방글라데시 사회는 이미 오래전부터 불안정한 상태였고, 작은 불꽃만으로도 대규모 봉기로 번질 준비가 되어 있었다.

하시나 총리의 오랜 집권 기간 동안 방글라데시는 연고주의적 자본주의가 만연했다. 은행 부문은 소수의 산업계 거물들이 장악했고, 이들은 권력과의 밀접한 관계 덕분에 대출금을 상환할 필요가 없었다. 정부는 규제를 완화해 이들의 부정행위를 눈감아 주었고, 방글라데시는 저임금 노동자들이 섬유를 대량 생산해내는 공장으로 전락했다.

하시나 정부는 2010년 특수 경제 구역을 설립하여 노동 규제를 대폭 완화했으나 2021년에는 50만 명이 넘는 의류 노동자가 이 구역에서 노동조합에 가입할 권리조차 갖지 못했다. 2013년 라나 플라자(Rana Plaza) 참사 이후에도(1), 정부는 시위에 폭력으로 대응했고, 2022년에는 국제노동조합총연맹(ITUC)이 방글라데시를 노동자들에게 가장 위험한 10개국 중 하나로 선정했다.(2)

생산된 부의 30%가 상위 5%의 부유한 가정에 집중되고 있는 상황에서(3), 최저임금을 받는 차(茶) 노동자들은 2022년 8월 3주간의 자발적 파업을 통해 적정 임금을 요구했다. 그러나 정부는 그들에게 미미한 임금 인상, 즉 하루 1.20달러에서 1.70달러로의 인상을 강요했으며 이는 여전히 빈곤선인 2.15달러에 미치지 못하는 수준이었다.

노동계급의 열악한 처지를 외면하고 침묵

하시나 총리의 노동계급에 대한 무시는 국가 내에서뿐만 아니라 해외에도 확장되었다. 노동자들의 고통은 방글라데시 내부뿐만 아니라 해외로도 확장되었다. 여성 이주 노동자들은 "송금 전사"로 찬양받았지만, 이들이 해외에서 겪는 학대에 대해 정부는 침묵했다.

2019년 사우디아라비아에서 119구의 시신이 송환되었을 때, 당시 외무장관이었던 A.K. 압둘 모멘(임기 2019~2024년)은 사우디아라비아에서 일하는 방글라데시 여성들의 수에 비해 이 사망자 수는 미미하다고 강조했다. 2022년에는 3,838명의 방글라데시 여성이 해외에서 사망한 채 돌아왔다.(4) 이러한 배경 속에서, 이슬람 극단주의 단체들이 떠오르며 농촌 지역의 노동자들을 끌어들이기 시작했다.

특히 1980년대에 아프가니스탄에서 무자헤딘과 함께 싸웠던 방글라데시인들의 귀국, 그리고 전통적인 이슬람 정당들의 '자극'에 따라 여러 극단주의 단체들이 등장하게 되었다. 이 단체들은 특히 농촌 지역 노동자들을 대상으로 매력을 발휘하며 이들을 끌어들였다. 극단주의 단체들은 국가가 제공하지 못한 교육 및 복지의 공백을 메우며, 이러한 불만을 안고 있는 사람들을 조직적으로 모집했다. 이들 단체는 중동과 걸프 지역, 특히 사우디아라비아에서 유입된 자금으로 교육과 일자리 측면에서 국가가 제공하지 못한 공백을 메우며, 많은 인재를 대규모로 모집할 수 있었다.

방글라데시 정부는 '테러와의 전쟁'이라는 국제적 흐름 속에서 온건 이슬람을 지지하는 입장을 보였으나, 실제로는 이러한 극단주의 단체들을 적대시함으로써 내부적으로는 강력한 통제력을 유지하고자 했다. 2013년, 아와미 연맹 정부는 '자마트 에 이슬라미 방글라데시(JIB)'라는 온건한 이슬람

(1) 「방글라데시, 의류산업의 살인자들」, <르몽드 디플로마티크> 프랑스어판, 2013년 6월.

(2) 「ITUC 글로벌 권리 지수 2022」, 국제노동조합총연맹(ITUC), 2022년 6월 30일, https://www.ituc-csi.org/

(3) 「가구 소득 및 지출 조사 (HIES) 2022」, 방글라데시 통계청, 다카, 2023년 4월 12일.

(4) 「방글라데시 이주 노동자: 너무 많은 이들이 해외에서 사망」, <다카 트리뷴>, 2019년 12월 30일.

정당의 정치 활동을 금지했다.

이 조치는 더욱 급진적인 이슬람 단체들의 성장을 부추겼으며, 이는 정부가 마음대로 탄압할 수 있는 명분을 제공했다. 2013년에는 '헤파자트-에-이슬람'이라는 단체가 다카의 금융지구에서 신성모독 관련 법을 요구하며 시위를 벌였다. 하시나 총리는 경찰과 준군사 조직을 동원해 시위대를 진압했고, 당시 방글라데시 좌파와 진보 세력은 이 같은 조치에 대해 정부의 '용기'를 찬양했다. 하지만 이들이 몇 년 후 정부의 비슷한 억압에 직면했을 때, 자신들이 환호했던 그 억압의 결과를 직접 겪게 되었다.

억압 통치를 도리어 '국가 해방'으로 선전

마지막 몇 년 동안 방글라데시에서는 강제 실종과 초법적 처형이 급격히 증가했다. 2022년에는 〈네트라 뉴스(Netra News)〉에서 오랫동안 소문으로만 존재하던 아이나고르(Aynaghor, '거울의 방')라는 비밀 구금소의 존재를 폭로했다.(5) 이 구금소는 군사 정보 기관이 관리하고 있었다.

(5) '다카의 비밀 수감자들', <Netra News>, 2022년 8월 14일.

역사적 변화

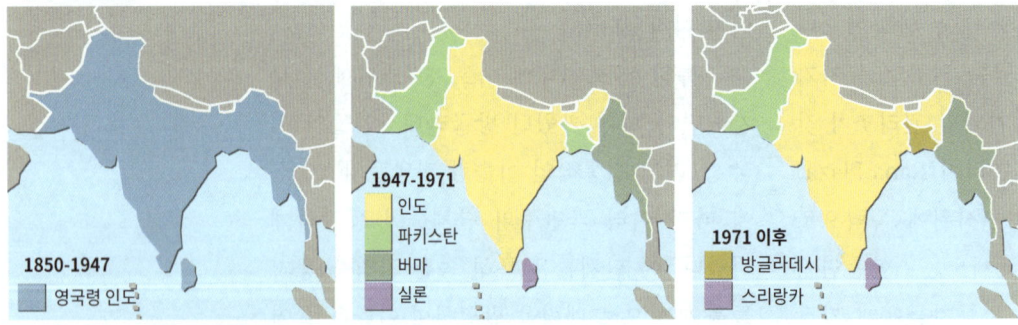

1850-1947
영국령 인도

1947-1971
인도
파키스탄
버마
실론

1971 이후
방글라데시
스리랑카

갠지스와 브라마푸트라 유역

수력 발전: 주요 댐 위치

0　　300　　600 km

2018년에는 학생들이 교통 안전과 교통 규제 강화를 요구하며 거리로 나섰을 때, 정부는 보안군과 아와미 연맹의 차트라 연맹을 투입했다. 사진기자인 샤히둘 알람이 이 사건을 보도하자, 그는 국가안보법 위반혐의로 107일간 수감되었으며, 정부는 그가 '반국가적 음모'를 꾸몄다고 주장했다.(6)

하시나 총리는 자신의 억압적 통치를 '국가 해방'의 이름으로 정당화했다. 그녀는 아버지 셰이크 무지브가 싸운 그 해방을 자신이 계승했다고 자처했으며, 따라서 아와미 연맹에 반대하는 것은 곧 국가의 독립과 해방에 반대하는 행위로 간주했다. 이는 방글라데시가 인도의 요구에 굴복하는 상황에서도 마찬가지였다.

방글라데시는 인도에 의해 거의 완전히 둘러싸여 있으며, 오직 인도양을 향한 해안선만이 인도와 접하지 않는다. 따라서 뉴

(6) 「샤히둘 알람 사건: 수사 보고서 제출 다시 요구」, <다카트리뷴>, 2023년 2월 9일.

방글라데시 인구 및 홍수 위험

인구 40만 명 이상의 대도시
(2025년 추정)

— 2,450만 명

— 550만 명

— 50만 명

---- 인도에 의해 건설된 국경 장벽

— 2015년 영토 교환 협정에 의해 확정된 국경

인구 밀도 1,000명/km² 이상(일드프랑스의 평균 밀도와 동일)

해빌 10m 이하 지역, 정기적으로 홍수에 취약한 지역

0   50   100 km

CÉCILE MARIN

델리는 다카에게 필수적인 대화 상대국이 될 수밖에 없다. 인도는 방글라데시와의 무역과 외교에서 중대한 영향력을 행사하며, 방글라데시는 지리적 특성상 인도에 의존할 수밖에 없는 위치에 있다.

인도는 방글라데시의 독립 이후 줄곧 무역에서 이웃국으로서의 이점을 누려왔지만, 지난 15년 동안 이 이점들은 종속 관계를 나타내는 특권으로 변질되었다. 인도는 방글라데시와의 경제 관계에서 지속적으로 혜택을 보아왔으며, 방글라데시는 점차 인도의 요구에 맞춰 행동하는 상황으로 몰렸다.

이러한 변화는 양국 간의 경제적 불평등과 방글라데시의 자주권 약화로 이어졌다. 한 가지 예로, 2016년에 람팔 석탄 화력발전소가 세계에서 가장 큰 맹그로브 숲 중 하나인 순다르반스 근처에 인도 자본으로 건설되었다. 이 발전소는 인도에서 수입된 석탄으로 운영되며, 그로 인해 발생하는 환경적 피해는 기후 변화에 가장 취약한 나라 중 하나인 방글라데시가 전적으로 감당해야 한다.

또한, 2017년에 하시나 정부는 인도의 재벌 고탐 아다니가 소유한 아다니 파워와 계약을 체결했다. 이 계약에 따르면 방글라데시는 사용하지도 않을 전기에 대한 비용을 지불해야 하는 불리한 조건을 떠안게 되었다. 아다니는 인도 총리 나렌드라 모디와 긴밀한 관계를 유지하고 있어, 이 계약은 방글라데시의 종속성을 더욱 강화한 사례로 여겨진다. (7)

나렌드라 모디의 바라티야 자나타당(BJP)과 아와미 연맹이 긴밀히 협력하는 동안, 인도와 방글라데시 두 국민 간의 간극은 점점 더 벌어졌다. 인도인들은 방글라데시인들을 불법 이민자로 간주하라는 암묵적인 메시지를 받았고, 방글라데시인들이 지속적으로 인도의 관대함에 기대어 도움을 요청하는 사람들로 묘사되었다. 이는 인도가 방글라데시의 해방 과정에서 중요한 역할을 했다는 자부심과 함께 이루어졌다.

(7) 「논란의 아다니 계약이 전기 비용을 어떻게 증가시키는가」, <The Business Standard>, 다카, 2024년 8월 20일.

혼란의 역사

1947년 8월 15일: 인도와 파키스탄 독립(이때 방글라데시도 파키스탄에 포함됨).

1949년 6월 23일: 방글라데시 독립을 지지하는 아와미 연맹 창당.

1971년 3월 26일: 방글라데시, 파키스탄으로부터 독립 선언.

1972년 1월 12일: 아와미 연맹 지도자인 셰이크 무지브가 방글라데시 초대 총리로 취임.

1972년 11월 4일: 헌법 제정 및 공공 부문 일자리 할당제 도입.

1975년 8월 15일: 셰이크 무지브에 대한 쿠데타, 그와 그의 가족 대부분이 암살되나, 셰이크 하시나와 그녀의 자매는 살아남음.

1981년 2월 16일: 셰이크 하시나, 아와미 연맹의 지도자로 선출.

1996년 6월 23일: 셰이크 하시나, 방글라데시 총리로 취임(2001년까지 재임).

2009년 1월 6일: 셰이크 하시나, 다시 방글라데시 총리로 취임.

2024년 8월 5일: 셰이크 하시나와 그녀의 자매, 인도로 도피.

2024년 8월 8일: 무함마드 유누스가 이끄는 임시 정부 출범.

하시나의 오판,
시위대의 요구를 무시하고
강경 진압 고집

반면에 방글라데시인들은 인도 내에서 벌어지는 무슬림에 대한 폭력과 두 나라 간의 불평등한 무역 협정을 비판했다. 다카에서는 인도의 비밀 요원들이 방글라데시의 군대와 경찰에 침투해 있다는 소문이나, 인도인들이 정부의 고위직에 임명되었다는 이야기가 자주 들렸다. 이러한 소문들은 증거로 뒷받침되지는 않지만, 이러한 이야기가 사실로 밝혀져도 많은 방글라데시인은 놀라지 않을 것이라고 생각한다.

2024년 6월, 하시나 정부는 인도가 방글라데시 철도 시스템을 무료로 사용할 수 있도록 허용했다. 이는 서벵골에서 아삼까지 기차를 운행할 수 있는 권리를 부여한 것이었으며, 이로 인해 방글라데시에서는 인도 불매운동이 시작되었다.(8)

그러나 하시나 총리는 이 모든 반발에도 불구하고 시위대를 잠재울 수 있다고 확신했다. 7월 중순, 5일간의 시위가 이어진 후, 그녀는 인터넷을 차단하고 통행금지를 선언했다. 아와미 연맹 간부, 경찰, 준군사 조직으로 구성된 죽음의 부대가 거리를 순찰했고, 시위자, 행인, 그리고 때로는 집 안에 있던 어린이들이 무차별적으로 살해당했다. 최소 1,000명이 사망한 것으로 추정된다.

이 시점에서 하시나 총리는 시위대가 요구한 9가지 사항을 외면한 채 오히려 억압을 강화했다. (9)

하시나 총리는 계속해서 강경 노선을 택했다. 시위가 전국적으로 확산하면서 아와미 연맹 지도부는 언론을 통해 시위가 '반(反)해방' 세력에 의해 조작되었다고 주장했다. 이

에 따라 시위대의 요구는 점차 하나로 수렴되었다. 그것은 바로 셰이크 하시나의 퇴진이었다. 이 구호는 갈수록 많은 대중을 끌어들이며, 통행금지와 억압을 무릅쓰고 시위에 나서도록 했다. 하시나 총리는 마지막 순간까지 군대에 시위대를 향해 발포하라고 명령했으나, 참모총장 와케르 우즈 자만 장군은 이를 거부했다.(10)

'노벨 평화상' 수상자인 유누스가
임시 정부 수반 취임

하시나 총리가 도피한 후, 방글라데시에서는 군중들이 권력을 잡는 순간이 찾아왔다. 처음에는 기쁨과 안도감으로 가득했지만, 곧 분노와 격노로 변했다. 폭력 사태와 약탈이 발생했다는 여러 보고서가 있었지만(11), 동시에 시민들은 스스로 조직하여 재산, 사원, 교회 등을 보호하기 시작했다.

인도 우익 힌두주의 단체(RSS)와 아와미 연맹이 협력하여 힌두교 신자들을 겨냥한 폭력 사태를 과장하는 허위 정보를 퍼뜨렸지만, WhatsApp 메시지와 전화 통화 기록이 유출되어 오히려 아와미 연맹의 일부 인사들이 혼란을 일으키기 위해 힌두 사원에 대한 공격을 계획했다는 사실이 드러났다.(12)

2024년 8월 8일, 무함마드 유누스 박사가 임시 정부 수반으로 취임했다.(13) 유누스 박사는 2006년 노벨 평화상 수상자로, 서구 언론에서는 '빈자의 은행가'로 찬양받고 있으며, 방글라데시 국민 사이에서도 일정 부분 신뢰를 받고 있다. 특히 하시나 총리가 그를 극도로 싫어했기 때문에, 그에 대한 대중의 호감이 더 커졌다.

하시나 총리는 1996년 치타공 힐 트랙트에서의 평화 협정 체결로 자신이 노벨상

(8)「방글라데시-인도 철도 계약하에 상품과 승객 수송 허용」, <다카 트리뷴>, 2024년 6월 28일.

(9)「7월 이후 방글라데시 폭력 사태로 1,000명 이상 사망, 보건부 장관 발표」, <로이터 통신>, 뉴욕, 2024년 8월 29일.

(10)「배타적-방글라데시 군대, 시위 진압 거부로 하시나 운명 확정」, <로이터 통신>, 2024년 8월 7일.

(11)「하시나 퇴진 후 방글라데시에서 힌두교 가정과 사원 공격, 소수 민족 단체 발표」, <로이터 통신>, 2024년 8월 6일;「방글라데시 소수 민족 공격의 진실을 왜곡하는 극우 영상들」, BBC, 2024년 8월 18일.

(12)「방글라데시의 새로운 민주주의, 정보의 홍수로 위협받다」, <디플로맷>, 2024년 8월 14일, The Diplomat.

(13)「마이크로크레딧, 빈곤의 상업화」, <르몽드 디플로마티크> 프랑스어판, 2012년 4월.

을 받아야 한다고 믿었기 때문이다. 유누스 박사가 소속되지 않은 아와미 연맹이나 주요 야당인 국민당(BNP)에 대한 반감이 유누스의 임시 정부에 대한 대중의 지지를 높였다.

유누스 정부의 구성은 신자유주의적 색채를 강하게 띠었다. 옛 장성, 전직 장관, 대사들이 정부에 참여했으며, 그들은 국유 자원과 산업의 민영화를 적극 지지하는 인물들이었다. 그러나 동시에 인권 운동가 아딜루르 라흐만과 환경 정의를 옹호하는 변호사 리즈와나 하산 같은 인물들도 포함되었다.

방글라데시 역사상 처음으로 차별 철폐 운동에서 활동한 학생 출신들이 장관직을 맡았으며, 이 중 마흐푸즈 압둘라는 반차별 운동의 이론가로서 임시 정부의 특별 보좌관으로 임명되었다. 또한, 힌두교와 아디바시 소수민족을 대표하는 비단 란잔 로이와 수프라딥 차크마도 정부 고문으로 임명되었다.

값비싼 대가를 치른 '자유', 피로 얻은 '부활'

현재 유누스 정부는 정치적으로 큰 조치를 발표하지 않았으며, 단지 셰이크 하시나의 인도 송환 요청만이 주요 안건으로 떠올랐다. 하지만 정치적 지형은 빠르게 변화하고 있다. 국민당은 하시나 정권이 몰락한 공백을 메우기 위해 움직이고 있으며, 아와미 연맹이 장악하고 있던 밀수 활동을 금지하려 하고 있다.

또한, 이슬람 정당 JIB의 금지령이 해제되었고, 그들의 학생 조직인 차트라 시비르(Chhatra Shibir)가 대학 캠퍼스에서 영향력을 확대하고 있다. 학생들 사이에서는 캠퍼스에서 정당의 영향력을 배제하자는 논쟁도 일어나고 있으며, 정당 없는 정치 행동을 추구하자는 의견도 나오고 있다.

방글라데시의 전통적인 좌파 정당들은 이번 봉기에서 눈에 띄게 부재했다. 방글라데시 공산당(PCB), 국민사회주의당(JSD), 노동자당 등은 아와미 연맹과 함께 연립 정부에 참여했기 때문에 부패와 권위주의에 대한 비판에 소극적이었다. 이들 정당은 노동조합 기반이 약해졌고, 학생 조직들도 BCL의 영향력 아래 눌려 있었기 때문에 정치적 영향력을 잃어버렸다.

석유, 가스, 광물 자원, 에너지 및 항만 보호를 위한 국가위원회와 같은 조직들이 새로운 정치적 공간을 활용하여 노동자들과 연대하고, 정치 세력을 강화할 수 있는 기회를 엿보고 있지만, 사회주의라는 용어는 무지브와 하시나의 그림자 속에서 여전히 부담스러운 단어로 남아 있다.

방글라데시에서는 현재 다양한 이익 집단들이 각자의 이유로 시위를 벌이고 있다. 인권을 침해당한 릭샤 운전자들, 시위로 인해 직장을 잃은 의사들, 그리고 아와미 연맹에 충성했던 준군사조직 안사르와 경찰들까지도 시위를 벌이고 있다.

이러한 움직임들은 반혁명이나 반동적 세력의 개입에 대한 두려움을 불러일으키기도 하지만, 동시에 방글라데시에서 새로운 표현의 자유가 탄생했음을 상징하기도 한다. 방글라데시는 1990년 독재자 후세인 무하마드 에르샤드의 몰락 이후로 이렇게 자유롭게 표현된 적이 없었다.

이 자유는 값비싼 대가를 치렀다. 그러나 방글라데시의 피로 얻은 부활은 오랜 기간 막혀 있던 지평을 열어주었다. 이제 방글라데시인들은 앞으로 나아갈 방향을 스스로 결정할 차례다. **ID**

글·나피스 하산 Nafis Hasan
방글라데시 작가이자 연구자, 저널 Jamhoor의 편집자

번역·아르망
번역위원

미국의 핵전략과 기후변화

지정학적 혼란에 빠진 쿡 제도

관광객들이 휴식을 취하는 깨끗한 백사장 해변. 옥빛 바다가 넘실대는 석호. 육지 끄트머리 산호초에 밀려와 부딪히는 파도. 이 그림엽서 같은 풍경을 보고 있노라면 환초, 산호섬, 화산섬 등 15개의 섬으로 이루어진 남태평양의 작은 국가 쿡 제도가 안고 있는 여러 문제를 거의 잊게 된다. 기후변화가 일상적 삶의 질을 떨어뜨리고, 주민들이 뉴질랜드와 호주로 도피하며, 지정학적 긴장으로 이 지역의 비핵화를 재검토하는 문제 등이 그것이다.

글렌 존슨 ▮기자

쿡 제도의 총리실 기후변화 담당자 셜린 다이어가 라로통가 섬 수도인 아바루아의 아담한 집무실에서 우리를 맞이한다. 이 자리에는 다이어의 동료 샤를렌 아카루루와 테리토 스토리도 참석했는데, 두 사람은 기후변화 문제와 관련해 각각 청소년 홍보대사와 커뮤니케이션을 담당하고 있다. 이들 모두 연안 침수, 해안 침식, 해양 산성화, 점점 강해지는 풍수해, 어류 산란지 소멸 등 기후 온난화로 끓어오르는 세계가 미치는 다양한 영향에 대해 이야기했다. 이들의 조상들은 별과 해류를 어떻게 읽는지 알았다. 현재는 자동기록식 검조기를 사용해 장애물이나 해수면의 변화를 파악하여 어부를 돕는다. 그러나 몇몇 섬에서는 인구 이동이 이미 피할 수 없는 일로 보인다.

특히 쿡 제도의 북부 군도(群島)는 온난화 영향으로 전통 생활방식과 문화가 파괴되고 있다. 다이어에 따르면 40년 전에는 이곳 주민들이 인접한 섬들의 수로에서 낚시를 할 수 있었다고 한다. 그러나 바닷물이 따뜻해지면서 주민들은 점점 더 먼 바다로 나가야 하는 위험을 무릅쓰고 있다.

이어서 다이어는 이렇게 말했다. "가족을 먹여 살리려면 이제 더 많은 노력과 힘을 들여야 한다. 노터보트, 알루미늄 소형 보트를 구입하고 연료도 구해야 한다. 즉, 비용이 늘어나는 것은 물론이고 정체성 상실이라는 문제도 발생한다. 그렇다고 고립된 섬에서 다른 일자리를 구하기도 힘들다."

뉴질랜드로 이주한 원주민이
쿡 제도 잔류 주민보다 앞서

라로통가 섬 주변의 산호초가 훼손되어, 와편모충이 달라붙는 조류(藻類) 번식에 좋은 환경을 제공한다. 이 작은 독성 유기체는 먹이사슬을 거슬러 올라가, 결국 바닷가 주민들에게 '시구아테라'라는 중독증을 유발한다. 이 독소에 중독되면 마비와 사망에까지 이를 수 있다.

해수면 상승은 묘지도 위협한다. 쿡 제도에서는 주민들이 집 근처에 가까운 고인(故人)들을 매장하는데, 프랑지파니(협죽도과의 관목)와 치자나무로 무덤을 장식하고 정성껏 가꾼다. "이 무덤들이 파도에 휩쓸려 가면 우리 국민들이 지도에서 지워지는 것과 같을 것"이라며 다이어는 안타까워한다.

초기 선교 지역에 자리한 '쿡 제도 박물관 및 도서관'은 지역 역사와 문화를 기념하는 곳이다. 커다란 아웃리거 보트(배의 측면에 지지대를 부착한 보트—역주)를 타고 이 해안에 도착한 최초의 폴리네시아 뱃사람들을 묘사한 그림은 감탄을 자아낸다. 제임스 쿡 선장이 1773년에 남부 군도의 한 섬인 마누에를 발견했을 때 폴리네시아인들은 오래전부터 이미 이곳에서 살아왔고, 태평양은 무역 및 이주 경로가 사방으로 교차하는 곳이었다.

여기에서는 많은 이들이 자신들의 전통이 사라지는 것을 우려한다. 초기 선교사들은 이곳에 도착하자마자 노래, 춤, 타악기 연주를 금지했다. 집단 기념행사는 교회 주변에서 거행되기 시작했다. 국외 이주는 문제를 악화시키는 한 가지 요인이 되었다. 1970년대부터 뉴질랜드로 이주한 원주민 수가 쿡 제도에 잔류한 원주민 수를 추월했다.

심해(深海)에 매장된 수십억 톤의 망간단괴, 쿡 제도의 운명 좌우

여기에 덧붙여 재정 압박도 상당하다. 경제가 디아스포라(본토를 떠나 타국에서 살아가는 공동체—역주)의 송금과 서비스를 중심으로 구축되어, 산업은 과일 가공, 직물 및 수공업 같은 소수의 부차적인 활동에 국한되었다. 또한 대외무역은 대체로 단일 방향으로만 이루어지며, 뉴질랜드의 보조금만이 쿡 제도의 무역적자를 메울 자금으로 쓰인다.

라로통가 섬의 아바티우 항구에 정박돼 있는 '아누아누아 모아나'(Anuanua Moana)는 모아나 미네랄스 소유의 해양조사선이다. 모아나 미네랄스는 '코발트 해저 자원(Cobalt Seabed Resources)' 및 'CIC 해양조사'와 함께 쿡 제도의 배타적 경제수역(EEZ) 탐사 허가를 받은 세 회사 중 하나다. 탐사는 현재 3년 차에 접어들었다.

이 탐사의 모든 욕망은 어디로 향할까? 바로 망간단괴다. 감자 크기만 한 이 응결물은 수백만 년 진화의 결과이며, 값비싼 광물(코발트, 구리, 니켈, 망간 등)을 함유하고 있다. 쿡 제도의 심해저(深海低)에는 화석연료 퇴축과 '녹색혁명'에 민수고 이기기는 이런 광물이 수십억 톤 매장돼 있다. 쿡 제도 총리 마크 브라운에게 이 사안은 명확해 보인다. 이 자원을 개발한다면 국가 경제는

획기적으로 향상될 것이고 기후변화의 실존적 위협에 대처하는 문제도 보다 용이해질 것이기 때문이다.

쿡 제도의 브라운 총리는 2022년 (이집트) 샤름 엘셰이크 기후변화 총회(COP27)에서 다음과 같이 선언했다.

"우리 바다의 해저에는 녹색혁명에 매우 유용한 천혜의 자원 광물로 뒤덮여 있습니다. 이러한 자원은 녹색혁명 추진에도 우리 국가 경제에도 대단히 중요한 기회입니다. 그 누구도 우리에게 그 기회를 버리라고 요구할 수 없습니다. 다수의 우리 태평양 국가에서 환경을 보호하고 지키는 문화는, 우리보다 수천 배 더 높은 비율로 이산화탄소를 끊임없이 배출하면서 모라토리엄을 강요하는 나라들보다 훨씬 뿌리 깊고 월등히 발전되어 있습니다."

해저는 대부분 여전히 미개척 영역이며, 해양 시스템에서 단괴가 어떤 역할을 하는지도 아직 잘 알려져 있지 않다. 환경보호론자들은 이 자원을 채굴했을 때 환경이 파괴될 가능성이 매우 높다고 생각한다. 채굴은 트럭만큼 큰 기계를 이용해 해저를 긁어낸 뒤, 촉수처럼 생긴 거대한 파이프를 통해 바다 위에 정박해 있는 선박들로 긁어낸 단괴를 대량 이동시키는 방식으로 이루어진다.

그러면 수많은 심해 서식지가 파괴될 뿐 아니라, 이 과정에서 거대한 퇴적물 기둥이 형성되어 일부 생물들을 질식시킬 수 있다. 이 작업과 소음이 수중 생물에게 미치는 영향이 크다는 것은 말할 것도 없다.

한 외교부 공직자는 이렇게 말했다.

"우리의 접근 방식은 매우 조심스럽고 모든 법적 틀이 마련되어 있으며, 우리는 예방 원칙을 매우 엄격하게 준수한다. 이 자원은 우리나라에 많은 것을 가져다줄 것이고, 우리는 책임감 있는 방식으로 자원을 채취할 것이다. 실현 가능한 일인가? 이익은 동등하게 배분될까? 지금으로서는 현장 자료가 부족하여 답하기 힘들다. 우리가 아는 것은 이 광물이 국내는 물론 지역 및 국제사회 피드니늘과 디붙어 청정에너지로 선환하는 데 결정적인 역할을 할 수 있다는 사실이다."

경제적 안보를 내건
미국의 비상한 관심

그러나 누가 운영 감독을 할 것인가? 탐사 권한을 부여받은 광산기업 3곳은 그들이 도출한 결과를 정부에 보고해야 한다. 이 기업들은 이미 어마어마한 재정적 투자에 동의했기 때문에, 정부가 채굴을 철회하기로 최종결정한다면 이들이 군말 없이 물러나리라고 믿기는 어렵다.

해저 광산 채굴에 대해 지역들 사이에서는 의견이 엇갈린다. 키리바시, 나우루와 통가는 결단을 내리기로 한 듯하고, 반면 투발루, 팔라우, 바누아투는 여전히 심각하게 의문을 표하고 있다. 그러나 여하튼 미국인들이 투자를 빌미로 이곳에 들어오며 전쟁 기계를 함께 가지고 왔다. 늘 그렇듯이 탐욕적인 채굴과 전쟁 도구는 긴밀하게 움직인다. 2023년 9월까지 쿡 제도는 고소득 국가인 뉴질랜드와 연합 관계를 맺고 있으나 미국의 재정 지원을 필요로 했다. 미국은 쿡 제도의 주권을 인정하여, 2018년에 채택된 빌드법(Build Act, 'Better Utilization of Investments Leading to Development 개발로 이어지는 투자 활용 개선법'의 약자)에 따라 쿡 제도에 대출 자격을 부여했다.

플로리다주 공화당 상원의원 마르코 루비오는 망간단괴 채굴에 막대한 투자를 요구함으로써 즉각 이 법을 이용했다. 그는 같은 해 10월 17일 미국 국제개발금융청장에게 다음과 같은 서한을 보냈다.

"아시다시피 중화인민공화국은 악의적이고 폭압적인 행태로 세계 각지에서 전략적 광물 매장지를 발견하고 개발하는데 적극 개입하고 있습니다."

쿡 제도의 배타적 경제수역 해저에는 꾸준한 수요 증가를 보이는 희토류를 포함해 필수 광물이 매우 풍부하게 포함되어 있습니다. 따라서 안전하고 확실한 공급망을 시급히 구축해 미국의 경제적 안보와 번영을 보장해야 합니다."(1)

미국이 구상하는 핵전략에
휘말린 남태평양

또한 북대서양조약기구(NATO)는 태평양에서 상호운용성을 달성하기를 바란다고 밝혔다. 이 발표는 2022년 마드리드 정상회의에서 정의된 포괄적 지배 개념의 일환이었다. 최초로 호주, 일본, 뉴질랜드, 한국 등 우방국으로 확대된 이 회의는 중국을 분명하게 표적으로 삼았다. 당시 옌스 스톨텐베르그 북대서양조

(1) 2023년 10월 17일자 서신, www.rubio.senate.gov

약기구 사무총장은 개회식에서 이렇게 선언했다.

"러시아와 마찬가지로 중국도 규칙에 기반한 국제 질서를 어지럽히려 합니다. 따라서 우리는 평화와 번영을 촉진하고 우리의 가치와 자유를 지키기 위해 (…) 단결해야 합니다."

수십 년간 영국, 프랑스, 미국의 시험장 역할을 한 태평양 국가들은 1986년 라로통가 협약에 서명하여 비핵무기지대가 되기로 서약했다. 오늘날 워싱턴이 베이징과의 갈등 상황으로 거침없이 나아가고 있기 때문에 이런 조치를 두려워하는 이들도 있다.

원주민의 권리 수호와 더불어 핵전쟁과 핵무장에 맞서는 대규모 운동이 동력을 크게 잃은 것은 사실이다. 라로통가 조약을 비준하지 않은 미국은 명백히 자신들의 핵무기 배치를 위해 이 지역을 의미 있는 한 요소로 만들고 싶어 한다. 태평양 국가들이 핵실험 때 그랬던 것처럼 이 위협에 맞서 단결에 나설까?

우리와 이야기를 나눈 쿡 제도 외교부 관계자는 이렇게 설명했다.

"중국은 미국과 마찬가지로 우리에게 중요한 파트너다. 우리는 지난 9월 워싱턴과 수교를 맺었고, 중국과는 수년간 교류해왔다. 이와 관련해서 우리에게는 딜레마가 없다."

그러나 쿡 제도가 미국 진영을 택한 것은 분명해 보인다. 반면 솔로몬 제도 같은 경우는 워싱턴의 보복을 초래할 위험을 무릅쓰고 지난해 베이징과 안보 협정을 체결했다.

쿡 제도의 브라운 총리는 2월 초 뉴질랜드 및 호주와 3자 간 국방 및 안보 파트너십을 구축하자고 요청했다.(2) 2021년 호주는 오커스 협약(Aukus, 미국·영국·호주 3자 간 외교 안보 협의체)을 통해 핵잠수함을 확보

(2) "Cook Islands and Australia celebrate 30 years partnership – Cook Islands call for trilateral defence and security arrangement 쿡 제도와 호주는 30주년 파트너십을 축하합니다. - 쿡 제도는 3자간 국방 및 안보협정을 요구합니다.", 쿡 제도 외교이민부, 2023년 2월 1일, https://mfai.gov.ck

할 목적으로 총 3,680억 미달러를 지출하기로 약속하면서 미국과 동맹을 맺었다. 이 과정에서 기존에 프랑스와 체결한 잠수함 인도 계약은 파기됐다.

뉴질랜드 노동당 저신다 아던에 이어 크리스 힙킨스가 이끄는 이전 팀은 수용적인 태도를 보였다. 이제 뉴질랜드의 새로운 극우 성향 정부는 드론, 킬러 로봇, 군집 지능 등의 자동화 전쟁 연구 개발에 집중된 '오커스 필러2'에 합류할 계획이다.

오클랜드 공대 태평양 역사학자 마르코 드 종은 이렇게 분석했다.

"미국에 있어 오커스 협약의 근본 목표는 위험의 외주화를 위해 중국을 견제하고 아시아태평양에 미국의 핵기지를 건설하는 데 호주를 참여시켜 핵 억제력을 확장하는 것이다. '오커스 필러2'는 차기 군비경쟁에서 승리할 수 있는 기술 개발을 목표로 한다. 다음 세대를 종말로 몰아갈 기계를 향해 비인간적으로 돌진하는 모습을 보면 소름이 돋는다."

이처럼 태평양은 미국의 안보 구축에 날마다 한 발짝씩 더 들어가고 있다. 무엇보다 태평양은 이미 오래전부터 선제 핵 공격 능력으로 말미암아 세계를 지배하려는 그들의 계획에서 그 위상이 점점 더 중요해지고 있다. **Ⅼᴅ**

글·글렌 존슨 Glenn Johnson
파리사클레대학(UVSQ) 공법학 교수

번역·조민영
번역위원

LE MONDE
diplomatique 「르몽드 에스파스」 개강!

11월

인문학과 문화예술의 복합공간 「르몽드 에스파스」(Le Monde Espace)! 르몽드가 초빙한 정상급 아티스트들과 비평가들이 독보적인 지식과 안목, 열정이 가득한 강의로 달콤쌉쌀한 배움의 즐거움을 선사할 것입니다.

강좌명	강사	요일	기간	수강료
웹소설 쓰기: 입문에서 등단까지 노하우 (★)	이지우	월 19:00–21:30	4주	24만원
"샹송을 배울까요?" – '프랑스 유학파' 샹송 가수와 함께 샹송 부르기	강은영, 장경아	화 19:00~21:00	4주	18만원
			8주	35만원
노벨문학상 수상작 읽기 (★)	안치용	수 18:00–20:00	6주	28만원
발행인과 함께하는 "르몽드 읽기 챌린저스" (★)	성일권	목 19:00–21:00	4주	3만원
로맨스, BL, SF, 영화 등 평론의 노하우 (★)	이지혜, 한유희	토 10:00–12:00	6주	24만원
와인을 공부하며 즐겨볼까요? – 유럽 와인, 유럽식으로 즐기기 (11월 16일)	권은중	토 16:30~19:30	원데이 클래스	9만원

장소 : 서울 마포구 양화로1길 83 석우빌 1층 르몽드코리아

정원 선착순 12명, 5명 미만 신청시 폐강됩니다. 추석연휴 휴강 / ★: 온라인 Zoom 강의 병행

＊〈노벨문학상 수상작 읽기〉는 선착순 5명에 한하여 10만원 할인됩니다.

＊〈르몽드 읽기 챌린저스〉는 11월 7일 개강, 도서 개별 지참이며 완강 시 1만원 환급됩니다.

르몽드 구독자 10% 할인 / 2개 이상 신청시 10% 할인
수강생 전원 도서 증정! / 수료증 발급 가능

모든 강좌는 개강 후 편입이 가능하며,
수강료는 무통장입금 결제에 한해 회차별로 차감됩니다.

자세히 보기

수강 문의   www.ilemonde.com | 02 777 2003

<히틀러 갱>, 1944 - 쿠르트 슈비터스 _ 관련기사 92면

HISTOIRE

역사

히틀러에게 무대를 내준 독일 부르주아

일반적인 통념과 달리, 나치 아돌프 히틀러는 결코 선거를 바탕으로 집권에 성공한 게 아니다. 각종 의회 위기 사태가 반복되고, 극우 거물 인사들의 사주를 받은 독일 언론이 정신적 혼란을 조장하는 상황에서, 기업가와 은행가가 협잡을 벌인 결과였다. 그들은 모두 선거에서 독일 좌파의 선전을 막고, 국가를 무너뜨리기를 원했던 것이다.

요한 샤푸토 ▌역사학자

1933년 1월 30일 나치 집권은 모든 민주주의 정신에 깊은 상흔을 남긴 최악의 트라우마였다. 그때까지 서구에서 독일은 문화·과학·연구·기술 대국이자, 음악·문예·철학의 영예로운 위상을 거머쥔, 수많은 노벨 문학상 수상자를 배출한 나라로 여겨졌다.

이뿐만 아니라 세계에서 가장 유서 깊고 체계적이며 강력한 좌파를 보유한 나라라는 위용도 뽐냈다. 그 바탕에는 사회민주당이나 공산당 노조, 그리고 여러 정당이 존재했는데, 가령 사회민주당(SPD)은 사회정치활동을 통해, 공산당(KPD)은 존재 자체만으로 1918~1919년 진보적인 사회 민주주의 확립에 기여했다.

1919년 7월 31일 헌법을 채택한 바이마르 연립정부(사민당, 독일민주당(DDP), 가톨릭 중앙당)는 1920년 선거에서 후퇴했다. 이 연립정부는 기존에 이룩한 민주적, 사회적 성취를 되돌리려는 온건파, 더 나아가 우파에게 정권을 내주어야 했다.

사민당 출신의 대통령 프리드리히 에베르트가 임기 중 서거함에 따라, 구체제의 살아 있는 화석, 파울 폰 힌덴부르크 원수가 대통령 자리에 취임했다. 하지만 법은 법이었다. 힌덴부르크는 바이마르 헌법에 충성을 맹세하고 법을 준수했다.

베르사유 조약, 다수 국가의 배척, 막대한 전쟁 배상금. 이처럼 불리하기만 한 국제 정세 속에서, 독일공화국은 자유주의, 민주주의, 의회주의를 표방하며 상당히 존속 가능한 민주주의 문화(중앙정부와 지방정부 차원에서 주기적으로 선거 개최, 정당 간 대화)를 조성했다.

하지만 구스타프 슈트레제 총리(인민당(DVD), 우파 정당)가 이끄는 연정 체제(우파-좌파 연합)는 1923년 가을 루르 점령(제1차 세계대전 후 독일의 배상 지불 불이행에 대하여 프랑스와 벨기에가 단행한 보복조치—역주), 살인적인 인플레이션, 기존 화폐 폐지, 각종 반란(라인 지방의 분리주의 운동, 동부의 볼셰비키 혁명 시도, 바이에른의 나치 폭동) 등의 사태에 직면했다.

독일 우파, 대통령실을 통해 통치하고 의회를 무시

이에 헤르만 뮐러 총리가 이끄는 대연정 체제가 1928년 6월 28일 이후 독일을 통치하게 됐다. 그런데 다음 해인 1929년 가을 미국발 경제위기가 독일을 강타했다. 경제위기의 충격파는 독일 정권을 분열시켰다. 우파는 긴축 재정을, 좌파는 실업보험 강화를 각기 주장했다.

어떤 다수당도 의회를 온전히 장악하지 못하는 상황에서, 소수의 대통령 보좌진 그룹이 헌법 관행을 뒤엎으려고 시도했다. 말하자면 권위, 위엄, 간단히 말해 힌덴부르크라는 인물을 상대로 벌인 일종의 항구적 쿠데타에 해당했다.

우파는 대통령실을 통해 나라를 통치했고 의회(Reichstag)를 홀대했다. 1919년 헌법 제48조 2항에 따라, 국가수반이 법령을 통해 사법적 조치를 취할 수 있도록 허용됐기 때문이었다.

하지만 이 제도는 정작 민주주의의 본질을 호도했다. 정치적 위기 상황에 대비해 마련된 조항이 정작 사회급여 삭감에서 최저임금 인하에 이르기까지, 철저히 반사회적인 긴축 재정 조치를 취하는데 제멋대로 마구 악용됐다(에베르트는 1919~2023년 분리독립운동세력, 볼셰비키 세력, 나치 세력 등을 상대로 이 제도를 자주 애용했다).

하인리히 브뤼닝 총리(1930년 3월~1932년 5월)는 2년간 디플레이션 정책을 추진했다. 디플레이션 정책은 당연히 위기를 더욱 부채질했다. 이에 1931년 가을 이후 재계와 금융계의 반발이 높아졌다. 이들은 조금 더 비정통적인 경제 정책, 공급을 통한 경기 부양(세금 감면, 물론 국민이 아닌 산업을 대상으로 한 보조금 등)을 주장했다.

힌덴부르크 대통령 측근은 브뤼닝 총리가 긴축 기조를 유지하는 것이, 특히 농지개혁에 입각해 사회정책을 추진하는 것이 온당하지 않다고 봤다. 브뤼닝 총리는 독일 동부 지대에서 대토지소유주들이 보유하고 있던 잉여농지의 분배를 주장했다.

그런데 힌덴부르크 대통령도 그와 동일한 대토지소유주 계급에 속했다. 이른바 융커(대토지를 소유한 동프로이센의 귀족) 계급은 군과 더불어 힌덴부르크 인맥의 핵심을 차지했다.

한편 국가사회주의독일노동자당(NSDAP)을 대하는 전술적 차이 역시 문제였다. 처음에는 나치와 대화를 추진하던 브뤼닝이 끝내 나치의 민병대를 없애기로 작정하고, 1932년 4월 법령을 통해 돌격대(SA)와 친위대(SS)의 활동을 전격 금지했다.

이는 힌덴부르크 측근인 유력 고위인사 쿠르트 폰 슐라이허 장군이 추구하던 노선과는 전혀 맞지 않았다. 슐라이허는 길거리에서 공산주의자들에 맞서 싸우고, 독일군을 재건하기 위해서는 나치 군사나 민병대의 기동력이 불가피하다고 여겼던 것이다.

그는 이 갈색 머리칼을 한 난폭한 덩치들이 바로 군 수뇌부가 그토록 간절히 재건하고자 하는(독일이 전쟁 배상금 지불을 중단함에 따라, 1932년 국가방위군(Reichswehr) 군인 수를 10만 명으로 제한한 베르사유 조약이 완화될 가능성이 열렸다) 독일군의 전력을 채워줄 고급 '인적자원'이라고 생각했다.

각종 막후 공작(비밀접촉, 브뤼닝 총리의 등 뒤에서 벌어진 대화, 나치 민병대 금지를 강력히 주장한 국방, 내무장관 빌헬름 그뢰너 장군의 세력 약화를 위한 공작, 임무를 맡을 준비가 된 장관들 리스트 작성) 끝에 결국 브뤼닝이 실각하고, 프란츠 폰 파펜 신임 총리가 임명됐다. 기록적인 단기간 내에 1932년 6월 새 정부가 조직됐다.

파펜 정부, 나치와의 야합을 위한 최적의 허수아비

파펜은 정계에서 거의 무명에 가까웠다. 중앙당(Zentrum) 소속 인사이자 프로이센 주의회(Landtag)(제국에서 가장 중요한 주(Land) 의회) 의원이었던 그는 항상 신중한 태도를 견지했다. 귀족 출신에 전직 군인이자 사업가였던 파펜은 경영자, 고위 공직자, 군인 등으로 구성된 아무나 쉽게 가입할 수 없는 우파 성향의 유력자 모임, 신사클럽(Herrenklub)의 일원으로, 중대한 인맥과 영향력을 갖추고 있었다.

슐라이허의 눈에 파펜은 나치와의 야합을 위해 내세울 만한 가장 최적의 허수아비 인사로 보였다("내가 원하는 건 머리지, 모자가 아니야."). 파펜은 계획대로 움직여줬고, 나치 돌격대(SA)와 친위대(SS)에 대한 활동 금지령을 해제했다.

1932년 여름, SA와 SS가 대대적인 학살극을 벌였다. 백여 명 이상의 좌파 당원과 지지자들, 심지어 지나가던 행인들이 이들의 총격과 구타에 사망했다. 결국 파펜은 1932년 8월 9일 정치폭력에 대한 특별법령(정치폭력에 대해 항소 기회 없이 바로 사형 집행)을 선포했다.

파펜은 경제 및 사회 부문과 관련해 자신만의 신념이 투철했다. 사회국가를 지속적으로 해체하고, 비로소 기업을 상대로 대대적인 보조금과 세금 공제 혜택을 제공하며 공급 정책을 펼쳐야 한다고 생각했다. 이러한 생각은 1932년 9월 5일 특별명령을 통해 실제로 현실화됐다.

한편 파펜과 그 측근들('보수혁명'의 이론을 정립한 인물 중 한 명인 에드가 융과 카를 슈미트 교수)은 의회민주주의와도 결별해야 한다고 생각했다. 의회 해산에 이어 열린 1932년 7월 31일 선거에서 나치당은 100여명에서 230명으로 의석수가 크게 늘어났다. 이후 9월 12일 폰 파펜 정부는 압도적인 다수의 불신임안이 통과됨에 따라 실각했고, 또다시 의회가 해산됐다.

그해 11월 6일 그다음 선거에서도 또다시 자유주의 우파의 몰락이 재현됐다. 하지만 동시에 국가사회주의독일노동자당(NSDAP)도 36석을 독일국가인민당(DNVP)에 내어주며 상당히 후퇴한 모습을 보였다. 사실상 신흥 극우 정당인 DNVP를 이끈 지도자는 아돌프 히틀러에 견줘 카리스마나 매력도가 훨씬 떨어지는 인물이었다.

히틀러에 비해 육체적으로나 정신적으로 연장자로 보이는 알프레트 후겐베르크는 사실상 속물근성이 다분한 대부르주아였지만, 생각에 있어서만큼은 철저히 극우적인 성향(인종차별주의자이자, 반유대주의자이자, 맹렬한 범게르만 민족주의자)을 보였다. 독일 유수기업 크루프의 전 경영진 출신이기도 했던 후겐베르크는 1914년 전까지 독일의 동부 영토 팽창과 폴란드 식민지화를 옹호한 인물이었다.

독일 언론, 날조된 공포로
독일인의 우경화를 부채질

그러다 제2차 세계대전 이후, 각종 주간지와 월간지, 영화사(Deulig와 이어 UFA)들을 줄줄이 인수하고, 영화 시작 전 극장에서 미리 준비된 '뉴스릴'을 배포하며 미디어계의 거물로 우뚝 섰다. 후겐베르크는 비용과 이념적 일관성을 이유로 표준화된 콘텐츠를 생산하며, 날조된 공포를 활용해 독일인의 우경화와 히스테리를 부채질했다.

그는 독일의 극심한 우경화를 부추기고, 나치당을 합법적 정당으로 만드는 데 일조했다. 1929년 후겐베르크는 우파 연대를 주정하며 국가사회주의독일노동자당(NSDAP)과 연합해 배상금 축소 협상 영플랜(Young Plan) 반대 운동을 벌였다. 그리고 이어 1931년 10월 한시적 정치 연합체 하르츠부르크 전선(바이마르 공화국의 단명한 우익 정치 연정체—역주)을 결성해, 나치가 위엄 있고 근엄한 은행, 산업, 군, 더 나아가 정통 우파의 대표자들과 나란히 연단에 함께 자리해도 좋을 만큼 결코 위험하지 않은 존재라는 사실을 입증해줬다.

우파는 기존의 사회 질서를 유지하고, 독일을 군사 강국으로 재건할 최고의 해법을 놓고 고민이 깊어졌다. 또한 그들이 생각하는 최악의 위험, 다시 말해 공산당 유권자 확대에 맞설 최상의 전략이 무엇인지에 대해서도 고심했다. 사실상 1932년 가을 나치 지지도가 하락한 것과 달리 공산당 지지자는 선거를 거듭할수록 더욱 확대됐던 것이다.

1932년 8월 파펜 정부는 참담한 총선 패배 이후 두 가지 대책을 구상했다. 첫째, 나치를 국가 행정에 참여시키는 방안이었다. 이미 1932년 초 브뤼닝이 제안했던 것을 파펜이 히틀러에게 다시 제안하는 셈이었다.

하지만 문제가 있었다. 국가사회주의독일노동자당(NSDAP)이 7월 31일 개최된 의회(Reichstag) 선거에서 (11월 6일 선거도 동일) 선두자리를 차지하면서, 당수인 히틀러가 총리 자리를 요구했던 것이다.

하지만 힌덴부르크는 원칙상의 이유를 들어(힌덴부르크는 우파 연정을 원했지만 NSDAP는 오로지 나치당 출신의 장관으로만 구성된 내각을 요구한 것으로 알려졌다) 요구를 거절했다.

게다가 그것이 전부가 아니었다. 힌덴부르크는 히틀러에 대해 개인적인 반감도 강했다. 오스트리아 출신인 히틀러에게 힌데부르크는 프로이센인이었다. 군 원수였던 힌데부르크에 비해 히틀러는 보잘것없던 하사 출신이었다.

한편 두 번째 대책은 다시 의회를 해산(6개월 동안 벌써 3번째였다!)하고, 무기한 다음 선거를 연기하는 방법이었다(하지만 이는 차기 선거일을 최대 60일 이내로 제한한 헌법 제25조에 위배됐다). 그리고 정부가 요지부동 자리를 지키며 각종 시행령을 통해 원하는 정책을 추진하는 것이었다.

만일 격렬한 저항에 부딪힌다면(파업, 시위, 저항운동) 비상시국을 선포해 군대가 공공질서를 회복하면 그만이었다. 하지만 군 수뇌부는 1932년 12월 초 공산주의와 나치 세력을 동시에 막아내기란 어렵다는 뜻을 전달했다. 더욱이 외세 침입의 위험이 있는 경우라면 더더욱 그랬다.

마지막으로 세 번째 가능성이 떠올랐다. 1932년 12월 3일 총리로 임명된 쿠르트 폰 슐라이허 장군은 그레고어 슈트라서(장관직을 맡지 못해 실망하고, 선거에서 당의 지지도가 하락할 것을 우려하던 NSDAP의 2인자)와 조합주의자들을 영입하는 사회국가주의 정책을 제안함으로써, 나치당을 분열시키는 방안을 제안했다.

기업가와 은행가,
대통령에게 히틀러 총리 임명을 거세게 요구

그런데 슐라이허는 실업 문제 해소 방안으로 농지개혁 실시를 주장한 브뤼닝의 생각을 계승하며, 힌덴부르크와 그 측근들을 자극했다. 결국 파펜은 대토지소유주와 더불어 기업가, 은행가의 지지를 등에 업고 슐라이허를 상대로 음모를 꾸미기로 작정했다.

기업가와 은행가는 1932년 11월 19일 이후로 히틀러를 총리 자리에 앉히자고 힌덴부르크 대통령에게 공개 요구했다. 1933년 1월 4일 은행가 쿠르트 폰 슈뢰더의 자택에서 우파 연합 정부의 원칙을 정하기 위한 비밀 회동이 조직됐다. 이 자리에서 히틀러는 총리, 파펜은 부총리에 앉히는 방안이 거론됐다. 또한 우파 연합 정부는 ('반민족' 분자에 대항해) '민족' 정책, 사적 이익에 유리한 정책을 추진하기로 결정했다.

히틀러는 이미 1년째 경영자 단체들과 수많은 회동을 가져왔다. 나치당은 사회 정당, 게다가 사회주의 정당은 더더욱 아니며, 경제성장을 담보해줄 대대적인 재무장을 표방하는 정당으로, 동부 신흥시장을 힘으로 정복하려고 계획 중인 정당이라는 확신을 심어주기 위해서였다.

결국 세 번째 대안이 채택됐다. 1933년 1월 30일 정오, 신임 정부가 마침내 힌덴부르크 대통령 앞에서 선서를 했다. 힌덴부르크는 파펜의 약속에 마음을 누그러뜨렸다. 파펜이 히틀러의 목에 고삐를 단단히 매어두겠다고 맹세하는 한편, 힌덴부르크에게 NSDAP-우파는 이미 1930년 이후 3개 주에서도 연정 경험이 있다는 사실을 환기시켰다.

1933년 1월 31일, 공식적으로 의회 해산 명령이 내려졌다. 힌덴부르크는 '민족 집결'의 다수당을 희망하며, 3월 5일 예정된 선거가 최후의 선거가 되어야 한다는 사실에 동의했다. 이로써 헌법 제48조 2항의 민주주의는 마침내 독재정권으로 향하는 문을 활짝 열어젖혔다. 우파(권위주의 자유주의, 민족보수주의 세력)와 나치가 서로 한마음 한뜻이 되어 희망한 정권이었다. **lD**

글·요한 샤푸토Johann Chapoutot
역사학자

번역·허보미
번역위원

숲이 사라지고 탄소가 늘고 있다

종이책은 환경위기 책임에서 자유로운가?

책 시장에 과도한 공급이 쏟아지고 있다. 2022년, 주요 프랑스 출판사들은 11만 1,000종, 5억 3,600만 부를 출간했다. 그러나 독자들은 이를 따라가지 못하고 있다. 단지 4억 4,800만 부만 판매되었고, 2만 5,000톤의 책이 폐기되었다. 낭비를 넘어, 출판업계의 불투명성과 환경적 부담이 문제로 떠오르고 있다. 창작을 지원한다는 명목 아래 환경적 문제는 너무 자주 간과되고 있다.

클레르 르크브르 ▌저널리스트

2024년 상반기 동안 벨기에와 프랑스의 여러 서점에서 독특한 파업이 벌어졌다. '책 생태계를 위한 협회'는 '신간 발행 중단'을 제안하며, 고의적으로 모호하거나 놀라운 기준을 거부했다.

예를 들어, 한 달에 한 번씩만 출간되는 책 또는 출판사 당 하나의 책만을 수용한다거나 특정 출판사의 책 또는 파란색 표지나 유명 작가의 책을 거부하는 식이었다.

"말도 안 되는 시스템에는 말도 안 되는 대응이 필요하다"라고 협회 회장인 아나이스 마솔라는 웃으며 말했다. "우리의 제안이 급진적이어서가 아니라, 수년간 서점들이 겪어온 일상보다는 덜 비합리적이었기 때문에 의미가 있다."

출판업계에서 일하는 많은 사람은 이러한 상황에 불편함을 느끼고 있다. 사회적 관점뿐만 아니라 환경적 관점에서도 마찬가지다. 이 두 가지는 밀접하게 연결되어 있다. "협회가 2019년 6월에 설립되었을 때, 모두가 충격을 받았다. 서점의 일이 텍스트를 전달하는 것이라 말하지만, 서점업무의 90%가 상자를 풀고 다시 싸는 일에 얽매여 있다 할 때 이 일이 과연 의미가 있는 것인가? 대부분의 신간이 서점에서 3주도 머물지 않는데, 작가나 출판사의 역할은 무엇인가?"라고 파리의 서점 '르 리도 루즈'(Le Rideau rouge)의 대표인 마솔라는 말했다.

과잉생산에 대한 경고, "책을 하나의 생태계로 생각해야"

"출판 체인을 환경적인 관점에서 비판해보면, 이것이 시스템적 문제라는 것을 알게 된다. 그 뒤에는 자본주의적, 금융적, 산업적 논리가 숨어 있다. 우리는 세 가지 기둥에서 고민한다. 사회적, 상징적, 물질적 생태학이다. 책을 제작하는 방식은 인쇄소의 해외 이전과 같은 사회적 영향을 미친다."

"또한, 책은 사상을 전달하는 수단이다. 그러나 생산량과 실제로 만들어지는 사상의 다양성 사이에는 모순이 있다. 베스트셀러 작가들이 출판 시장을 독점함으로써 '서적 다양성(bibliodiversité)'이 손상되고 있다."

마지막으로, 자원, 즉 종이, 잉크, 접착제, 인쇄 장소, 운송 등과 관련된 문제가 있다. 협회는 "책의 세계를 하나의 생태계로 생각하여 지속가능한 상호 의존성을 만들어야 한다"라고 제안한다. 책 생태계는 점점 더 많은 관심을 받고 있으며, 2024년 프랑스 서점 연합(SLF)은 스트라스부르에서 열린 전국 서점 회의의 주제로 '서점 직업의 생태학'을 선택했다.

여러 관계자들이 과잉 생산 문제를 경고하고 있다. 이 문제는 오래되었고 더 심화되고 있다. 2021년, 프랑스 국립도서관(BNF)의 법적 납본 부서에는 8만 8,000종의 새로운 인쇄물이 접수되었는데, 이는 10년 전보다 25% 증가한 수치이다. 재출판과 재인쇄를 포함하면, 2022년에는 500대 출판사에서 11만 1,000종의 책들이 발행되었다. 1999년에서 2019년 사이에 신간 수는 76% 증가했다.(1)

이 출판물의 증가 문제는 출판사의 집중화와 함께 구조적 문제가 되었다. 이 문제는 1980년대부터 나타났으며, 2000년대부터 명확히 인식되기 시작했다. 이후 점점 더 큰 기업과 영향력을 추구하는 억만장자들의 연이은 출판사 인수로 이 문제가 가속화되고 있다.(2)

"출판사의 집중화 문제와 관련하여, 프랑스에서 상위 12개의 출판사가 시장의 87%를 차지하고 있으며, 그중 상위 4개의 출판사가 55%를 차지하고 있습니다. 이 두 가지 수치로 거의 모든 것을 설명할 수 있습니다"라고 지난 5월 29일 상원 문화위원회 앞에서 프랑스 국가도서센터(CNL) 회장인 레지네 아숑도가 요약했다. 나머지 출판사들에게 돌아가는 시장 점유율은 매우 낮으며, 프랑스 문화부에 따르면 약 2,750개의 출판사가 존재하고, 소규모 구조까지 포함하면 4,000개 이상의 출판사가 자원봉사로 운영되기도 한다.(3)

자신들의 입지를 유지하기 위해, ...룹은 에세이, 성인 문... ...관화, 실용서 등 모든 ... ... 다루려 하고

<가정주치의>, 2021 - 브라이언 데트메르

있다. 이들은 연중 내내 서점과 대형 마트에서 자리를 차지하기 위해 노력하며, 이를 통해 경쟁사를 압도하려 한다. 특히 이들이 강점을 가진 분야는 유통이다. 주목할 점은, 상위 4대 그룹(Hachette, Editis, Madrigall, Média-Participations)이 각각 자체 유통사를 보유하고 있다는 것이다. 이들은 책을 보관하고, 서점으로 운송하는 핵심 역할을 맡고 있으며, 전체 유통 관련 매출의 80%를 차지하고 있다.

하지만 이러한 구조는 문제가 되고 있다.

'Belles Lettres Diffusion Distribution(BLDD)'의 상업 담당자인 장필리프 플뢰리는 "문제는 근본적으로 구조적입니다. '책의 체인'에 속한 사람들은 모두 어느 정도 장인들인데, 유일하게 산업적 성격을 가진 단계는 유통이며, 그들이 중심적 위치를 차지하고 성장 모델과 축적 논리를 지배하고 있습니다. 유통은 '템포' 빠르게 최종적으로 출간 속도를 결정합니다. 이 때문에 흐름이 중요시되고, 책들은 빠르게 순환되며, 신간이 또 다른 신간을 밀어내고, 그러다 보니 모두가 기계에 책을 공급해야 하는 상황입니다. 출판사, 서점, 유통업자 모두가 그렇죠. 그렇지 않으면 도태될 위험이 있습니다."라고 우려했다.

대형 출판 그룹은 규모의 경제를 활용해 인쇄 비용을 더 쉽게 협상하고, 소규모 출판사보다 훨씬 많은 부수를 인쇄할 수 있다. 이들은 시장 점유율을 확보하기 위해 서점에 엄청난 양의 책을 공급하고, 이로 인해 많은 재고가 발생하더라도 이를 감수한다. 서점에서 반품된 책들은 일부만 다시 유통사 창고로 들어가며, 유통사는 계약에 따라 일부를 출판사로 돌려보내고, 나머지는 '파쇄(pilon)'로 보내진다. 파쇄된 책은 재활용 업체에 의해

처리되며, 대부분은 불에 태워지거나 종이 펄프로 만들어져 화장지나 피자 박스 포장지로 재탄생한다. 이는 책을 보관하는 비용(분류, 취급, 포장 및 보관)을 감당하는 것보다 훨씬 저렴하다.

프랑스 출판산업협회(SNE)에 따르면, 2021년과 2022년 평균적으로 생산된 책의 19.3%가 반품되었고, 그중 13.9%는 파쇄되었다. 이는 약 2만 5,000톤의 폐기물에 해당하며, 이는 6개의 대표적인 유통업체 데이터를 바탕으로 추정한 수치이다.(4)

카탈로그에 한동안 보관되었다가 결국 파기되는 책들도 여기에 추가된다. 2014년에서 2022년 사이에 평균적으로 계산했을 때, 매년 약 17.5%의 새 책이 파기되고 있으며, 재활용 비율은 여전히 낮다.

제작된 책과 판매된 책의 구체적인 수치를 알아내기란 쉽지 않다. 출판사에 질문하면 명확하지 않은 답변이 돌아오고, 제공되는 정보는 흐릿하고 불분명하다. 소수의 '대형 출판사'들은 경쟁 또는 연대의 명목으로 이러한 불투명성을 유지하고 있다.

프랑스 서점 연합(SLF)이 설립한 협회에 따르면, 소규모 서점의 책 반품률은 14.2%로 더 낮은 반면, 대형 서점에서는 20.9%에 달한다.(5)

같은 협회에 따르면, 주로 신간과 특히 문학 부문에서 반품률이 높으며, 문학의 경우 전체 반품의 30%를 차지하고 있다(시장 점유율은 약 25%). 2022년 기준으로 대형 문화유통점에서는 평균적으로 2,426%의 책이 반품되었고, 대형 마트에서는 2,728%에 달했다는 리브르 앱도(Livres Hebdo)의 통계도 있다.

그러나 프랑스 주요 유통사 5곳(아셰트 유통, 에디티스의 인터포룸, 마드리갈의 소디스 및 유니온 유통, 미디어-파르티시파시옹의 MDS)은 이러한 문제에 대해 답변을 거부했다. 비록 작은 서점은 대형 유통점과 달리 반품률이 낮다고 알려졌지만, 실제로 유통업체 측에서는 더 복잡한 분석이 필요하다.

중간 규모의 출판사들은 대형 출판사들보다 더 많은 반품을 받는 경우가 많지만, 결과적으로는 책을 파쇄하는 비율이 더 낮다. 소규모 출판사의 경우 3%에서 14%가 파쇄되는 반면, 대형 출판사 5곳의 경우 13%에서 16.5%에 이르는 것으로 계산되었다. 베스트셀러 덕분에 대형 출판사들의 반품율은 상당히 낮은 편이다.

"대형 유통업체들은 반품된 책의 75%까지 파쇄"

소규모 출판사들은 경제적으로 어려운 상황에 처해 있으며, 반품된 책들을 회수하여 재활용하는 방식으로 책에 '두 번째 생명'을 부여하려는 노력을 하고 있다. 반면, 대형 출판사들은 이런 문제를 크게 고민하지 않는다.

작은 유통업체 중 하나인 Pollen의 공동 창립자인 베누아 바이앙은 미판매 서적 처리 방식에 있어 큰 차이가 있음을 확인했다. "우리는 반품된 책의 10~15%만 파쇄합니다. 그러나 대형 유통업체들은 75%까지도 파쇄할 수 있습니다. 우리는 주로 쉽게 재인쇄할 수 없는 독립 출판사들과 일하고 있습니다. 책을 분류하고, 청소하며, 올바른 선반에 다시 보관하는 모든 작업을 하나하나 따져보면, 특히 대량으로 출간되는 포켓북 같은 형식은 수익성이 낮습니다."

파쇄를 줄이거나 아예 하지 않는 출판사들도 있다. 이는 인쇄량을 신중히 관리하고, 재고를 체계적으로 운영하며, 가능한 한 오랫동안 카탈로그에 제목을 유지하는 것이 필요하다. 일부 출판사들은 몇 년 후 특별 행사, 테마 카탈로그, 같은 시리즈의 새로운 책 출간 시, 또는 프로모션 팩으로 다시 제공해 책의 생명력을 이어간다. 그러나 서점들은 점점 위험부담이 큰 책들을 받지 않으려 한다.

파리 지역의 유통센터와는 멀리 떨어진 투렌 한복판에, 거대한 건물들이 자리 잡은 'Société genilloise d'entrepôt(SGE)'가 있다. 5미터가 넘는 책장들이 책과 다양한 물품으로 가득 차 있으며, 그중 작은 공간에서는 책을 새롭게 단장하는 작업이 이루어진다. 파스칼의 지도 아래, 실비, 퀸틴, 마리-노엘, 로랑스, 카티아가 책을 분류하고 표지를 접수하며, 라벨을 제거하고, 책 테두리를 다듬으며, 흠집을 지운다. 그 결과 책은 새것처럼 보인다.

"이 방식으로 반품된 책의 60%, 출판사가 동의하면 80%까지도 되살릴 수 있습니다. 책 한 권당 50센트면 충분하니, 그만한 가치가 있죠. 요즘 많은 출판사들이 이런 방식에 관심을 보입니다. 2025년에는 처리량을 200만 권에서 400만 권으로 늘릴 계획입니다"라고 SGE의 디렉터인 샤를 앙리 도카뉴는 말한다. 'Defraîchis'(약간 손상된 책)로 간주되는 책들이 비전문가의 눈에는 새 책처럼 보인다. 반면, 포켓북은 제작 비용이 적고 대량 판매로 수익을 창출하기 때문에 절대 재단장되지 않고, 파쇄가 가장 손쉬운 해결책으로 남는다.

생태학 관련 내용을 출판했던 일부 선구적인 출판사들은 책을 제작하는 방식에 의문을 제기했다. 예를 들어, Terre Vivante는 2011년에 생애 주기 분석을 실시했다. Rue de l'échiquier와 Plume de carotte를 포함한 10여 개의 출판사는 '친환경 출판사' 공동체를 설립했으며, 이후 프랑스 출판산업협회(SNE)의 환경 및 제작 위원회 창립에도 참여했다.

그러나 이들은 곧 위원회를 떠났다. Plume de Carotte 출판사의 편집자 프레데릭 리자크는 "곧 흥미를 잃었는데, 너무 기술적인 논의로 변해버렸기 때문입니다. 물론 중요한 문제이긴 하지만, 그걸로는 충분하지 않다고 생각했습니다"라고 말했다. 그는 옥시타니아 지역의 출판사 협회 및 독립 서점들과 함께 이러한 고민을 계속 이어가고 있다.

20여개 다국적기업에 장악된 세계 펄프시장

최근에는 대형 출판 그룹들도 탄소 배출량 계산을 시작했다. 아셰트가 2015년에 이 과정을 시작했고, Bayard, Editis, l'Ecole des loisirs가 뒤를 따랐다. Madrigall은 2024년 말까지 이를 완료할 예정이다. "시장은 여전히 환경 문제를 신경 쓰지 않는 부분도 있지만, 점점 더 많은 출판사들이 기후 문제에 관심을 보이고 있습니다. 2022년 12월에 도입된 유럽의 지속 가능성 보고 지침이 큰 변화를 가져왔습니다"라고 Ecograf의 창립자인 베누아 모로는 말했다. Ecograf는 출판사와 인쇄소가 환경 전략을 세우는 데 도움을 주는 컨설팅 회사다. 이 지침은 연 매출 5천만 유로 이상의 기업들이 더 포괄적인 연구를 실시하고, 온실가스 배출량을 줄이기 위한 전략을 제시할 것을 요구한다.

제품 생애 주기 분석은 환경에 미치는 전체 영향을 고려하는 매우 유용한 도구로 밝혀졌다. 그러나 분석 도구들이 보여주는 공통점은 하나다. 가장 까다로운 부분은 종이 제작 과정으로, 많은 에너지와 물을 소비하며 자연 환경을 훼손한다는 것이다.(6)

종이 펄프는 곡물처럼 세계 시장에서 거래되며, 이 시장은 프랑스 출판사들보다 훨씬 강력한 20여 개의 다국적 기업들이 장악하고 있다. 문제는 이 시스템이 종이 섬유의 출처, 즉 그 섬유가 나온 숲의 출처를 불분명하게 만든다는 것이다. 프랑스나 노르웨이에 있는 제지 공장이 스스로 펄프를 제조하지 않는 경우, 그 원재료는 전 세계 여러 곳에서 온다.

세계자연기금(World Wide Fund for Nature- WWF)에서 출판에 관한 세 개의 보고서를 공동 집필한 다니엘 발로리는 이렇게 설명한다. "종이를 만드는 건 큰 압력솥 같은 것이죠. 거기에 여러 가지 재료를 넣고, 공급처에 따라 브라질에서 온 펄프와 우리나라에서 온 펄프가 섞이기도 합니다. 예를 들어, 이탈리아와 스페인에서는 브라질산 펄프를 많이 수입합니다."

그는 숲의 관리 방식이 매우 중요하다고 말한다. "브라질이나 인도네시아에서는 유칼립투스나 아카시아 같은 산업용 나무 농장이 있죠. 이 작물들은 10년이 지나면 벌목되는데, 그동안 생물 다양성이 거의 발전할 수 없습니다. 자연에 더 많은 공간을 남겨야 합니다."

종이의 출처를 알기 어려운 상황에서, 많은 사람은 라벨에 의존한다. '산림관리위원회(CGF)' 또는 '산림관리협의회(FSC)'의 라벨은 산림 경영 계획의 존재와 품질 수준, 추적 가능성을 보증한다. 반면, '산림인증 제도의 인정 프로그램(PECF)' 또는 'PEFC'의 라벨은 단순히 지속적인 개선을 약속할 뿐이다. 프랑스 출판산업협회(SNE)에 따르면, 2022년 프랑스 출판사들이 구매한 종이의 98%가 인증을 받았지만, 사용된 인증의 종류는 기록되지 않았다. 하지만 두 라벨 간에는 큰 차이가 있다.

발로리는 이렇게 설명한다. "PEFC는 산업 전체에서 만든 라벨입니다. 이는 유기농과 비교되는 '합리적 농업'의 개념과 비슷하죠. 산림 관리 관점에서 PEFC의 요구 사항은 일반적으로 FSC보다 훨씬 낮습니다. 프랑스에서도 마찬가지입니다. 이는 특히 산업적이고 집중적인 플랜테이션과 불법 벌목이 있는 지역에서 더욱 문제가 됩니다. FSC는 완벽하지 않지만, 더 엄격한 기준을 적용합니다."

〈프랑스 2〉 채널의 Cash Investigation 같은 언론 조사에 따르면, PEFC는 종종 숲이 아닌 다른 것들에게도 인증을 부여하는 경우가 있었다고 지적한다.(7) 2023년에 비정부기구 그린피스 캐나다와 오리가 누산타라(Auriga Nusantara)는 캐나다 기업 페이퍼 엑설런스에 대해 FSC에 항의했다. 이 회사는 잭슨 위자야가 운영하고 있으며, 그의 아버지가 운영하는 인도네시아 기업 아시아 펄프 & 페이퍼와의 관계가 문제가 되었다. 아시아 펄프 & 페이퍼는 2013년과 2023년에 걸쳐 무분별한 산림 벌채와 아카시아 단일 재배로 인해 여러 스캔들에 휘말리며 FSC 인증을 상실했다.(8)

페이퍼 엑설런스는 파이버 엑설런스(Fibre Excellence)의 모회사이기도 하며, 이 회사는 프랑스 생고댕(Saint-Gaudens)과 타라스콩(Tarascon)에 두 개의 펄프 공장을 보유하고 있다. 국제탐사보도언론인협회(ICIJ)는 이 공장의 한 공급업체가 피레네 산맥에서 목재를 도난한 혐의로 유죄 판결을 받은 사실을 보고했다. 이 공장은 FSC와 PEFC 산림 인증을 보유하고 있음에도 이런 일이 발생한 것이다.(9)

프랑스 출판산업협회(SNE)는 이러한 질문들에 명확한 답변을 내놓지 않았다. 대신 SNE의 환경 및 제작 위원회 담당자인 카렌 폴리티스 부블릴은 "우리의 주된 목표는 모든 사람이 인쇄업체에 인증받은 종이를 요청하도록 하는 것"이라고 대답할 뿐이었다.

신문, 책, 브로셔 인쇄에 사용되는 종이는 '그래픽 용지'라 불리며, m²당 224g 이하의 무게로 정의된다. 프랑스와 유럽에서 이러한 종이의 생산량은 점점 줄어들고 있다. Copacel(프랑스 제지업체 연합)의 순환경제 및 제품 정책 책임자인 장 르 무는 "유럽은 2005년에 5천만 톤을 생산했으나, 2022년에는 단지 2천만 톤만 생산했다"라고 확인했다.

물론, 책은 프랑스에서 사용되는 그래픽 용지의 9%만을 소비하며, 이는 2022년에 21만 5,200톤에 해당한다. 그러나 이 중 12만 5,400톤은 외국에서 수입된 것이다.(10)

또한, 프랑스에서 생산된 펄프에는 평균적으로 6.5%의 수입 목재가 포함되어 있다. 코로나19 이후 재산업화가 화두로 떠올랐음에도, 출판업계는 오히려 더 많은 해외 이전을 향해 나아가고 있다. 인쇄 분야에서는 이미 일부 기술이 사라지거나, 복잡한 작업을 위한 비용이 너무 비싸졌다. 예를 들어, 깜짝 창문이 있는 어린이 책, 접지방식의 책이나 아코디언 책은 주로 아시아에서 수작업으로 제작되고 있다.

2000년대 이후, 프랑스의 그래픽 용지 생산 제지소들은 하나둘씩 문을 닫거나 포장지와 상자 생산으로 전환하여 온라인 판매의 증가하는 수요에 대응해 왔다. 아마존을 위한 상자 생산이 출판을 위한 종이 생산보다 더 수익성이 높기 때문이다. 2023년 9월, Lecta는 도르도뉴의 콩다(Condat) 공장에서 그래픽 용지 생산 라인을 폐쇄하면서, 187명의 직원이 해고되었고, 하청업체 직원 26명도 해고되었다.

필리프 들로르드, 콩다 공장의 CGT 대표는 "우리의 4번 기계는 프랑스에서 양면 코팅 종이를 마지막으로 생산하던 기계였습니다"라고 설명했다. 이 같은 폐쇄에도 불구하고, Lecta는 프랑스 환경에너지관리청(Ademe)으로부터 1,400만 유로를 지원받아, 폐기물을 태울 바이오매스 보일러를 건설해 효율을 개선했다. 이는 Paprec 재활용 그룹이 제공하는 폐기물을 사용하게 된다.

프랑스 지역 당국은 2020년에 마지막 기계를 개조하기 위해 1,900만 유로를 지출했다. "현재 제가 일하는 8번 기계는 점착식 라벨에 사용되는 바투며 왁스 처리 종이인 글라신(glassine)을 생산합니다. 이전에는 매우 가벼운 코팅 종이를 만들었습니다. 회사 측은 3,300

만 유로의 지원을 받았고, 그 대가로 해고를 감행했습니다.”(프랑스 지역 당국은 현재 지원금 환수를 요청한 상태다). 제지업체들은 모두 바이오매스 보일러를 설치했고, 에너지 전환을 지원하기 위한 국가 보조금을 받았다.

19세기 말부터 종이의 성분이 문제를 일으켜왔으나, 그 품질은 상당히 개선되었다. 올리비에 피포 프랑스 국립도서관(BNF) 보존 책임자는 “1860년부터 목재 사용이 급격히 증가했습니다. 섬유를 갈아서 만들었지만, 주로 접착제와 첨가제(카올린, 석면 등)를 많이 사용했습니다. 1870년에서 1970년 사이에 생산된 종이들은 ‘산성 종이’라 불리며, 시간이 지나면서 색이 변하고 부서지기 쉽습니다. 일부는 10년도 버티지 못했습니다. 1980년 이후로는 유해 성분을 배제하는 기준이 생겼습니다. 지난 30년 동안은 종이를 표백하기 위해 광학 표백제가 많이 사용되었지만, 아직까지는 구조에 미치는 영향이 관찰되지 않았습니다”라고 설명한다.

여러 도구를 통해 구매자들은 종이가 어떻게 생산되었는지, 온실가스 배출량은 얼마였는지, 그리고 얼마나 많은 에너지가 사용되었는지를 알 수 있다. 예를 들어, Environmental Paper Network는 어떤 종이든 환경에 미치는 영향을 계산할 수 있는 도구를 제공한다. 각 제지업체는 제품의 성분, 생산에 필요한 에너지, 온실가스 배출량에 대해 보고할 수 있다. 하지만 출판사 내부에서는 이러한 정보를 자세히 조사하지 않는 제작 담당자들이 많다. 게다가 많은 출판사는 직접 종이를 구매하지 않고, 시간 절약과 비용 협상의 이유로 인쇄업체에 이 작업을 맡긴다.

2023년 5월에 유럽연합이 통과시킨 유럽 산림 훼손 및 산림 황폐화 방지 규정은 2020년 12월 30일 이후 산림 훼손이나 황폐화에 기여한 모든 제품의 판매를 금지하는 것을 목표로 하고 있다.(11)

재활용 종이에 거부감을 보이는 출판업계

이를 위해서는 종이로 변환된 모든 나무, 그리고 모든 종이 섬유의 출처를 정확히 식별해야 한다. 이는 숲에서 생산된 제품의 추적성을 개선할 수 있는 방법이지만, 일부 이해관계자들에게는 악몽처럼 보인다. 대부분의 제지업체는 이러한 규정을 반대하고 있다. 그러나 라 볼트(La Volte) 출판사의 편집자이자 SNE 환경위원회의 일원인 마티아스 에셰네이는 “이 규정 덕분에 대형 출판사들이 종이 공급업체에 제품의 출처를 요구할 것이고, 그 결과 소규모 출판사인 우리 같은 곳이 이익을 볼 수 있다. 인쇄업체들은 이제 더 이상 출처를 모른다고 답할 수 없을 것이다”라며 기뻐했다.

골치 아프지 않게 책을 만드는 것이 어렵다는 점을 고려하면 자연스럽게 ‘재활용’에 대해 생각하게 된다. 그러나 재활용 종이는 출판업계에서 그리 선호되지 않는다. 2022년에 재활용 종이를 포함한 책은 겨우 1%였으며, 이는 2012년의 3%에서 감소한 수치이다. 재활용 종이에 대한 거부감은 놀라운 이유로 나타난다. 첫 번째 이유는 독자들이 재활용 종이를 덜 아름답게 여긴다는 것이다. 두 번째, 일러스트가 있는 책의 경우 특정 색상을 얻기가 어렵다는 평계도 있다. 이 작업에는 더 많은 노력이 필요하다는 주장이다. 세 번째로, 재활용 종이가 더 빨리 닳는다는 의견도 있다. 재활용 과정에서 종이 섬유가 손상된다는 주장이다.

그러나 재활용 종이는 평균적으로 7번까지 재활용이 가능하며 최소 50년간 지속될 수 있다고 본다. 하지만 2차 세계대전 이후 제작된 종이들은 20년도 되지 않아 분해된 경우가 많다. 프랑스 환경에너지관리청(Ademe)의 생애주기 분석에 따르면(12), 재활용은 실제로 톤당 4,521kWh의 에너지를 절약하고, 토지 사용과 수질 및 해양의 부영양화를 상당히 줄일 수 있다. 재활용 과정은 많은 에너지를 사용하고 온실가스를 배출하지만, 재생 섬유로 만든 종이와 상자를 생산할 때 톤당 84kg의 CO_2 배출을 절감할 수 있다.

출판사들은 재활용 종이 부족과 가격 상승을 이유로 들고 있다. 그러나 생산자들은 수요가 없다는 입장이다. 일부 공장은 문을 닫았는데, 그 대표적인 예가 2020년까지 100% 재활용 신문용지를 생산했던 거대한 라 샤펠 다블레(La Chapelle Darblay) 공장이다. 그럼에도 불구하고 충분한 재활용 재료는 존재한다. 2022년에는 6,584킬로톤의 회수된 종이와 상자가 있었지만, 그중 겨우 512킬로톤만이 그래픽 용지로 변환되었고, 나머지는 포장지와 화장지로 사용되었다.(13)

연간 최대 17만톤의 책이 재활용될 수 있어

놀랍게도, 2015년, 2020년, 2023년에 통과된 에너지 전환과 순환 경제에 관한 다양한 법률들은 책에 적용되지 않는다. 이는 출판사들이 환경 기여금을 납부하지 않으며, 책이 지자체에 의해 수거, 분류되지 않는다는 것을 의미한다. 또한 폐기된 책의 양도 측정되지 않는다. 그 결과, 정확한 수량 파악이 불가능하다. "책은 구매되고, 전달되며, 중고로 다시 팔린다. 책은 버려지지 않는다. 만약 너무 낡아서 더 이상 읽을 수 없고 폐기해야 할 경우가 생긴다면, 그때는 그냥 쓰레기통에 넣으면 된다." 이것이 2017년에 SNE 환경 및 제작 위원회 위원장인 파스칼 르누아르가 이 문제를 다룬 방식이다.(14)

그럼에도 불구하고 책은 실제로 버려진다. 출판사에서 폐기하는 것 외에도, 사람들은 공간이 한정된 책장을 정리하면서 책을 버리기도 한다. 예를 들어, 에마우스(Emmaüs)와 리사이클리브르(Recyclivre) 같은 단체들은 각각 회수한 책의 85%와 50%를 폐기해야 한다고 밝혔다. WWF는 프랑스에서 쓰레기통에 버려지는 책의 양을 최대 6만 3천 톤으로 추정하며, 출판사의 폐기를 포함할 경우 최대 17만 톤의 책이 재활용될 수 있다고 보고 있다.(15)

일부 사람들은 디지털이 해결책을 가져다줄 것이라고 기대했지만, 실제로는 정반대의 결과를 보였다. 전반적으로, 화면을 사용하는 기기들의 숨겨진 비용과 환경 피해는 더 크다.(16) 이는 책과 전자책 리더기를 비교했을 때도 마찬가지인데, 전자책 리더기는 태블릿이나 컴퓨터보다 에너지를 덜 소비하지만, 연구팀들의 생애 주기 분석 결과에 따르면, 기기가 더 친환경적인 선택이 되려면 연간 40권 이상의 책을 읽어야 한다는 결론이 나왔다.(17) 그러나 이는 대부분의 독자에게 해당되지 않

는다.

출판업계의 주요 업체들은 시장을 보호하기 위해 '문화적 예외'를 내세우며 투명성 의무에 맞서기를 주저하지 않는다. 하지만 이들의 관행에 대해 의문을 제기하면 답변을 피하는 경향이 있다. 규제를 피하기 위해 관계를 활용하면서도 자신들의 관행에 대해 공개하지 않는 산업에 대해 어떻게 생각해야 할까? **LD**

글·클레르 르크브르 Claire Lecoeuvre
프랑스의 저널리스트이자 작가로, 주로 환경, 과학, 생태 문제를 다루고 있다.

번역·박순성
번역위원

(1) 「2023년 문화 및 통신 주요 통계」, 프랑스 문화부, 2023년판, 2024년 3월 16일 발행.
(2) Jean-Yves Mollier, 「출판, 집중화의 혼란」, <르몽드 디플로마티크> 프랑스어판, 2022년 10월호.
(3) Thierry Discepolo, 『La trahison des éditeurs 출판사의 배신』, 아곤(Agone), 마르세유, 3판, 2023년.
(4) 「중소형 출판사의 현황에 관한 연구」, 프랑스 문화부, 2023년 3월 12일 발행.
「출판물 운송량에 관한 연구: 반품, 폐기 및 재활용 (2021-2022)」, 프랑스 출판산업협회 (SNE), 2023년 12월 22일 발행.
(5) 『반품에 관한 연구』, <Observatoire de la librairie française>, 2023년 10월 발행.
(6) 『책 제작, 환경에 미치는 영향』, Terre Vivante 소책자.
(7) 「목재 약탈」, Cash Investigation, 2017년 1월 24일 방송.
(8) 「APP 시나르마스: 산림 약속이 무너졌다」, 그린피스, 2023년 10월 25일 발행.
(9) Vincent Nouvet와 Adrien Sénécat, 「두 그룹이 세계 종이 시장을 장악하는 방법」, <르몽드>, 2023년 3월 1일.
(10) 『프랑스에서의 그래픽 용지 흐름』, Ademe, 2023년 9월 발행.
(11) 「EU 시장에서 산림 훼손 및 황폐화와 관련된 특정 제품의 판매 및 수출에 관한 유럽 의회 및 이사회 규정」, 2023년 5월 31일 발행.
(12) 「2012-2021년 국가 재활용 보고서」, Ademe, 2024년 3월 발행.
(13) 「2022년 프랑스 제지 산업 통계 보고서」, Copacel, 2023년 7월 발행.
(14) 「출판과 환경: 소설의 70%는 프랑스에서 인쇄된다」, <Actualitté>, 2017년 12월 18일.
(15) Julien Tavernier, Lisa King, Juliette Kacprzak, 그리고 Daniel Vallauri, 「책 산업에서 더 순환적인 경제로 나아가는 길」, <WWF 보고서>, 2019년.
(16) Guillaume Pitron, 「L'enfer numérique. Voyage au bout d'un like 디지털 지옥. 좋아요 하나의 끝으로 가는 여행」, Les Liens qui Libèrent 출판사, 파리, 2021년.
(17) Harish K Jeswani, 「전자책이 종이책보다 환경적으로 지속 가능한가?」, <Clean Technologies and Environmental Policy>, 제17호, 2015년.

너무 비싼 콘서트

언젠가는 테일러 스위프트의 공연이나 오아시스(Oasis)의 연주 투어 현장에 있기 위해서 빚이라도 내야 할지 모른다. 콘서트 기획 업계의 집중화와 인터넷을 통한 티켓 재판매가 이러한 인플레이션의 악순환을 부추기고 있다. 이에 기꺼이 동참하는 팬들 덕분에 계속되는 현상이다.

장크리스토프 세르방 ▌기자

여름 페스티벌의 무대 뒤에서 가장 많이 이야기된 주제는 '티켓마스터(Ticketmaster)'였다. 티켓마스터는 미국 캘리포니아에 본사를 둔 라이브 네이션(Live Nation)의 티켓 판매 자회사로, 공연 산업에서 가장 영향력 있는 기업 중 하나다. 이 티켓 판매 대기업은 미국 법무부의 반독점 부서로부터 소송을 당했다. 이유는 콘서트 시장에서 팬, 아티스트, 소규모 프로모터, 공연장 운영자들을 대상으로 한 이들의 불법적인 독점혐의 때문이다.(1)

라이브 네이션은 미국에서 티켓 판매의 80% 이상을 장악하고 있고, 자신들이 운영하는 공연장과 투어를 진행하는 아티스트들에게만 독점적으로 티켓 판매를 제공하고 있다.

이번 연방 소송은 결과에 따라 티켓마스터의 해체로 이어질 수 있으며, 미국뿐만 아니라 유럽연합과 프랑스까지도 콘서트와 페스티벌의 생태계를 변화시키는 계기가 될 것으로 보인다. 특히 프랑스는 2023년에 770만 명의 페스티벌 참가자와 독특한 지역적 구조, 그리고 문화적 예외성을 가지고 있어 주목받는 대상이다.

지난해 뉴욕 증권기래소에 상장된 리이브 네이션은 기업 가치가 230억 달러에 달했고, 전 세계적으로 5만 건의 음악 행사를 주최하여 1억 4,500만 명의 관객을 모았다. 이 기업은 공연장, 페스티벌, 아티스트 매니지먼트를 포함한 수직적인 통합 전략을 사용하고 있다. 2010년에 티켓마스터를 인수하여 고객 데이터를 활용해 수익을 창출하면서 음악 산업의 가치 사슬을 통제하고 있다.

라이브 네이션은 롤링 스톤스(The Rolling Stones)부터 래퍼 타일러 더 크리에이터(Tyler, The Creator)에 이르기까지 3,300여 개 이상의 투어링 아티스트와 373개의 공연장을 보유하고 있다. 이로 인해 다른 경쟁사들이 있지만, 이들과 자주 협력하는 모습을 보인다.

예를 들어, 티켓마스터는 테일러 스위프트(Taylor Swift)의 월드 투어 티켓 판매를 담당했지만, 프랑스에서

미국 록그룹 <데드&컴퍼니>의 홍보게시물, 2019 - 에멕

는 AEG의 자회사가 그녀의 최근 6회 공연을 주최했다. 이처럼 음악 비즈니스가 다양한 영역에서 협력 관계를 형성하고 있는 것처럼 보인다.

AEG의 회장 필리프 안슈츠(Philip Anschutz)는 석탄, 석유 등 화석 연료와 철도 사업을 통해 부를 쌓았으며, 공화당의 보수적 가치와 '낙태 반대(pro-life)' 입장을 지지하는 인물이다.

파리 시장이었던 사회당 소속의 베르트랑 들라노에(Bertrand Delanoë)가 재임 중일 때 AEG는 파리 시로부터 공공서비스 대행 계약을 따냈다. 2013년부터는 AEG가 43% 지분을 가지고 파리의 팰레 옴니스포츠(Palais omnisports de Paris-Bercy, POPB)를 운영하며 현재 아코르 아레나(Accor Arena)라는 이름으로 사용하고 있다.

하지만 2020년, 프랑스 회계감사원은 파리 시가 AEG에 "경영권을 넘겨주었다"고 지적했다. 시는 아직도 지분의 과반을 보유하고 있음에도 불구하고 재정적 지원을 크게 제공했기 때문이다.(2)

국제적인 음악 페스티벌 운영을 통해 발생하는 비용과 수익도 예전과 달라졌다. 프랑스 페스티벌인 '레 쉬드(les Suds)'의 디렉터 스테판 크라스니에브스키(Stéphane Krasniewski)는 이제 프랑스 아티스트들의 경우도 최고 30만 유로 이상의 출연료를 요구하고, 국제 아티스트들은 100만 유로를 넘기는 경우가 많다고 말한다.

빌리 아일리시(Billie Eilish)는 2023년 락 앙 센느(Rock en Seine) 페스티벌에서 150만 유로의 출연료를 받았다. 그러나 크라스니에브스키는 "공공 보조금은 지역과 대도시 모두에서 인플레이션의 영향으로 늘어나지 않았으며, 오히려 감소했다"고 지적한다. 이에 더해, 지역 당국들이 지역 마케팅을 위한 수단으로 페스티벌을 지원하는 상황에서 "보조금 체계가 점점 프로젝트 공모 체계로 대체되고 있다"라고 덧붙였다.(3)

2017년부터 2021년까지 마르세유에서 개최되는 마르사탁(Marsatac) 페스티벌은 라이브 네이션 프랑스와 협력해왔다. 공동 창립자인 베아트리스 데그랑즈(Béatrice Desgranges)에 따르면, "프로그래밍을 해치지 않고 더 큰 경제적 위험을 감수하기 위해" 라이브 네이션과의 파트너십을 맺었다.

그러나 2022년 코로나19 이후에는 다시 독립적으로 운영을 시작했다. "규모와 화려함만을 겨루는 경

쟁에 참여하고 싶지 않았다"고 말하며, 페스티벌의 장소와 일일 참가자 수를 줄여 2만 1천 명에서 1만 5천 명으로 조정했다. 데그랑즈는 "2024년은 소규모 페스티벌들에게 대형 콘서트와 이벤트의 과열된 경쟁에 직면해 큰 전환점이 될 것"이라고 우려했다.

최근 '골든 코스트(Golden Coast)' 페스티벌은 마티유 피가스(Mathieu Pigasse) 팀에 의해 디종에서 9월 13일과 14일에 개최되었다. 이 페스티벌은 '랩의 헬페스트(Hellfest)'를 목표로 했으며, 디종 시의 시장인 프랑수아 레브사멘(François Rebsamen)이 이끄는 대도시가 15만 유로의 보조금을 지원했다. 또한 이 페스티벌은 15세에서 18세까지의 청소년을 대상으로 한 정부의 '문화 패스(pass Culture)'를 통해 이틀간의 패스 가격을 139유로로 책정해 판매를 촉진했다.

2019년부터 2022년까지 프랑스의 주요 공연장인 스타드 드 프랑스(Stade de France, 8만 석)는 공연 횟수를 두 배로 늘렸다. 반면 1,000석 이하의 소규모 공연장들은 수익이 38% 감소했다. 10년 전에는 6,000석 이상 규모의 대규모 투어가 판매 티켓의 30%를 차지했으나, 2023년에는 그 비율이 42%까지 증가했다. 이러한 변화는 큰 규모의 공연들이 음악 시장에서 더욱 중요한 역할을 하고 있음을 보여준다.

공연 티켓의 가격도 평균적으로 2019년 이후 15% 상승했고, 국제적인 스타들이 공연하는 경우엔 최대 31%까지 상승했다. 또한 페스티벌에서 제공되는 음식, 음료, 그리고 상품 가격도 크게 올랐다.

코로나19 이후 프랑스 관객들은 새로운 아티스트를 발견하는 것보다 이미 성공한 아티스트들의 공연을 선호하는 경향이 강해졌다. 이로 인해 소규모 공연과 신인 아티스트들은 생존에 어려움을 겪고 있다.

또한 60% 이상의 페스티벌 관객이 상류층에 속하고, 서민 계층 관객은 13%에 불과하다. 이는 점점 팝 음악의 단일화 현상으로 이어지고 있으며, 특히 스트리밍 플랫폼을 통한 도시 음악의 우세로 나타나고 있다. 베아트리스 데그랑즈에 따르면, 젊은 세대는 이전 세대보다 더욱 소비 지향적이고, 소셜 미디어와 스포티파이 같은 스트리밍 플랫폼을 통해 아티스트와 더욱 긴밀한 관계를 형성하고 있다고 한다.

음악 기자 소피안 파넨(Sophian Fanen)도 이러한 변화를 인정한다. 그는 "우리는 이제 팬의 경제에 진입했다. 더 이상 아티스트를 들으러 가는 것이 아니라, 이벤트를 보러 가는 것이다. 이 경험은 반드시 소셜 미디어를 통해 실시간으로 공유되어야 한다."라고 설명한다. 이러한 팝 단일문화는 대규모 기업들이 제안하는 방향과 일치한다.

엠마누엘 네그리에(Emmanuel Négrier)는 이 대규모 기업들이 향후 규제 완화와 공공 보조금 감소를 예상하고 있으며, 특히 음악 산업이 CETA(유럽연합과 캐나다 간의 포괄적 경제 무역 협정)의 적용 범위에서 제외됨에 따라 이 변화에 대비하고 있다고 경고하고 있다.

마지막으로 아티스트들은 이 변화의 가장 큰 당사자들이다. 스테판 크라스니에브스키는 "AEG, Combat, Bolloré 또는 라이브 네이션과 계약을 맺을 때 더 많은 고민과 논의가 필요할 것"이라고 말했다. 🆔

글·장크리스토프 세르방 Jean-Christophe Servant
기자

번역·강태호
번역위원

(1) Véronique Le Billon, 「음악: 미국 반독점 당국이 라이브 네이션을 상대로 소송을 제기하다」, <Les Echos(레제코)>, 파리, 2024년 5월 23일.
(2) 내용은 저자와의 인터뷰를 인용했다. 참고: 엠마누엘 네그리에(Emmanuel Négrier), 「기업들의 표적이 된 음악」, echosciences-sud.fr, 2019년 1월 17일.
(3) Christine Henry, 「파리: 회계감사원이 아코르 아레나 관련해 시 당국을 지적하다」, <르 파리지앵>, 2020년 8월 4일.

우파 작가들이 왜곡하는 '지식인'의 본질

오랫동안 이 단어는 형용사로만 사용됐었다. 그러다 드레퓌스 사건 이후, '지식인'은 행동을 위해 깊이 사유하는 사람, 금권 언론·군대·종교에 맞서 공화주의 이상을 지켜내는 수호자라는 의미를 지니게 됐다. 당시 우파는 지식인이 전통을 배신했다고 비판하면서 조롱했다. 하지만 정작 우파의 문필가들도 어느새 지식인 타이틀을 스스로 자처하며, 본질적으로 정치적인 성격을 띠는 이 단어의 본래 의미를 왜곡하기에 이른다.

리오넬 리샤르 ▮역사학자

간첩 활동을 향한 공포는 사회적 질병에 속한다. 1870년 보불전쟁(프로이센과 프랑스의 전쟁. 프로이센의 승리로 끝나 1871년 독일제국이 선포되었다.—역주) 이후 프랑스와 독일의 지도층이 서로 치열한 각축을 벌이는 상황에서, 19세기 말 내내 간첩을 향한 공포가 유럽의 사회 전역을 물들였다. 유럽의 언론매체에는 '간첩' 재판과 관련한 기사가 봇물 터지듯 쏟아져 나왔다.

이른바 '드레퓌스 사건'(1894년 프랑스 육군참모본부에 근무하던 유대계 드레퓌스 대위가 반역죄로 기소되어 유죄 판결을 받고 종신형에 처해져 프랑스령 기아나의 악마섬에 유배되었다. 이후 많은 지식인들의 오랜 항의로 프랑스 법원이 마침내 재심 청구를 받아들였고 결국 1906년 드레퓌스에 무죄를 선고했다. 드레퓌스는 이후 복권되어 레지옹 도뇌르 훈장을 받았으며 육군 소령으로 1차 세계대전에 참전해 공을 세웠다.—역주)이 관심을 모은 배경도 이런 사회적 상황과 맥을 같이 한다.

경찰 조사 결과 독일대사관 무관 슈바르츠코펜과 한 이탈리아 외교관이 프랑스인 장교를 '매수'한 사실이 드러났다고 여러 신문들이 보도했다. 1894년 10월 중순 동일 언론사들이 배신자의 정체를 대중 앞에 넌지시 던져줬다. 2개월 뒤 전쟁위원회가 알프레드 드레퓌스가 유죄임을 만장일치로 선고했다. 드레퓌스는 국가반역적 혐의를 받고 대시양의 프랑스령 기아나로 영구 추방됐다.

반유대주의(antisémitisme)—혹은 반유대교주의(antijudaïsme)—라는 표현은 1880년대 중반 파리 부르주아 정치계를 가득 채웠다. 1886년 『유대인의 프랑스』를 저술해 큰 화제를 모으면서, 1889년 프랑스 반유대연맹(LNAF)을 공동 창립하기도 한 에두아르 드뤼몽은 1892년 4월 20일 〈라 리브르 파롤〉 신문의 창간호를 발간했다.

이 신문은 프랑스군에는 모두 유대인 장교 300명이 복무하고 있는데 그들은 저마다 "비양심적으로 국방 기밀을 팔아먹고 있다"라고 보도했다. 1907년 알자스 출신 기자 이자이 르바이양이 이러한 흑색선전의 효과를 다음과 같이 소개했다. 그는 "드레퓌스가 이렇게 사건 초반에 객관적인 근거와 분석도 없이 자신에게 둘러씌운 혐의를 씻어내지 못하고 기소에까지 이르게 된 것은 종교와 인종에 대한 편견이 그의 재판을 주동한 자들을 진정한 지적 실명 상태에 빠뜨렸기 때문이다"(1)라고 썼다.

1896년 11월 리옹 대회에서 기독 민주주의 기치 아래 모인 가톨릭 교도들이 채택한 결의안은 이러한 사회적 분위기를 여실히 보여줬다. 결의안의 내용은 흡사 독일 제3제국이나 프랑스 비시 정권에서 채택했을 법한 규제를 떠올리게 했다.(2)

"유대인에게 프랑스 시민권을 부여한 1791년 법령 폐지, 알제리 사람의 유대인에게 프랑스 시민권을 부여한 크레미외 법령 폐지, 공교육·법관·행정직 일자리·군계급·군사위원회·정부 조달 입찰 등에 있어 유대인 배제, 유대인의 독점 및 매점에 대한 형법 적용, 유대인 상인 리스트 발표, 반유대상인지역연맹 조직."

드레퓌스의 유죄판결 사건이 세간의 무관심을 벗어나기까지는 무려 3년이란 세월이 필요했다. 변화를 이끈 주인공은 오귀스트 쉐레르-케스트네르 상원 의원이었다. 그는 1897년 10월 31일 〈르피가로〉에서 이렇게 선언했다.

"나는 드레퓌스 대위가 결백하다는 걸 잘 알기에, 내가 가진 모든 힘, 모든 에너지를 다해, 그를 공개 복권시키고, 그가 누려야 할 온당한 정의를 되돌려줄 것이다."

곧이어 에밀 졸라가 쉐레르-케스트네르의 바통을 이어받았다. 그는 1897년 11월 25일 〈르피가로〉에서 만일 '사법적 오류'를 범했다면 오류를 '바로잡는 것'이 명예로운 일이라고 썼다. 그러면서 가상 중대한 잘못은 "명백한 증거를 눈앞에 두고 잘못을 인정하지 않고" 고집을 피우는 것이라고 했다.

졸라는 1897년 12월 5일 같은 신문에 '조서'라는 제목의 기사를 기고했다. 여기서 그는 '발정난 저열한 언론'이 명성을 떨쳤던 저 '철저한 암흑 속 진창', '수렁' 속에서도, 여전히 진실이 전진하고 있다는 사실은 기쁘기만 하다고 썼다. 그리고 "저들이 수년 전부터 매일 아침마다 민중에게 쏟아내던 유대인을 향한 광적인 증오"야말로 해로운 독약이라고 일갈했다.

1898년 1월 13일 졸라는 다시 〈로로르(L'Aurore)〉(조르주 클레망소의 신문. 조르주 클레망소는 훗날 프랑스 국무회의 의장이 되어 1차 세계대전에서 승리를 거두었다.―역주)에 펠릭스 포르 프랑스 대통령에게 보내는 공개서한을 투고했다. 여기서도 졸라는 다시 한번 드레퓌스가 얼마나 반유대주의로 가득 찬 이 사회의 희생자인지에 대해 설명했다.

졸라가 8번이나
"나는 고발한다"라는 표현을 쓴 이유

"추악한 반유대주의의 등 뒤에 숨어, 하층민과 서민에게 독약을 주입하고, 반동과 불관용의 격정을 자극하

<그들은 우리가 두려움을 갖고 있지 않기에 두려워한다>, 2011
-페데리코 휘르타도

는 것은 범죄다. 이를 치료하지 못한다면, 인권 자유의 위대한 프랑스는 사멸할 것이다."

하지만 그의 비판의 최고 백미는 결코 프랑스 제3공화국에 팽배한 사회적 분위기에 대한 공격이 아니었다. 졸라는 특히 프랑스군 수뇌부의 일부 인사들과 그들의 앞잡이 노릇을 하는 수하들을 겨냥해 모두 8번의 "나는 고발한다"로 글을 끝마쳤다. 무엇보다 그는 자신이 보기에 명백한 '사법적 오류'가 분명해 보이는 문제를 분명히 짚고 넘어가야 한다고 요구했다.

다음 날인 1898년 1월 14일, 일간지 〈라 크루아〉는 프랑스의 모든 사회 계층이 한마음 한뜻으로 승인한 재판을 놓고 왈가왈부하는 반대자들을 비판했다.

이 카톨릭 신문은 졸라를 '무례한 반박문'의 저자로 간주했다. 졸라는 국가 반역자들을 지휘하는 사령탑으로

인식됐다.

"드레퓌스 사건에서 유대인과 사회주의자가 왜 그리 서로 죽이 잘 맞는지 아는가? 왜냐하면 두 부류 모두 세계주의자이기 때문이다. 한쪽은 조국이 없는 자이고, 나머지 한쪽은 조국을 원하지 않는 자다."

역시 1월 14일 자 〈로로르〉에서 클레망소는 졸라를 위해 지원 사격에 나섰다. 클레망소는 사회 원칙의 준수를 논거로 내세웠다.

드레퓌스 재심 요구자 명단이 나온 이후, '지식인'이란 단어 유행

"한 개인을 상대로 정의가 보장되지 못한다면, 사회 집단 전체가 위태로워질 수밖에 없다."

한편 이 신문의 별지에도 드레퓌스의 '재심'을 요구하는 '항의자들'의 첫 시리즈가 실렸다. 맨 상단에는 졸라의 이름이 올랐고, 유명 작가 아나톨 프랑스와 그리고 파스퇴르 연구소 소장이자 생물학자인 에밀 뒤클로의 이름이 뒤를 이었다. 그 밖에도 수많은 대학교수와 작가의 이름이 열거됐는데, 그 가운데는 저명한 소설가 마르셀 프루스트도 있었다.

이러한 상황은 프랑스 언론매체에 '지식인'(intellectuels)이라는 단어가 유행하기 시작하는 계기가 됐다. 당시까지 이 단어는 형용사적 용법으로만 사용됐었다.(3) 저명한 문필가 앙리 푸키에는 1896년 이후 자신의 기사에서 주기적으로 이 단어를 명사로 사용하며 지식인이라는 표현을 대중화한 기자 중 한 명에 속했다.

푸키에가 생각하는 지식인이란 행동을 위해 깊이 사유하는 사람, 자신의 사상을 이론으로 정립할 줄 아는 사람을 뜻했다. 푸키에는 1848년 혁명을 계승한 급진사회주의 계열 일간지 〈르 라펠〉(1896년 2월 6일)에서 지식인을 국가가 공포한 권리, 하지만 한낱 '국가라는 미명을 내세워 남용'된 것에 불과한 권리, '항상 더 확대되기만 하는 금권'에 대해 고발자를 묘사했다.

1897년 9월 4일 이번에도 역시 〈르 라펠〉에서 푸키에는 지식인이라는 단어의 정의를 내리기 위해 다시 한

번 이들 지식인에 대해 거론했다. 그에 따르면, 지식인의 특징은 무사무욕에 있었다. 그는 지식인이 '돈을 좋아하는 사람'인 경우는 "극히 드물다"라고 결론을 내렸다. 지식인의 경우, 시민 활동의 유일한 동기는 도덕적 가치와 청렴성뿐이라고 지적했다.

푸키에가 말한 기준은 〈로로르〉지가 이들 '지식인'의 특성을 규정하는 잣대이기도 했다. 1898년 1월 23일 클레망소는 이 신문에서 '원내정당' 인사들이 "우발성보다 더 높은 차원의 정의를 요구하는 것"을 포기하고, 버젓이 '법이 유린'되는 상황을 지켜보고도 그저 내버려 두며, "'밀실 정치', '협잡 정치'를 위해 고귀함을 저버렸다"라고 개탄했다.

"지식인은 공화주의 이상을 지켜내는 '진정한 수호자'"

이런 이유에서 클레망소는 이탤릭체 대문자로 유난히 강조 표현하면서까지, 이른바 지식인들(Intellectuels)을 예찬했다. 같은 날짜의 〈로로르〉지에서 클레망소의 비서 앙리 레이레도 역시 대문자로 강조된 이 지식인들(Intellectuels)이 모든 제도화된 저열성을 벗어던지고 '이성을 되돌리기 위해' 노력하고 있다고 지적했다.

지식인들은 칼과 성수채(성수를 살포할 때 사용하는 기구—역주)의 결탁에 맞서, "광신적이거나 혹은 매수된 언론에 대항해서, 기만당하거나 혹은 실성한 민중을 상대로", 공화주의 이상을 지켜내는 '진정한 수호자'라고 소개됐다.

하지만 얼마 지나지 않아 지식인이란 표현은 경멸적인 표현으로 뒤바뀌어 프랑스 우파의 독설 속 단골멘트로 등장했다. 가령 〈라 리브르 파롤〉(1898년 1월 30일)은 이렇게 혐오의 고함을 내질렀다.

"우리는 지식인(Intellectuels)이 되기를 열망하지 않는다. 그저 지적인 사람(intelligents)이 되는 데 만족할 뿐이니."

같은 날 〈프티 주르날〉의 발행인 에르네스트 쥐데도 '흉악한 순진무구함'으로 인해 길을 잃은 '고장 난 뇌

들'을 통렬히 비판했다. 하지만 역시 최고의 백미는 뭐니 뭐니 해도 1898년 2월 1일 〈르 주르날〉에 실렸던 소설가 모리스 바레스의 조소였다. 그는 '드레퓌스 옹호' 탄원서를 '다수의 얼간이들'이 승인한 '엘리트 목록'이라며 신랄하게 조롱했다.

적들은 지식인을 반민족주의자, 유대인, 혹은 친유대 세력으로 규정했다. 1899년 6월 17일 민족주의 단체 '라 파트리 프랑세즈'의 파리 연례 컨퍼런스에서 르네 두미크는 지식인의 주요한 특징을 다음과 같이 정리했다.

그에 따르면, 지식인은 '전통적인 사상', 권위의 원칙에 반대하는 자들이며, '위계도, 규율도' 전혀 받아들이지 않는 자들이었다. 그들은 '국제주의자들'이자, '집산주의자들'이었다. 프랑스의 가치를 위협하는 강경한 적들이었다

'지식인'이란 단어, 어느새 본래의 의미를 상실하고 철저히 변질돼

바레스나 두미크처럼 진정한 프랑스 에너지의 수호자를 자처한 무리는 지식인을 문화의 해체에 골몰하는 선동가로 취급했다. 본래 드레퓌스 옹호자에서 훗날 샤를르 모라스가 표방한 통합 민족주의(nationalisme intégral)의 확고한 추앙자로 변신한 앙리 보주아는 〈락시옹 프랑세즈〉(1909년 3월 29일)에서 이른바 '드레퓌스파들의 공화국'을 맹렬히 비판했다. 그에 따르면, 그곳은 '취향의 부패'가 지배하는 세계였다.

이런 지식인들의 이미지는 보수주의나 반동주의 집단이 상상계 속에 편견과 관념으로 강력히 자리 잡았다. 그리고 제1차 세계대전을 계기로, 독일에 맞선 '신성동맹'이 예찬되는 분위기 속에서, 다시금 이러한 지식인의 이미지가 더욱 강화됐다.

그럼에도 한동안 '반드레퓌스파들'은 자신들이 지식인으로 여겨지지 않는 데 대해 어느 정도 굴욕감을 느끼던 때가 있었다! 가령 1919년 7월 민족주의자 앙리 마시스는 〈르피가로〉에 '지성 정당을 위하여'라는 제목의 선언문을 기고했다. 선언문에서 그는 '엘리트 지식인'은 '국가, 가정, 개인'을 파괴하는 '볼셰비즘'에 맞선 자신의 '의무'가 무엇인지 똑똑히 알아야 한다고 명시했다.

당시는 러시아 혁명의 여파로 좌파 내에 프랑스 정치 구조를 변혁하는 데 앞장서야 할 지식인의 소명이 요구되던 시절이었다. 가령 1921년 소논문 〈입에 칼을 물고서〉에서 앙리 바르뷔스는 다음과 같이 썼다.

"지식인(여기서 내가 말하는 지식인이란 결코 익살꾼, 선무당, 마음을 이용하는 자들이 아니다. 바로 생각하는 자들이다)은 삶의 혼돈 속에서 사상을 전달하는 번역자다."(4)

그렇다면 지식인의 임무는 무엇일까? 바로 공산주의를 둘러싼 온갖 궤변을 불식시키는 것이었다. 사실상 공산주의는 "연약한 정신을 가진 자들 중에서 특히 쉽게 속아 넘어가는 가련한 우민을 상대로 조악하게 변질되고" 말았기 때문이었다.

이러한 상황에 맞서 프랑스 우파도 철저히 지성을 무기로 삼고자 했다. 프랑스 우파의 대표자들은 지성의 사취를 정당화하기 위해 이탈리아에 득세 중인 파시즘을 용인했다. 어느새 수많은 인사가 민족주의, 식민지주의, 인종주의 지식인의 위상을 뽐내기에 이르렀다.

지식인을 과시하는 자들에게는 참으로 애석한 말이지만, 지식인이란 단어는 어느새 본래의 궤도를 벗어나 길을 잃고 말았다. 그리고 급기야 의미가 변질되기에 이르렀다. 신뢰와 명예의 징표로 여겨지던 본래 용법과는 철저히 반대되는 방향으로 말이다. ⓛⅅ

글·리오넬 리샤르 Lionel Richard
역사학자 피카르디 쥘 베른 대학교 명예교수

번역·허보미
번역위원

(1) Isaïe Levaillant, 「La Genèse de l'antisémitisme sous la troisième République. Conférence faite à la société des études juives le 14 avril 1907 제3공화국 반유대주의의 기원. 1907년 4월 14일 유대인 연구회 컨퍼런스」, <Revue des études juives>, 제53권, 제106호, Paris, 1907년 4/5월.
(2) <Le Temps>, Paris, 1896년 11월 28일.
(3) Geneviève Idt, 「L'intellectuel avant l'affaire Dreyfus 드레퓌스 사건 전의 지식인」, <Cahiers de lexicologie>, Paris, 제15권, 제2호, Paris, 1969년.
(4) Henri Barbusse, 『Le Couteau entre les dents. Aux Intellectuels 칼을 입에 물고서. 지식인들에게』, Editions Clarté, Paris, 1921년.

영화 <오, 꿈의 나라!>©KMDb _ 관련기사 114면

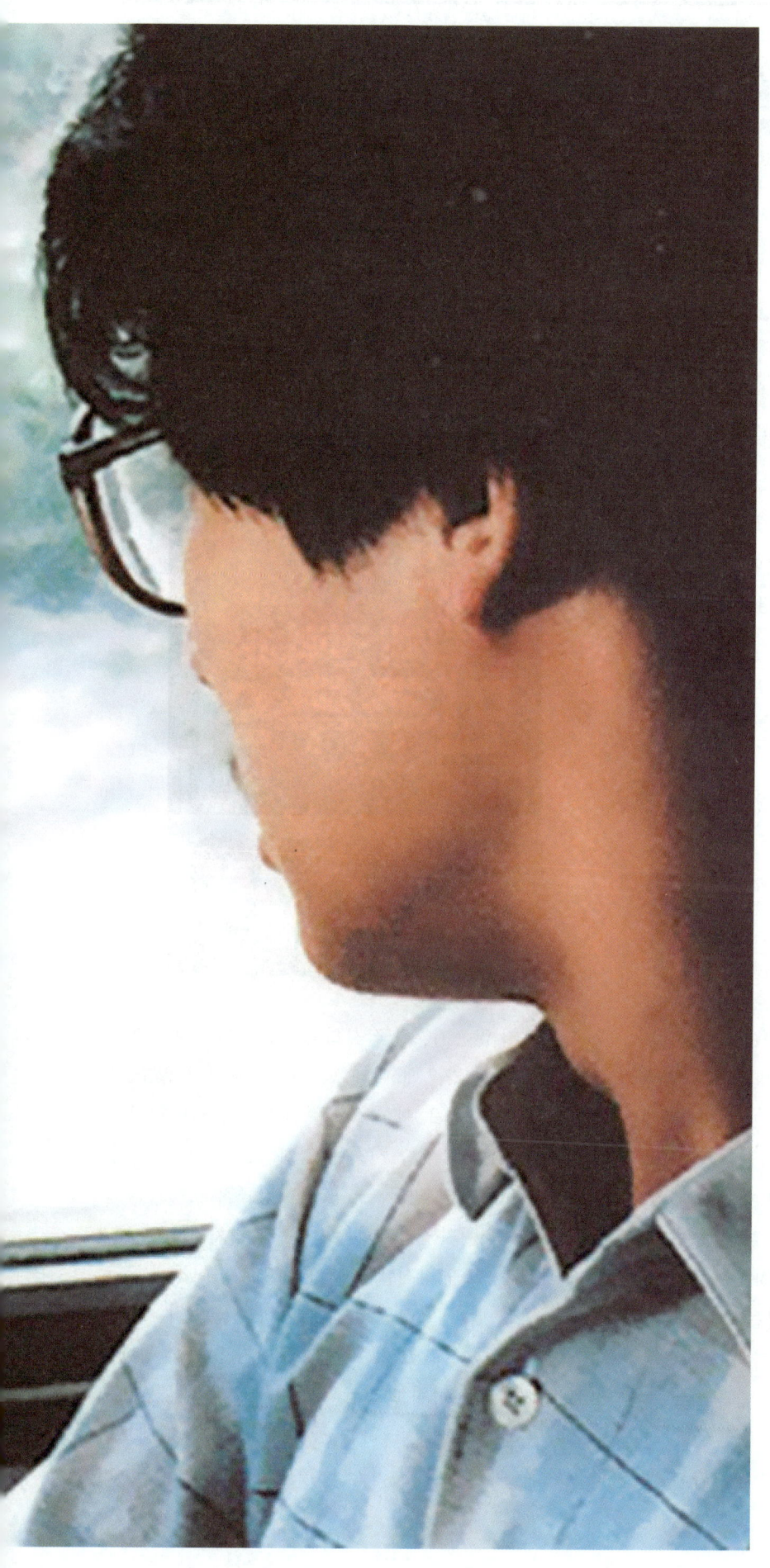

CORÉE

한반도

'모피아'가 망친 '한국 경제'와 탈출법,
『화폐 권력과 민주주의』

오태규 ▌언론인

한국 경제를 걱정하는 목소리가 크다. 특히, 윤석열 정권 들어 미중 패권 갈등 속에서 너무 일방적으로 미국 편에 가담하면서 경제난을 자초했다는 지적이 많이 나온다. 수출로 먹고사는 통상국가인데도 가장 수출 의존도가 큰 중국과 불화를 택하면서 경제가 어려워졌다는 얘기다.

미중 패권 경쟁 속에서 미국을 맹목적으로 추종하고 중국과 쓸데없이 각을 세우면서 반도체 등의 수출이 급감하는 것을 보면 일리 있는 분석이다.

하지만 윤 정권 들어 심화하고 있는 경제난이 중국 요소 때문만은 아니다. 중국 요소는 그동안 쭉 진행돼왔던 한국 경제의 취약성에, 또 하나의 무거운 돌을 얹어놓은 것에 불과할지 모른다.

『화폐 권력과 민주주의』(월요일의 꿈, 최배근 지음, 2024년 2월)는 한국 경제가 근본적으로 어디에서부터 잘못됐는지를 파헤치고 해결 방안을 제시하는 책이다. 경제사학자인 최배근 건국대 교수가 통계자료 등 풍부한 데이터와 날카로운 분석을 통해 활력을 잃고 '고인 물 사회'로 전락한 한국 경제를 명쾌하게 진단했다.

최 교수는 한국 경제를 일본과 미국과 비교한다. 일본 경제가 잃어버린 10년, 20년, 30년이 된 것은 산업 혁신을 하지 못하고 미래를 위한 먹거리를 창조하지 못했기 때문인데 지금 한국이 그와 닮은꼴이라는 것이다. 고령화가 진행되면서 사회보장 재정이 궁핍화하고 생산성이 떨어지는 것도 비슷하다.

다음은 최 교수의 말이다.

"이상의 일본 이야기가 현재의 대한민국 모습과 매우 흡사하지 않은가? 한국 사회와 경제야말로 제조업 성장은 정체하는 가운데 미래 먹거리는 보이지 않고, 부동산은 모든 자원을 빨아들이는 블랙홀이 되면서 부동산 자산에 기반한 세습 사회는 강화되고 있고, 대기업-중소기업 노동자의 임금, 정규직-비정규직 노동자의 임금, 임금노동자-자영업자의 소득은 그 격차가 구조화된 지 오래됐다. 그 연장선에서 AI 영역으로 넘어간 교육은, 정해진 답을 빨리 그리고 많이 습득하는 산업화 시대에서 벗어나지 못하고 있고, 미래가 보이지 않는 상황에서 청년에게 결혼은 사치로 취급되고 자기 삶을 대물림하지 않겠다며 '출산 파업'을 하는 등 일본 사회와 경제보다 나은 점을 찾기 어렵다."(17~18쪽)

그나마 일본은 65살 이상의 노년층 비중이 3분의 1에 가깝지만 한국은 아직 20%가 되지 않고 정치에서는 세습이 없다는 것이 일본보다 낫다고 할 수 있을지 모르겠다.

미국과 비교할 때는 어떤가? 최 교수의 말에 따르면, 경제 규모가 크고 산업화를 이룩한 나라 중 사회적 병리 현상이 극심한 대표적인 나라가 한국과 미국이다. 차이가 있다면, 한국은 부가 부동산 자산 중심인데 미국은 금융자산 중심이라는 점, 미국은 힘을 활용해 만만한 나라들에게 자기 비용을 전가하며 자국 이익을 추구하지만 한국은 비용을 떠안는 나라라는 점이다. 결론적으로 미국보다 더욱 사회적 병리 현상이 심할 수밖에 없다.

최 교수는 이런 문제가 발생한 원인으로 화폐 권력(금융)의 왜곡을 꼽는다. 금세 수치로 확인할 수 있는 것이 소득과 자산의 비대칭성이다. 한 예로 문재인 정권(2017~2021년)에서 한국의 전체 소득이랄 수 있는 국내총생산(GDP)은 235조 9천598억 원이 늘었는데 순자산은 무려 5천494조 7천427억 원이 증가했다. 부동산 자산 증가만 보면 격차가 더욱 심하다.

최 교수는 소득과 자산의 비대칭이 문제인 정권 때만 아니고 김대중 정권 이후 정권의 성향과 관계없이 지속적으로 강화됐다고 말한다. 민주화가 이뤄졌지만, 역설적으로 시장의 독주가 강화되면서 한국 사회가 부동산 카르텔 공화국, 즉 부동산 자산 중심의 '고인 물 사회'가 고착화되었다는 것이다.

여기에 윤석열 정권처럼 재벌과 부자를 대놓고 지원하는 정권이 들어서면 부동산을 중심의 빈익빈 부익부 현상은 더욱 강화되면서, 힘없는 약자는 시장이라는 정글에 강자의 먹잇감으로 던져졌다. 재정 준칙 제정, 재정 건전성, 재정 지출 최소주의가 모두 돈의 흐름을 강자와 부자에 유리하게 하는 조치이고, 이런 일을 '모피아'라고 불리는 기획재정부(기재부)가 주도하고 있다고, 최 교수는 말한다.

이 책 2부(대한민국에서 돈의 배분)의 '자본의 하수인, 모피아'라는 글에 모피아가 어떤 악행을 했고 하고 있는지 잘 나온다. 관심 있는 사람들은 꼭 읽어보기 바란

다. "대한민국의 공공영역에서 가장 권한이 집중된 곳은 공적 물리력의 집행기구인 검찰과 공공자금의 배분을 결정하는 기재부"라는 게 최 교수의 진단이다.

'부동산 카르텔 공화국', '불평등과 양극화'의 대명사, 인구 소멸 제1순위 국가, '모피아' 공화국. 이런 표현에 최 교수가 보는 한국 경제의 부정적인 모습이 오롯이 담겨 있다.

그러면 이런 지옥 같은 상황에서 어떻게 탈출할 수 있을까?

최 교수는 경제를 말하면서 시종 정치의 역할을 강조한다. 경제의 왜곡을 정치의 힘으로 바로잡을 수밖에 없다는 얘기를 하고 싶기 때문이리라. 구체적으로는 사회소득과 사회금융의 회복을 대안으로 제시한다. 지금 사회에 유통되는 불환화폐(신용화폐)라는 중앙은행권의 신용을 뒷받침하는 것은 근원적으로 사회 전체 구성원의 소득이고 세금이기 때문에, 사회 구성원이 정부에 기본 생활에 필요한 사회소득과 사회금융을 요구할 권리가 있다는 것이다. 이를 실현하기 위해서는 시민이 정치에 관심을 가지고 참여하는 것이 의무이자 권리라고 강조한다.

"민주주의와 시장이라는 두 개의 축으로 굴러가는 사회에서 두 축 사이의 균형이 깨진다는 것은 정치의 과잉이거나 시장의 과잉을 말한다."(219쪽)

"사회를 복원하고 정상화하는 것은 복잡한 일이 아니다. 사회를 구성하는 양 축인 정치와 경제가 제자리를 잡게 하는 것에서 시작하면 된다. 구체적으로 그것은 사회 몫과 개인 몫의 배분에서 균형을 만드는 일이다. 대한민국의 사회가 실종된 이유는 사회 몫의 배분이 매우 취약하기 때문이다. 사회 몫 배분은 정치의 영역이고, 민주주의 수준을 반영한다."(221쪽)

이 문장을 보면, 경제학자인 그가 왜 그토록 정치의 중요성을 되풀이 강조하는지 알 수 있을 것이다. **LD**

글·오태규

<한겨레> 논설위원실장, 관훈클럽 총무, 한일 일본군위안부 문제 합의 검토 태스크포스 위원장, 오사카 총영사를 역임했다. 2021년 9월부터 서울대 일본연구소 객원연구원. 국제, 외교, 국내정치, 사회, 스포츠, 문화 등 다양한 분야에 관심이 많다.

운동권은 선량한가
– 한국 영화 속 낡은 정의의 표상에 대하여

송아름 ▌영화평론가

누군가를 파악할 때 생각보다 많은 것이 필요치 않을 수 있다. 아니, 그렇다고 생각한다는 편이 맞을 것이다. 아주 직관적으로는 외형에서부터 그가 사용하는 몇몇 단어들, 그의 몸에 걸친 무엇들, 그의 사소한 행동들, 이 몇 가지만으로도 그가 어떠한 과거를 살았는지까지 짐작할 수 있다고 믿는 것은 사회의 약속이 작용하기 때문이다.

게다가 이 약속이 역사와 사회, 윤리와 정치적 함의까지를 꾹꾹 눌러 담은 것이라면 누군가를 헤아리는 과정은 훨씬 쉽고 빠르게 이루어질 수 있다. 이를 통해 한두 가지 특징만으로 누군가를 잘 아는 이처럼 만드는 것, 분명 착각이지만 꽤나 편리한 방법이긴 하다. 특별한 설명을 부연하지 않아도 떠올릴 수 있는 어떤 모습, 한국 영화 속에서 그려지는 한 세대는 '엘리트' '운동권'의 함의를 적극적으로 경유하며 오랫동안 고상한 위치를 점하고 있다.

한국 사회에서 역사적·정치적 혼란과의 동행, 그리고 실천이 세대의 분기(分岐)와 관계된 것은 자연스러운 일이었지만 모든 세대가 이 안에서 설명될 수 있는 것은 아니었다. 식민지기의 청년이나 4.19세대, 87세대와 같은 명명은 그 시기에 놓인 젊은이라는 조건만으로 부여받는 명칭이 아닌, 그 사회에서 요구하는 지위와 책무를 업고 문제를 해결해나갈 이들이 얻는 훈장이기 때문이다.

그렇기에 기대를 마땅히 받아 수행한 이들, 시대적 사명에 공명했던 이들은 적극적으로 외미첩되며 오레 보상을 받았다. 특히 87세대는 바로 이 세대적 책임과 정치적 명운의 깊은 관계를 유지하며 현재에 이르렀다. 이들에게는 대학생 즉 엘리트 지식인이라는 선망 어린 지위가 부여되었고 이를 기반으로 삼아 민주화에 투신했다는 것으로 이들의 과거는 진정성과 도덕성으로 갈음하여 '존중'되었다. 고뇌하는 지식인, 이타성을 바탕에 둔 희생, 미처 돌보지 못한 이들 혹은 이런 상황에 대한 죄책감, 스스로 비겁함을 느끼는 고통에 대한 연민 등은 87세대 운동권에서 파생된 정체성의 기제로 자리 잡았다.

이 모습을 한국 영화에서 가장 먼저 확인할 수 있던 것은 5.18 민주화 운동 이후 살아남은 자의 죄책감에서부터였다. 이를 담고 있던 첫 단편 영화 〈칸트 씨의 발표회〉(1987)에서 '칸트'가 보여준 광기의 정체는 〈오! 꿈의 나라〉(1989)에서의 종수로 인해 명확해졌다.

갑작스레 아는 형을 찾아 미군 부대로 들어온 종수는 전남대생이었다. 광주 시청에서 도망쳐 나온 그는 광주의 상황을 묻는 이들에게 아무런 말도 하지 못했고 한국인을 향한 미군들의 폭력을 바라보며 괴로워했다. 그가 가진 죄책감은 스스로를 갉아먹을 뿐 어떤 행동으로도 이어지지 못했지만, 이 죄책감은 곧 '우리'가 가져야 할 것으로 치환되어 있었다.

이상과 현실의 괴리가 커질 때 숨어들었던 공간들

영화 〈꽃잎〉(1996)에서 의문사한 친구의 동생을 찾아다니던 대학생들은 '우리들'로 지칭되었고 그들의 의무감과 슬픔은 곧 우리들의 것이 되었다. 너와 나의 일이 아니었다고 생각할 수 있음에도 괴로워하던 그들의 모습은 그들이 디디고 있던 상황의 폭력성으로 인해 분노해야 한다는 당위를 불러들였고, 비록 깊숙이 개입하지 못한 채 배회만 했을지라도 그 원인인 죄책감을 공감의 영역으로 끼워 넣을 수 있었다.

이러한 공감의 정치는 노동 현장을 그린 작품들에서도 드러났다. 87세대 민주화의 기치가 민중과 공명했다는 점을 생각할 때, 87 이후 일렁이던 789 노동자 대투쟁을 담론의 중심으로 옮겨오고자 했던 당대의 분투를 떠올릴 때 운동권의 고민하는 공간이 노동 현장으로 이동한 것은 당연한 일이었다.

이상과 현실의 거리가 커질 때 혹은 자신의 신변에 위협이 닥쳤을 때 운동권 대학생들이 택했던 것은 자신의 몸으로 삶을 꾸려가는 이들의 공간에 숨어드는 것이었다. 그들이 갔던 곳은 가리봉동 벌집촌에 살며 주변 공장에서 일하는 노동자의 틈이거나(〈구로 아리랑〉(1989)), 목숨을 내놓고 노동하는 사람들이 모여 있는 강원도의 폐광촌(〈그들도 우리처럼〉(1990)), 노조를 꾸리려 분투하는 여공들이 모여 있는 공단(〈아름다운 청년, 전태일〉(1995)) 등과 같이 글로 보아온 이들의 삶을 가까이서 바라볼 수 있는 장소였다.

영화 속에서는 이곳에 자리 잡은 그 누구도 위험한 노동 앞에 선 이들과 섞이지 않았고 착취의 연쇄를 끊고자 싸우지 않았지만, 주목받지 못했던 이들에게 머무른 시선 그것만으로도 운동권은 넘치는 옹호를 받을 수 있었다. 바뀌지 않는 현실에

그리고 이곳에 섞일 수 없는 자신의 처지에 절망하는 쪽을 택하는 연민에도 이렇게 두터운 의미가 없었다.

짚어보아야 할 것은 운동권에 대한 이해의 시선, 그러니까 자기 연민을 곧 우리 모두의 아픔이자 죄책감으로 대체하던 그 심상이 시간이 지나면서 점차 진정성의 가치로 자리 잡았다는 점이다. 앞서 언급한 영화들은 동시대성을 담보로 동의를 구하는 것이기도 했다. 그렇게도 아파했고 배회했지만 바꿀 수 없는 현

실적 무게는 결국 패배로 명한다 해도 위로와 함께할 수 있었을 것이다.

그러나 약 40여 년이 지난 지금, 운동권이라는 표상이 고뇌하는 이들의 필요조건처럼 자리한다는 건 분명 감정의 잔여를 세탁한 결과이다. 운동권으로 짐작할 수 있는 표지만으로도 어떤 인물이 도덕적 우위를 점하는 것은 죄책감과 연민 그리고 그에 대한 공감을 긍정적인 좌표로 가리킨 값이기 때문이다. 그것이 현실이건 아니건 운동권의 아픔은 약

자를 보호하고 부조리에 분노할 수 있는 방향으로 진보했을 것이라는 믿음, 이는 고상한 인물을 구성하며 숭상할 수 있는 손쉬운 전제였다.

가령 이런 것이다. 〈벌새〉(2019)에서 민중가요 '잘린 손가락'을 부르는 학원 선생 영지는 적어도 팔뚝질을 하며 서울대를 외치는 담임 선생과는 다를 것이라는 믿음을 줄 수 있다. 영지는 세상을 말도 안 되는 일이 너무 많은 곳으로 규정하면서 내가 나를 사랑하는 것이 힘든 일이라 말해주고, 폭력은 견디는 것이 아니라 맞서 싸워야 한다는 것을 알려주는 이였다.

더 이상 만날 수 없게 되었음에도 은희의 삶에 가장 큰 영향을 미쳤던 것은 '잘린 손가락'을 부르는 이의 목소리였던 것이다. 영지처럼 80년대를 떠올려야 이해되는 이를 지나 90년대 후반쯤의 학번이었을 〈해야 할 일〉(2024)의 준희도 다르지 않았다.

갑작스레 인사팀으로 발령이 나면서 준희는 함께 일했던 이들을 어떤 명분으로 해고할지를 고민해야 한다. 그저 자신의 일일뿐이라 생각할 수도 있겠지만, 2016년의 촛불집회를 보며 대학 때의 집회를 떠올리고 자신과 함께 활동했던 선배가 지금은 보수언론에 들어간 상황을 비꼬는 이에게 그것은 단순한 일이 될 수 없었다. 게다가 힘들 때 찾는 어머니가 자식에게 미안한 마음을 가졌으면서도 스스로 옳다고 믿은 일을 끝까지 지켰던 전 세대의 운동권이라면 더욱 그러할 것이다.

지난 흔적으로 정의의 선취를 누리는 것이 과연 정당한가?

이렇게 운동권은 패배의 부스러기까지도 어둠에 손을 내미는 보호막처럼 위치짓고 스스로를 구원하고 있었다. 그렇기에 기대했던 모습으로 남지 않은 이들은 마치 처벌을 받듯 악랄하게 그려지며 대상화되었다. 영화 〈제비〉(2023)에서 과거 운동권 선배였던 제비를 기다리는 작가와 이에 대비하여 돈을 지상 최대의 가치로 둔 정치인이나 기업인들은 하나의 과거에서 선혀 다른 모습으로 파생된 타락의 다른 이름들이었다.

이들의 속물성을 굳이 내보인 것은 적어도 '우리'로 묶일 수 없는 외부자를 규정하기 위한 것이었을 테다. 〈나의 피투성이 연인〉(2023)에서 과거 운동권이었던 원장의 치졸함은 운동에서 손을 떼고 유학을 다녀와 집안의 도움으로 학원을 연, 운동권의 경로와 빠르게 멀어졌던 이에 대한 내부 평가처럼 보인다.

자신에게 필요한 부분을 충족시켜주는 이에게는 누구보다 친절하게, 그것이 더 이상 유효하지 않다고 생각할 때는 빠른 태세 전환을 보이는 원장의 면면들은 오롯이 투신하지 않은 이에 대한 혐오의 시선까지 읽어낼 수 있다. 내부를 벗어난 이들에 대한 부정, 이것으로 내부는 더욱 결속을 다졌고 긍정의 입지를 넓혀갔다.

과거 한 시대의 주인공이었던 엘리트를 그리는 영화 속 세계는 그들의 가치가 아직도 유지될 수 있을 것이란 믿음이 깔린 곳이었다. 희생적이며 죄책감과 수치심을 느끼고 결국 해야 할 일을 망치더라도 도저히 그렇게 할 수 없는 양심이 앞서는 인물은 과거의 한 세대로 선택되어 긴 시간 동안 추앙받고 있다.

그러나 이처럼 손쉽게 인물을 구성하는 전사(前史)로서의 운동권은 이것이 없어도 당연히 이타적일 수 있는 많은 범인(凡人)들의 선의를 무력화시킨다. 적어도 이들의 이타심은 어떠한 이유도 없이 타자를 위할 수 있는 이들의 그것보다 개연성이 크다고 믿는 까닭이다.

이젠 꺼져도 이상하지 않을 신뢰를 안고, 많은 인물들은 아직도 영광 어린 역할을 차지하고 있다. 과거의 가치가 현실에서 어떤 방향으로 선회했건 그것을 지키는 이들이 얼마나 남았건 지난 흔적으로 정의의 선취를 누리는 것, 과연 정당한가? **ID**

글·송아름
영화평론가, 영화사 연구자. 한국 현대문학의 극을 전공하며, 연극·영화·TV드라마에 대한 논문과 관련 글을 쓰고 있다.

8/20 (화)		영양군 홍보 영상
8/21 (수)		한사랑산악회
8/22 (목)		한사랑음악회
8/23 (금)		05학번 is here
8/24 (토)		05학번 is back
8/25 (일)		로니&스티브

나락의 일상화, 일상의 나락화

한유희 ▌문화평론가

완전무결한 사람은 없다. 그렇게 '보이는' 사람만 있을 뿐이다. '보다'라는 행위는 언제나 권력관계로 독해할 수 있지만, 최근에 '보이다'는 '보다'만큼이나 엄청난 영향력을 행사한다. 심지어 보이기를 원하는 사람이 되고자 한다. 이제 익숙해진 직종이지만 여전히 낯선 직종이 있다. 바로 인플루언서다. 그들의 다른 이름은 BJ, 스트리머, 크리에이터, 유튜버, 여캠·남캠이다. 그들은 타인의 관심과 사랑을 받아 탄생했고, 그로 인해 부와 권력을 거머쥔다. 신문, TV 같은 기존 대중매체와 달리 뉴미디어인 유튜브나 틱톡과 같은 SNS에서 수용자는 그들이 볼 만한 콘텐츠, 볼 수 있는 콘텐츠를 선택할 수 있는 폭이 넓어졌다. 그만큼이나 수용자들은 자신의 요구와 욕구를 충족시켜줄 누군가를 찾는 데 직극직이며, 빠르게 이동한다. 그들은 인플루언서들에게 영향을 받는

만큼 '좋댓구알'을 통해 영향을 끼친다. 그들을 사로잡기 위해서는 무엇이 필요할까. 바로 그들이 원하는 모습을 보여주는 것이다.

유명인, 선을 넘다

대중이 바라보고 있는 '유명인'은 과연 누구인가? 자신의 이름을 걸고 채널을 운영하는 그들은 과연 어디까지가 그들 자신인 것인가. 결국 우리는 정체성에 대해서 질문할 수밖에 없다. 여전히 "너 자신을 알라"는 소크라테스의 말이 통용되는 이유는 결국 누구도 나 자신을 정확히 파악할 수 없기 때문이다. 우리는 타인에게서 수도 없이 많은 그들을 이루는 조각 중 중 일부만 바라볼 수밖에 없다. 당신의 모든 것이 좋다고 하지만, 누구

도 '모든 것'을 내보일 수 없다. 이러한 간극을 알면서도 너무나도 쉽게 간과한다. 대중과 미디어의 적극적인 수용자들은 자신의 관심을 받을 누군가를 찾는다. 하지만 간택을 받은 '누군가'는 완벽한 사람도, 완전무결한 사람도 아니다. 대중의 흥미는 금방 식을 뿐만 아니라, 빠르게 등을 돌린다. 유명해진다는 것은 빠르게 잊힐 수도 있다는 점과 동시에 또 다른 방식의 정동을 요청한다. 바로 비난이다.

유명세는 언제나 비난과 함께다. 유명인이 직업이 된 뒤 딜레마는 점차 커지고 있으며 더욱 빈번하게 일어나고 있다. 인기인이 감당해야만 하는 도덕과 윤리적 수준은 어디까지인가. 또한 그들을 재단하는 기준은 어디에서 기인하는가. 최근 인기 유튜버들이 지속적으로 구설수에 오르는 상황이 발생하고 있다. 물론 직접적인 범죄를 저지르거나 연루된 유튜버를 제외하고도 대중들의 지탄을 받는 유튜버들이 많아진 것이다. 흔히 유튜버가 사고를 친다고 보통 표현하지만, 진짜 '사고'인지 누가 평가할 수 있을까. 기본적으로 대중들이 원하는 것은 아슬아슬하게 선 위에 서 있는 유튜버. 인기를 얻기 위해서는 눈길을 끌어야 하고, 관심을 받아야 한다. 그들이 끊임없이 자극적인 콘텐츠를 기획하는 이유는 당연하다. 하지만 언제나 선 '위'에 존재한다고 생각했던 그들의 생각과 콘텐츠는 대중들에게 재단되며 '선을 넘는' 콘텐츠로 판별된다.

우선 '선을 넘었다'고 언급된 사건 중 가장 대중에게 주목받은 사건은 바로 300만 구독자를 지닌 피식대학의 영양군 지역 비하 사건이다. 2024년 5월 11일 피식대학이 유튜브 채널에 게시한 '메이드 인 경상도' 경북의 영양 편 영상에서 출연진 세 명의 대화가 문제가 되었다. 사실 '메이드 인 경상도'는 경상도 지역 곳곳을 여행하며 지역을 소개하겠다는 취지로 구성된 콘텐츠다. 영양군 이전의 영상에서는 지역만의 특색을 살리며 대중의 관심을 이끌었다. 그러나 영양 편에서는 완전히 달랐다. 음식부터 시작하여 지역 전반의 모든 것을 부정적으로 비난했다. 이후 논란은 일주일간 지속되었으며 결국 피식대학 측에서는 사과문을 게재하였고 관련 영상들을 삭제하

는 조치를 취하였다. 이는 인기 유튜버가 사회적 영향력을 누리는 만큼, 그에 걸맞은 책임과 윤리 의식을 요구하는 대중의 적극적인 반응이라고 할 수 있다. 이후 피식대학은 논란 이후 영양군에서 발생한 침수 피해를 적극적으로 도왔으며, 영양군의 홍보대사를 도맡고 있다. 논란의 대상에게 진정성 있는 사과를 하였고, 동시에 직접적으로 도움을 주고 있다는 점에서 피식대학의 사례는 논란을 '잘' 해결해나간 사례다.

나락과 비난

하지만 애매한 논란도 있다. 가장 최근 논란이 된 곽튜브 사건이다. 2024년 9월 16일, 곽튜브에 업로드된 이탈리아 여행 편에 학교폭력 가해 논란과 멤버를 괴롭혔다는 논란이 있던 APRIL(에이프릴) 전 멤버인 이나은이 출연해 발생한 사건이다. 곽튜브는 이나은에게 학교폭력 연루 논란을 이유로 출연을 차단하였는데, 이후 기사를 통해 오해했다는 취지로 이야기를 한다. 이어 오해를 받아 슬펐다는 이나은의 대화가 담긴 영상을 업로드했으나 곧바로 비난이 쏟아졌다. 여러 가지 폭력에 가담했다는 의혹이 있는 사람을 굳이 게스트로 삼았다는 점과, 학교폭력을 대리 용서한 듯한 발언이 도마 위에 오른 것이다.

같은 날 밤 곽튜브는 유튜브 커뮤니티를 통해 "제 개인적인 감정이 모두의 입장이 되지 않도록 깊이 생각하겠습니다"고 바로 사과문을 게재하였고, 2차 사과문까지 올렸다. 그럼에도 불구하고 곽튜브는 논란의 중심에 선다. 물론 잘못이라고 부를 수 있는 실수들은 있을 수 있다. 게스트 선정과 학교폭력에 관한 오해를 푸는 과정에서의 뉘앙스는 직접적으로 곽튜브가 행한 것이다. 하지만 이 두 가지의 실수 혹은 잘못은 부풀려지기 시작했고, 결과는 참혹했다.

우선 뉴스 기사로 보도되면서 곽튜브는 대중들의 비난을 받았고, 동시에 지금까지 출연했던 콘텐츠들이 편집되어 조리돌림을 당하기 시작한다. 대중은 곽튜브의 이전의 행동들부터 문제가 있었다는 방식으로 조롱하기 시작한 것이다. 심지어 곽튜브와 친분이 있는 유튜버 빠

니보틀에게까지 너 또한 똑같다며 나락에 가라며 비난을 퍼붓는 일까지 발생한다. 사실 곽튜브 논란은 곽튜브의 영상이 이만큼의 '문제'가 되어야만 하냐는 것이다. 하지만 누구도 이 부분에 대해서 지적하지 않는다. 다만 유명하니까 비난받아야 한다는 분위기가 지속될 뿐이다.

누구를 위한 사과인가

문제는 논란거리로 볼 수 없는 논란들이 점차 늘어나고 있다는 점이다. 유튜버 하누는 일본 도쿄 여행 브이로그(Vlog) 영상을 게재했다. 하지만 3·1절 하루 전날 일본 여행 영상을 게재했다는 이유로 비난을 받았다. 이후 하누는 "기존에 계획했던 업로드 일정에 차질이 생겼고 업로드가 미뤄지게 되었고 그로 인해 날씨를 체크하지 않고 업로드를 하게 되었다"라며 "제가 끼칠 영향력을 생각했으면 더 깊게 생각하고 행동했어야 했는데 그러지 못한 점"을 사과하였다.

비슷한 사례는 또 있다. 한일커플 유튜버인 토모토모 오사카성 사례다. 그들은 오사카성 근처에서 꽃놀이를 하며 오사카성 부근이라 차가 막힌다는 이야기를 한다. 그러나 댓글에서 오사카성이 역사적으로 문제가 있다는 비난에 결국 사과문을 올린다. "꽃놀이를 하러 간 장소 부근인 오사카성이 역사적으로 문제가 있는 곳이라는 걸 최근 댓글을 통해 깨닫게 되어 영상을 내리게 되었습니다. 해당 영상을 시청하시면서 실망감과 불편을 느끼게 해드려 죄송합니다"며 사과를 한다.

더 황당한 논란은 바로 유튜버 하알라의 반려견 앙꼬에게 한우를 주는 콘텐츠에서 발생한 일이다. 동물을 학대한 것도, 방임한 것도 아니다. 한우를 강아지에게 주었다는 이유로 엄청난 비난에 시달렸다. 이후 하알라는 "강아지를 키우지 않는 분들 입장에서는 그저 개일 뿐이라는 걸 안다. 영상을 보는 입장이 다를 텐데 그런 부분까지 세심하게 이해 못 해 죄송하다"며 사과문을 게재한다.

과연 이들은 사과문을 올릴 정도로 잘못했을까. 그들은 직접적으로 어떤 잘못도 끼치지 않았다. 피해를 입은 사람 또한 없다. 어떻게든 논란거리를 만들고자 하는 사람들만 있을 뿐이다. 만들어낸 논란은 '유명인'들을 매도한다. 비난의 화살을 즉각적으로 받도록 하는 것이다. 이미 여러 명이 유명인들이 논란으로 인해 몰락하는 과정을 본 이들의 선택은 그저 '사과' 뿐이다. 그렇다면 어떤 방식의 사과를 어떻게 해야만 하는가? 라는 질문이 여전히 남는다. 불편해하는 누군가를 위해서 사과를 해야 한다는 것이 당위적인가? 구독자가 많은 영향력이 높은 유튜버이기에 높은 윤리성과 도덕성을 담보로 한다고 하더라도 도대체 그 선은 누가 정하는 것일까. 또한 용서는 누가 어떤 식으로 하는 것일까. 어떤 문제도 없는 영상을 지우고, 사과문을 올리는 것이 용서를 바라는 사람들이 원하는 방식인가. 유튜브라서, 유튜버라서. 이중적인 굴레를 씌우는 것은 결국 대중이다.

나락은 '락(樂)'이라는 환상

고난은 구경거리로 전락한다. 그것도 매우 적나라하게 말이다. 사람들은 기다렸다는 듯 유명인의 몰락에 가담한다. 마치 유희거리처럼 적극적으로 유명인들의 날개를 꺾으려 한다. 유명인들의 추락을 단순히 개인의 나락으로만 봐서는 안 된다. 지금의 상황은 위험한 수준에 다다랐다. 서로가 서로를 불안정한 상태로 몰아넣으며 다 함께 무너지도록 만들기 때문이다. 그들이 몰락해가는 과정을 통해 수치는 전시된다. 오늘의 유명인이, 내일의 탕아인 것이다. 하지만 유념해야 할 점이 있다. 다음 타자는 당신일 수 있다는 것이다. 당신의 모든 일상은 언제고 나락에 갈 수 있다. lD

글·한유희
경희대학교에서 K-컬처 스토리콘텐츠 연구원으로 활동하며, 아이돌 팬덤과 한국 사회의 다양한 문화 현상을 다루고 있다.

11월의 〈르몽드 디플로마티크〉 추천도서

『가자란 무엇인가』

오카 마리 지음 | 김상운 옮김 | 두번째테제

팔레스타인과 이스라엘 문제의 역사적 맥락과 집단학살의 본질을 바로 알고, 정의를 바로 세우기 위한 시각을 넓혀 줄 목적으로, 저자 오카 마리 교수는 사실에 바탕을 두고 역사에서 정의의 문제까지 폭넓게 문제의 핵심을 전달한다.

『공동체 트라우마 치유하기』

토마스 휴블 지음 | 신인수 옮김 | 온마음

오스트라아 의과대학의 의학도로 경력을 시작한 저자가 자신의 공동체를 짓누르고 있는 어두운 그림자 또는 무의식을 치유하는 일을 자신의 사명으로 삼은 이야기이자 치유의 방안을 제시하는 안내서다. 지난 수십 년 이래 전 세계에 걸쳐 성공적으로 치유 작업을 해온 저자의 지식과 지혜와 경험이 치밀하면서도 서정적으로 전달된다.

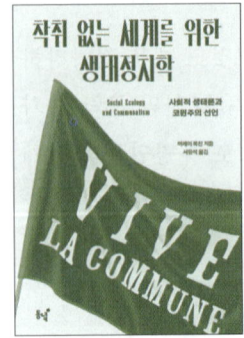

『착취 없는 세계를 위한 생태정치학』

머레이 북친 지음 | 서유석 옮김 | 동녘

북친은 '사회적 생태론'이라는 독자적인 이론을 통해 자연을 향한 인간의 지배와 착취는 근본적으로 인간들 사이의 위계구조에서 기인한다고 논한다. 따라서 기후·생태 문제의 해결은 이 위계구조가 사라져야만 가능하며, 그를 위해서는 지금의 정치체제를 바꾸어 중앙화된 국가나 자본의 권력을 시민들이 나눠서 지어야 한다고 주장한다.

『어두운 생태학』

티모시 모턴 지음 | 안호성 옮김 | 갈무리

생태적 알아차림은 우리에게 다수의 규모들, 즉 현재, 생명, 인간, 자연, 사물, 사고, 논리 같은 규범적 개념을 어지럽히는 규모들에서 생각하고 느끼도록 강제한다. 이 책은 끔찍한 사회적, 정치적, 철학적, 문화적 조건에서 탈출하기 위한 환희의 여정으로, 모턴이 2014년에 캘리포니아 대학교 어바인에서 진행한 웰렉 강의를 엮었다.

『과학적 실재론』

스타티스 프실로스 지음 | 전현우 옮김 | 사월의책

저자는 "모든 이론적 존재자는 경험으로 환원해서만 진위를 판별할 수 있다"는 경험론의 주장이나, "과학의 역사는 폐기된 이론들의 무덤"이라는 비관적 견해에 정면으로 맞서서, 이 세계는 우리가 가진 최상의 과학 이론이 설명하는 방식대로 실제 존재한다는 낙관적 견해를 제시한다. 이 책은 첫 출간된 지 20년이 넘었지만, 과학적 실재론뿐만 아니라 100년간에 걸친 과학철학의 주요 쟁점을 한눈에 이해할 수 있게 해준다.

『습지에서 지구의 안부를 묻다』

애니 프루 지음 | 김승욱 옮김 | 문학수첩

퓰리처상과 전미도서상을 수상하며 미국 문학계와 지성계를 대표하는 작가로 자리매김한 저자는 픽션의 형식에서 벗어나 우리가 처한 자연환경에 대해 직설을 쏟아낸다. 저자의 통렬한 시선이 맞닿은 곳은, 쓸모없는 땅으로 치부되어 온 '습지'이다.

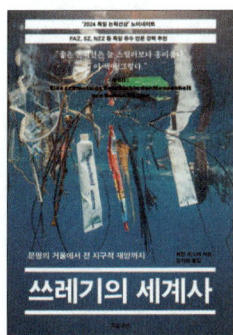

『쓰레기의 세계사』

로만 쾨스터 지음 | 김지현 옮김 | 흐름출판

선사 시대부터 전자 폐기물의 현대까지, 인류 문명의 거울로서 쓰레기 고고학부터 가난한 나라로 쓰레기를 밀어내는 쓰레기 식민지의 현대까지를 살피는 이 책은 시대와 지역을 넘나드는 포괄적이고 철저한 연구로 쓰인 '인류의 더러운 역사'이다.

『내전과 위생』

김항 지음 | Yeondoo

내전과 위생을 통해 자본-식민주의 비판을 전개하는 이 책은 근대의 자본-식민주의 비판에 규범적 근거를 제공해왔던 '보편 인권'이란 이념을 살펴보고, 거꾸로 인권의 역사와 정치를 짓밟고 망각의 구멍으로 내모는 사태, 이런 역설적 상황을 이해하고 재검토해본다.

『와해된, 몸: 크나큰 고통 이후를 살아가다』

크리스티나 크로스비 지음 | 최이슬기 옮김 | 에디투스

저자는 예기치 못한 사고로 얼굴이 부서지고 부러진 경추에 척수가 손상되어 거의 전신이 마비되고 몸의 순환계도 망가져 버렸지만, 기존의 사뭇 다른 태도와 방식으로 고통에 대해 이야기하며 경험해 보지 못한 몸-마음의 생생한 모험으로 우리를 이끈다.

『나와 너 사이에서 철학하다』

다나카 마치 지음 | 이소담 옮김 | 위즈덤하우스

사이에서 철학하다 시리즈 세 번째 이야기. 사람은 홀로 지낼 수 없다. 그러나 왜 타인과 연결되는 건 쉽지 않을까? 오랜 기간 중동과 아프리카 등지에서 머문 저자가 여행하며 느낀 경험과 다양한 문화권의 이야기를 통해 사람과 사람 사이의 관계를 세심하게 살펴본다.

[르디플로 읽기모임]

서울 쌍문동에서 진행되는 르디플로 읽기모임에서 신입회원을 충원합니다.

운영진 : 윤여준

musedracan@naver.com

[알 림]

〈르몽드 디플로마티크〉의 읽기모임을 만들고 싶으시다면, 대표자 성함과 연락처를 이메일(info@ilemonde.com)로 보내주세요. 르몽드코리아 뉴스레터와 지면에 홍보해드립니다.

Le Monde *KOREA*

한국 저널리스트가 다녀온 종족 학살 30년 이후의 현장

르완다는 정말 살만한 곳이 되었을까?

구정은 ▮국제전문기자

플라스틱 쓰레기는 어느 나라에서나 골칫거리다. 특히 저개발국을 돌아다니다 보면 온갖 쓰레기, 비닐과 캔 따위가 골목을 채우고 있다. 실개천에도, 바닷가에도, 수풀 사이에도. 글로벌화가 낳은 상품의 범람과, 행정 인프라가 부족한 저개발국의 현실이 결합된 것이 길가의 쓰레기들이다.

길에 쓰레기가 없는 나라가 있다면? 비닐봉지가 없는 나라가 있다면? 그게 르완다다. 물론 비닐로 포장된 상품이야 있지만 어떤 가게에서든 물건을 담는 용도로 비닐봉지를 쓸 수는 없다.

아직도 외부 세계엔 30년 전의 '제노사이드' '학살' '내전'으로 각인돼 있는 르완다를 설명하면서 비닐봉지 얘기부터 꺼낸 것이 이상하게 들릴지 모르지만, 이 나라를 가본 사람들이 이구동성으로 하는 말이 있다. "깨끗하다"는 것이다.

올여름 동아프리카의 르완다를 방문했다. 수도 키갈리에 도착하는 순간부터 머릿속에 박힌 것은 압도적인 깨끗함이었다. 자세히 보면 허름하지만 얼핏 보기엔 고급 빌라촌처럼 보이는 깔끔한 집들이 키갈리의 언덕들을 채우고 있다. 대륙 전체에서 11개국, 사하라 이남 아프리카에서만 9개국을 다녀봤지만 이 나라의 깔끔함은 경이로웠다.

아시아나 유럽의 어디를 떠올려봐도 르완다는 예외적이었다. 기묘할 정도의 깨끗함 속에서 느껴지는 압박감, 연중 내내 무더위도 추위도 없는 내륙의 고지대, 걷기의 쾌적함 속에서도 어쩐지 행동을 조심하게 만드는 미묘한 압박감이 공기 중을 떠도는 듯했다

르완다는 2008년 비닐봉지의 제조, 사용, 수입, 판매를 금지했다. 잘 사는 나라들은 환경을 생각하겠지만 갈 길 바쁜 나라들은 경제발전부터 해야 한다고 말하는 이들이 많다. 르완다의 비닐봉지 금지령은 그런 인식에 타격을 가한다. 산업혁명 이래로 '발전한' 나라들은 지구를 더럽히며 부자가 됐다.

이제부터 좀 더 잘 살고 싶은 나라들도 그 길을 따라가야 할까? 그러지 않고서 발전할 방법은 없을까. 인구 1,400만 명에 면적 2만 6,000㎢, 동아프리카의 이 작은 나라가 그 길을 걷고자 한다.

르완다와 콩고민주공화국, 우간다가 만나는 국경지대는 화산과 호수와 열대우림이 겹쳐있는 종 다양성의 보고(寶庫)다. 특히 유명한 동물은 마운틴고릴라다. 전 세계에 1,000마리 남짓밖에 남지 않은 마운틴고릴라가 이 3개국이 만나는 숲 지대에서 살아간다. 마운틴고릴라가 가장 많은 곳은 500마리 넘게 서식하는 우간다의 브윈디 국립공원이지만 남쪽에 바로 붙어 있는 르완다의 비룽가(Virunga)가 더 유명하다. 미국의 영장류 학자 다이앤 포시가 이곳에서 20년 동안 고릴라를 연구하다가 1985년 의문의 살해를 당했고, 이 사건이 영화로도 만들어졌기 때문이다.

고릴라들의 숲에서, 인간은 주인이 아닌 방문객일 뿐

야생의 개체 수가 워낙 적기 때문에 마운틴고릴라를 보기는 매우 까다롭다. 르완다나 우간다, 케냐처럼 생

태관광으로 돈을 버는 나라들은 야생을 보호하기 위해 전력을 다한다. 가난한 나라니까 시스템이 엉성하겠지 생각하면 오산이다. 마운틴고릴라를 보기 위한 허가증 비용이 무려 1인당 1,500달러인데 그나마도 두어 달 전에 예약하지 않으면 안 된다.

고릴라 1,000여 마리의 출생과 사망, 가족구성과 가계도를 관리인들과 숲속 마을 주민들이 모두 파악하고 있고, 그들의 안전과 안녕을 면밀히 살피고 지킨다. 고릴라를 만나는 투어에는 전문 안내원인 레인저들과 마을 주민들로 이뤄진 트래커, 추적꾼들이 동행해 한정된 숫자의 관광객을 관리한다.

숲속에서 큰 소리로 웃거나 떠드는 것은 어림도 없다. 코로나19 이후로는 고릴라들에게 병을 옮기지 않도록 마스크도 써야 한다. 고릴라를 보는 시간도 1시간을 넘길 수 없다. 고릴라들의 숲에서 인간은 주인이 아닌 방문객일 뿐이다. 밀렵이나 불법 벌목이 완전히 사라진 것은 아니지만 지금은 다이앤 포시의 시대가 아니다. 아프리카의 숲을 지키는 것은 그 대륙의 국가들이다. 종 다양성을 지켜나갈 책임을 떠안은 그들은 부자 나라들에 구걸하는 게 아니라 그 임무에 대한 대가를 받는 것이다. 그러나 야생을 지키는 것은 쉽지도 않고 단순하지도 않은 과제다.

지난 7월 15일 대선을 앞두고 르완다 수도 키갈리 외곽에 4선 도전에 나선 현 대통령 폴 카가메를 홍보하는 현수막이 붙어 있다.

개발과 보존의 딜레마보다 어쩌면 더 복잡한 또 다른 딜레마는 민주주의다. 르완다의 너무 깨끗한 골목들에서 느껴지는 권위주의의 압박감을 곱씹기 전에 30년 전의 르완다 학살을 되짚어 보자.

르완다가 벨기에의 식민통치로부터 독립해 1962년 공화국을 세우면서 인구 다수를 차지하는 후투족이 권력을 잡았다. 이미 그전 몇 년 동안 벨기에 통치 시절의 기득권이었던 소수민족 투치를 겨냥한 폭력 사태가 벌어졌다. 후투 독재정권에 맞선 민주화 투쟁에 투치가 많이 참여했고, 탄압을 피해 상당수가 우간다를 비롯한 이웃 나라들로 피신해 갔다. 키가 크고 코가 높고 얼굴이 갸름한 투치, 코가 낮고 넓은 후투. 일각에서는 후투와 투치의 이런 구분 자체를 벨기에가 의도적으로 만들었다고 말한다.

분할 통치를 위한 벨기에의 이간책이었던 것은 사실이지만 공정하게 말하면 이전부터 있던 구분을 벨기에가 제도화, 고착화했다고 봐야 한다. 르완다의 민속박물관 등에 가면 근대 이전 시기에 르완다를 지배한 '투치 왕국'들의 자취를 볼 수 있다. 후투족 대통령이 의문의 항공기 사고로 숨진 뒤 투치 대학살이 시작

됐다. 80만~100만 명이 숨졌다.

피해 규모가 엄청나기도 했지만, 르완다를 자꾸 들여다볼 수밖에 없는 이유가 있다. 힘겨운 진상 규명과 처벌, 그리고 재발을 막기 위한 피눈물 나는 노력 때문이다. 1996~1997년부터 학살자들에 대한 재판이 시작됐다. 이전까지 후투, 투치 가리지 않고 한 마을에 섞여 살던 사람들이었다. 그런데 내 남편이 내 오빠를 죽이고, 이웃집 남성이 내 여동생을 강간하고, 엊그제까지 함께 놀던 이웃이 학살자들에게 내 아이들을 넘겼다. 피해자가 많은 만큼 가해자도 많다.

제노사이드 이후의 헌법,
부족갈등 선동을 중대 범죄로 규정

이 비극을 정면으로 마주하는 과정은 힘들 수밖에 없다. '블러디 다이아몬드'로 유명한 서아프리카 내전의 당사국 시에라리온이나 크메르 루주의 대학살을 겪은 캄보디아, 르완다와 비슷한 시기에 탈냉전의 혼돈을 참혹하게 겪었던 옛 유고연방 등은 이 과정을 국제법정에 맡기거나 유엔 등의 도움으로 아직까지 재판을 진행 중이다. 하지만 국제사회가 개입하게 되면 그 나라 사람들이 스스로 과거와 대면하고 화해를 모색하기가 오히려 힘들어진다. 심지어 가해자들은 자기네들이 정치적으로 부당한 핍박을 받고 있다며 재판의 정당성을 부인하곤 한다.

르완다는 이 어려운 과정을 해냈다. 다른 나라가 개입된 일에 대해서는 탄자니아에 설치된 유엔 국제형사재판소(ICTR)가 재판을 했고, 내부에서 벌어진 일은 스스로 조사하고 처벌했다. 우간다에 피신해 힘을 키웠던 르완다애국전선(RPF)이 들어와 내전을 끝내고 집권했으나 사법체계가 거의 무너진 상태였다. 애국전선 정부는 그래서 가카카(Gacaca)라고 불리는 '동네 법원'을 만들었다. 행정구역마다 가카카 법정을 꾸리고 가해자를 경중

르완다 키갈리 시내에 있는 제노사이드 추모관. 이곳에만 25만명이 묻혀 있다.

에 따라 처벌했다.

제노사이드 뒤에 만들어진 헌법은 폭력 사태가 재발하는 것을 막는 데 초점을 맞췄다. 신분증에서 부족 표기가 사라졌다. 부족 갈등을 부추기고 선동하는 것은 중대한 범죄다. 또 하나의 축은 젠더 평등이다. 내전 때 후투 선동가들은 '후투 십계명'이라는 걸 만들어서 투치를 죽이라고 부추겼다. 그중 첫째, 둘째, 셋째 계명이 투치 여성들, 투치와 관계된 후투 여성들을 겨냥한 것이었다. 그래서 르완다는 여성들의 역량을 강화하는 것을 중시한다. 여성들 스스로도 노력한다.

세상 일에 의문을 가지라는 의미에서 브랜드 이름을 정한 '퀘스천'이라는 커피 회사가 있다. 협동조합 농장에서 직접 커피를 키워 가공하고 키갈리 시내 카페에서 커피와 원두를 판다. 서울 어느 카페와 비교해도 손색없는 세련된 카페다. 농장부터 카페까지 여성들이 운영한다. 내전 때 다치거나 가족을 잃은 여성들이 만든 전통 공예품 조합도 많다. 여성을 상대로 한 폭력은 매우 엄하게 처벌한다. 결혼을 하면 모든 재산을 부부가 50 대 50으로 등록한다.

의회에서 여성 의원 비율이 세계에서 가장 높은 나라가 르완다다. 하원 80석 중에 여성이 49석(61%)을 차지한다. 성평등지수(Gender Gap Index)에서 이 나라는 항상 상위권을 차지한다. 2024년 지수에서는 이전보다 많이 떨어진 세계 랭킹 39위였지만 그 전해에는 12위였다. 한국은 94위다. 선출직이나 정부기관뿐 아니라 사기업이든 재단이든 모든 조직에서는 이사회 멤버의 30%를 여성에 할당한다.

'군기가 잡힌' 사회 분위기, 통제와 순응의 이면

마찬가지로 학살을 겪은 서아프리카의 라이베리아에서도 국가를 재건하는 과정에서 여성들이 내전 세력들의 무장 해제와 마을 살리기에 큰 역할을 맡았다는 사실이 떠올랐다. 복잡하게 생각할 것 없이, 르완다 남성들과 이야기를 하다 보면 공격적인 느낌을 주지 않기 위해 애쓰는 것이 생활화된 모습에 깜짝 놀라게 된다. '쩍벌남'에 익숙한 사회에서 살아온 여성으로서, 남성들이 혼잡한 곳에서 팔다리를 마구 휘두르며 다닐 수 있게 만드는 그 무의식 속의 권력을 새삼 깨닫게 되는 것이다.

물론 폴 카가메 대통령부터 시작해서 여전히 르완다 정치지도자들은 남성이다. 더 큰 문제는 모든 측면의 군사화다. 애국전선 정권이 재구축한 르완다군은 강하고 규율 잡힌 군대다. 군대뿐 아니라 사회 전체에 '군기가 잡혀 있는' 느낌을 받게 된다. 그것의 한 측면이 지나치게 깨끗하고 너무나도 안전한 사회다. 늦은 밤 키갈리 거리를 여성 혼자 돌아다녀도 위험할 일은 없다.

반대쪽 측면은 통제와 순응이다. 불가능할 정도의 깨끗함을 가능하게 한 것은 촘촘히 조직화된 위계적인 행정이다. 학살을 딛고 일어선 모습을 세계에 보여줘야 한다는 집념과 함께, 카가메 정부가 "빌딩을 지으라"고 지시하면 기업이 건물을 올려야 하는 것이 이 나라라고 앙투안은 말했다.

카가메는 지난 30년 동안 대체 어떠한 나라를 만든 것인가. 경외감이 들지 않을 수 없었다. 대통령이 된 것은 2000년이지만 애국전선 사령관으로서 내전을 진압한 이후 국방 장관과 부통령을 지내던 동안에도 실질적인 권력자였다. 때마침 7월 15일은 대통령 선거일이었고 곳곳에서 애국전선의 표시들을 볼 수 있었다.

하지만 '선거 분위기' 같은 것은 없었다. 카가메는 98.2%의 투표율, 99.2%의 득표율로 4선에 성공했다. 북쪽 우간다 접경지대의 녕웨(Nyungwe)에서 만난 한 중령은 "카가메를 지지한다"고 말했다. 선거가 일주일 남았지만 이미 그 한 주 전부터 '만일의 혼란에 대비해' 국경지대에 군인들이 배치돼 있었다. 그는 "지금 우리 군대는 강하고, 규율이 잡혀 있고, 우리나라는 안정돼 있다"고 강조했다.

그 규율 잡힌 르완다 군대가 이웃한 콩고민주공화국으로 툭하면 넘어가 천연자원을 약탈해온다는 사실은 말하지 않았지만. 카가메를 예찬하는 그가 군인 신분임을 굳이 고려할 필요는 없다. 정부에 비판적인 앙투안도 "부정선거를 저지를 필요조차 없다"고 담담히 말했다. 67세 카가메는 아마도 다음 대선에서도, 혹은 그다음 대선에서도 승리할 것이다.

장기집권하는 카가메, '한국형 개발독재 모델' 가능할까?

르완다의 안정은 국제사회를 놀라게 하기에 충분했고, 그간 서방도 이 나라에 대해서는 칭찬 일색이었다. 그러다가 최근 몇 년 사이에 카가메의 장기집권과 권위주의 통치에 대한 비판이 늘고 있다. 그러나 독재

자라 폄하할 수는 없다. 세상 어디서든 불안보다는 안전이, 무질서보다는 질서가 낫다. 정권의 억압을 비판하는 앙투안에게 "다른 나라에 가서 살고 싶으냐"고 물었다. 그는 케냐에 다녀온 경험을 이야기했다. "나이로비에서는 횡단보도나 신호등이 없어서 길을 건너지 못하겠더라. 르완다 사람들은 그런 곳에선 못 산다."

매달 한 번씩 동네를 돌며 강제로 청소를 해야 하지만 쓰레기가 굴러다니는 동네에서 사는 것보다는

낫다. 범죄와 유혈사태를 걱정하며 사는 것보다는 강한 군대와 결합된 권위적인 통치자가 안전을 지켜주는 곳에서 사는 게 낫다. 게다가 카가메는 쿠데타로 집권한 찬탈자가 아니라 내전을 끝낸 영웅이다. 이 나라의 '해방일'은 벨기에로부터 독립된 날이 아니라 애국전선이 키갈리의 학살을 끝낸 날이다.

시민 의식이 성숙돼 있지 않거나 건강한 야당 세력이 존재하지 않았던 곳에 갑자기 민주주의를 이식했을 때 생겨나는 문제들을 우리는 안다. 2011년 '아랍의 봄' 이후 이집트에서 이슬람주의 정치조직이 득세했다가 다시 군부 쿠데타가 일어난 것, 시리아가 내전에 휩싸인 것, 리비아가 동과 서로 갈려 아직도 싸우는 것을 보았다. 하지만 시민 의식과 건전한 야당 세력은 민주주의를 통해 배워 가고 만들어 가는 것이다. 카가메 이후에는 어떻게 할 것인가?

카가메 정부의 목표는 당연히 개발과 성장이다. 한국 같은 나라가 이들의 모델이다. '개발독재'를 활용한 성장이 르완다에서도 가능할까? 한국형 성장모델을 다른 나라에 옮겨심거나, 다른 저개발국이 따라 하기는 힘들다. 한국의 고속성장은 특정 시기, 특정한 세계 경제의 구조 속에 있었기 때문에 가능했다. 세계 경제가 폭발적으로 성장하던 시기에 글로벌 분업구조 속에서 저임금 노동집약형 산업으로 자본을 축적하고 중공업으로 갈아탈 수 있었던 것이다. 이후의 저개발국들에게는 그렇

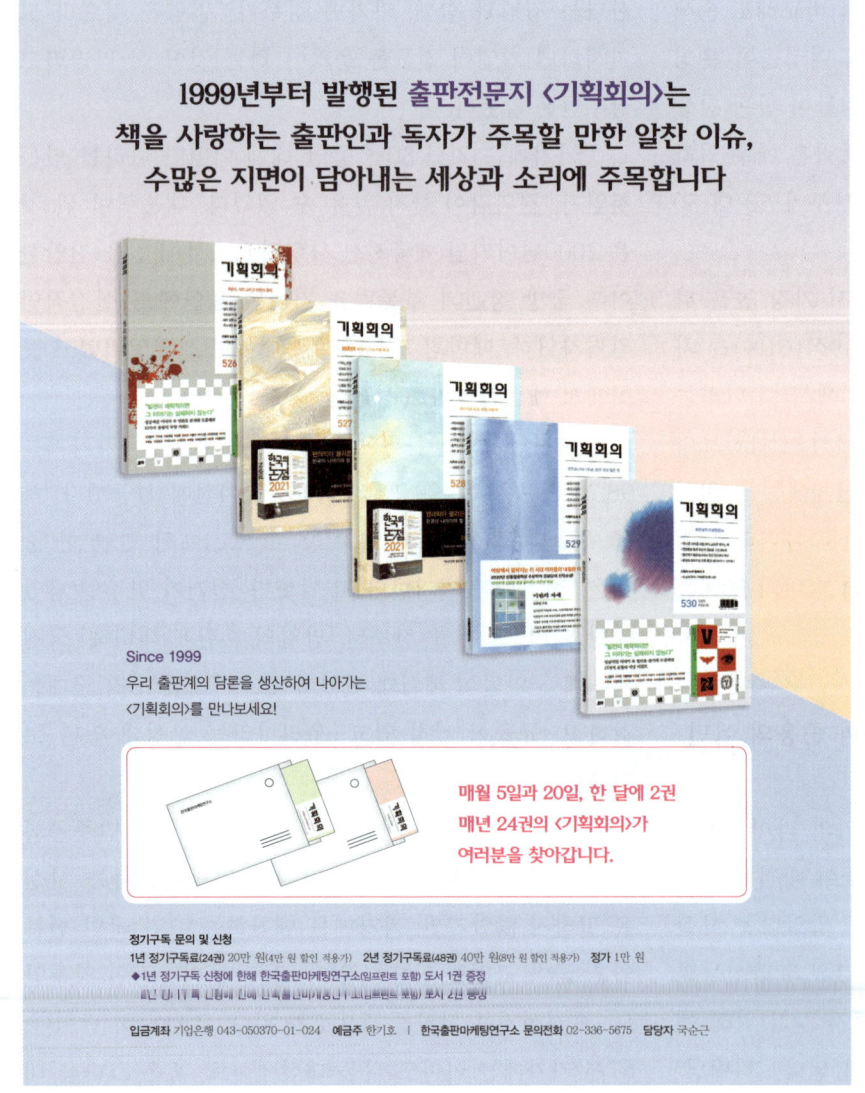

게 올라탈 흐름이 없다.

제조업 기반이 없는 르완다가 기대를 거는 것은 정보기술(IT)이다. 인프라가 열악한 아프리카 국가들은 유선통신을 건너뛰고 모바일로 이동하는 '퀀텀점프'를 하는 경향이 있다. 그래서 은행 ATM보다 모바일 금융이 자리를 잡았다. 외진 구석까지 핀테크가 속속들이 들어가 있고, 누구나 모바일로 돈 거래를 한다. 키갈리는 도시 전체에 무료 퍼블릭 와이파이가 깔려 있다. 배달앱이 인기를 끌고, 식당 앞에 배달 오토바이가 줄을 선다.

"지금 갈등이 터져 나온다면, 그건 빈부격차 때문일 것"

그럼에도 아직은 저개발국인 것은 분명하다. 1인당 실질 GDP 3000달러, 세계에서도 최빈국 가운데 하나다. 학살 당시를 담은 〈호텔 르완다〉라는 유명한 영화가 있는데 거기 나오는 키갈리의 호텔 이름이 밀 콜린스다. 프랑스어로 '천 개의 언덕을 가진 나라(pays des mille collines)'에서 따온 표현이다. 르완다는 평지가 없다. 수도 키갈리조차도 온통 구릉들로 이뤄져 있다. 더군다나 바다와 접하지 않는 내륙국가다. 영국의 개발경제학자 폴 콜리어는 아프리카 내륙의 이런 지리적 한계를 '내륙국가의 덫'이라고 표현했다. 르완다는 그 덫에서 탈출할 수 있을까.

제노사이드는 재발하지 않을까. 그토록 고군분투해 왔는데, 지금은 '그때'와 얼마나 달라졌을까. 앙투안은 "만일 지금 갈등이 터져나온다면 부족 문제가 아니라 빈부격차 때문일 것"이라며 "10대인 내 아들만 해도 투치니 후투니 하는 것에는 관심이 없다"고 했다. 사실일 것이다.

하지만 경제적 갈등은 너무 쉽게 남 탓의 외피를 쓴다. 남의 부족 탓, 이민자 탓, 한국의 경우는 '여자들 탓'. 르완다 상황에 대해 긍정적, 부정적인 측면을 같이 전해준 중령도 변호사도 실은 모두 투치족이었다. 그들이 사회의 위층을 구성하고 있다. 르완다 정부는 제노사이드 이후 인구 85%를 차지하는 후투와 14%인 투치, 1%인

트와를 모두 '바냐르완다' 즉 '르완다 민족'으로 재규정 했다.

그런데 부족을 구분하지 말라던 카가메 정권이 요즘 들어 제노사이드를 '투치에 대한 학살'로 재규정하고 있다. 투치족이 많이 희생된 것은 사실이지만 대학살에 반대한 후투족들도 목숨을 잃었고 투치족의 후투 보복 학살도 있었다. 한때 비하적인 표현으로 '피그미'라 불렸던 트와(Twa)족은 3만 명 중 1만 명이 희생됐다. '투치 대학살'로 규정되는 순간 그들의 존재는 사라진다. 무엇보다, 상처는 쉽게 사라지지 않는다. 옛 유고연방의 민족 분규는 70년간 눌러놓았음에도 끝내 터져나왔다.

르완다는 깨끗하고 안전하고 아름다웠다. 커피는 맛있고, 사람들은 상냥했다. 내전 이후 이 나라는 힘겨운 길을 그럭저럭 잘 걸어왔다. 이 나라가 이뤄낸 성취는 보기에 따라선 눈부시다. 그러나 앞으로 어디로 갈지, 아직은 모른다. 국경마을 기사쿠라에서 만난 마숨부코는 정규교육을 거의 못 받은 60대 남성인데 독학으로 여러나라 말을 익혔다. 흙집에서 전통 바나나술을 담그는 법을 보여주면서, 왓츠앱으로 연락하며 한국어를 가르쳐달라고 했다. 마숨부코의 아들과 손주들에게 더 나은 삶의 기회가 펼쳐질 수 있기를. **LD**

글·구정은

국제 전문 저널리스트. 신문사에서 오래 일하면서 중동, 아프리카, 아시아의 여러 나라를 취재했다. 현재는 독립 저널리스트로 활동하면서 글을 쓰고 있다. 『사라진 버려진 남겨진』, 『10년후 세계사』 등의 책을 썼다.

Economy Insight

'중국·유럽의 창' 글로벌 경제월간지 〈이코노미 인사이트〉

글로벌 경제월간지 〈이코노미 인사이트〉는 '진보적 경제'를 향해 열린 창입니다

혼돈스러워 보이는 세계경제를 깊이 있게 이해하고자 하십니까? 한겨레가 발행하는 글로벌 경제월간지 〈이코노미 인사이트〉를 펼쳐보세요. 급변하는 세계경제 소식을 미국 중심의 시각이 아닌 유럽과 브릭스(BRICs)의 시각으로 전해드립니다. 〈이코노미 인사이트〉는 독일 〈슈피겔〉 〈차이트〉, 프랑스 〈알테르나티브 에코노미크〉, 중국 〈차이신주간〉, 영국 경제정책연구센터의 정책 포털(VoxEU.org) 등 세계적인 매체와 제휴를 맺고, 새로운 시각과 입체적인 분석으로 세계경제 소식을 전달해드립니다.

2010 ▶   ▶ 2023

구독신청 및 판매 문의 1566-9585 | p-dokja@hani.co.kr 구독료 1년 150,000원 | 2년 240,000원(20% 할인) *약정한 구독 기간에 구독을 중단하면 할인 혜택이 없어지며 구독한 부수는 정가 기준으로 적용합니다.